农村综合改革利益主体和政策主体问题研究

黄维健　著

中国财政经济出版社

图书在版编目（CIP）数据

农村综合改革利益主体和政策主体问题研究/黄维健著．—北京：中国财政经济出版社，2011.12

ISBN 978－7－5095－3282－9

Ⅰ.①农…　Ⅱ.①黄…　Ⅲ.①农村经济－经济体制改革－研究－中国
Ⅳ.①F320.2

中国版本图书馆 CIP 数据核字（2011）第 243441 号

责任编辑：王　丽　　　　责任校对：王　英
封面设计：盛天行健　　　版式设计：兰　波

中国财政经济出版社出版

URL：http：//www.cfeph.cn

E－mail：cfeph @ cfeph.cn

社址：北京市海淀区阜成路甲 28 号　邮政编码：100142

营销中心电话：88190406　北京财经书店电话：64033436　84041336

北京牛山世兴印刷厂印刷　各地新华书店经销

787×960 毫米　16 开　18.5 印张　313 000 字

2011 年 12 月第 1 版　2011 年 12 月北京第 1 次印刷

定价：38.00 元

ISBN 978－7－5095－3282－9/F·2777

（图书出现印装问题，本社负责调换）

本社质量投诉电话：88190744

序

中国是一个农业大国，农村人口超过8亿，农业的发展、农村的繁荣、农民的富裕，关系到中国现代化发展全局。新中国成立后，在当时的国际国内历史条件下，我国靠农业来实现工业的原始积累，走农业支持工业、农村支持城市的道路是历史的选择。

新中国成立以来，我国农村农业改革发展走过了60年的历程，取得了巨大成就，发生了翻天覆地的变化。由于我国长期以来形成的城乡二元结构，以及实行城乡分割的管理体制和运行机制，城市和农村在基础设施、户籍管理、劳动就业、社会福利、文化教育、医疗卫生、政治待遇等许多方面存在较大差异。进入新世纪新阶段，我国经济社会发生了深刻变化，社会主义市场经济体制框架基本建立，我国已经成为世界第二大经济体，综合国力明显增强，再沿用过去的管理体制和机制，已经不适应农村和整个国民经济发展的需要，应该尽快打破城乡二元结构，改革完善农村上层建筑，解决基层行政管理体制不适应农村生产力发展要求、农村公共产品供给体制不适应农村公共服务要求的问题。实践证明，农村经济社会发展需要也必须依靠改革来提供体制保障、财力支持和改革动力。我国农村改革历时较长，丰富多彩，波澜壮阔，既有成功的经验，也有失误的教训，需要认真总结，探索实践，开拓创新。

我国农村改革走过了不平凡的历程。建国初期，实行土地改革；改革开放后先后进行了集体土地家庭承包经营改革、农产品流通体制改革、农村税费改革和农村综合改革。在农村改革中，既涉及到各方利益主体，包括国家、部门、地方、集体、企业、农户等，又触及各个层级的政策主体，如中央、地方各级政府和部门。改革是对利益格局的调整，是对现存体制机制的革命和创新，一种旧的利益格局被打破了，一种新的利益格局应运而生，从利益的不均衡达到暂时的均衡。随着经济社会的发展变化，各种利益矛盾日积月累，新的不均衡出现了，需要进行新一轮的改革创新，由此循环往返。因此，推进改革的过程，就是在利益主体和政策主体的博弈过程中，不断调整利益关系，建立利益平衡机制的过程。从根本上说，农村综合改革就是对国家、集体和农民主体利益关系，城市和农村的利益格局进行调整，对相关的中央与地方以及地方各级政府、部门政策主体行为进行重新规范，从而建立健全农村管理体制和运行机制。

农村综合改革需要理论指导，更需要实践创新，其改革要求越来越高，任务不断增加，领域越来越广，难度越来越大。随着经济社会不断发展，改革逐步走向深入，遇到的问题越来越多，对一些将要涉及的改革领域，需要作一些超前性研究，进行理论储备。每项改革制度都包含着体制创新和实践突破，每项改革政策都关系着百姓的切身利益，改革每前进一步，都意味着对中国经济发展和社会进步的贡献。黄维健同志从事财政工作和“三农”工作多年，喜欢学习，注意积累，不断钻研，求真务实。利用业余时间攻读博士研究生，经过三年时间完成学业，获得中国科学技术大学管理学博士学位，撰写的论文《农村综合改革利益主体与政策主体问题研究》，既是该同志三年学习研究的成果，也是他长期以来的工作积累和心血结晶。希望作者站在新的历史起点上，按照科学发展观要求，在统筹城乡发展，促进城乡公共服务均等化，以及推进城镇化和新农村建设方面深入研究，积极建言献策，为改革作出新的贡献。

是为序。

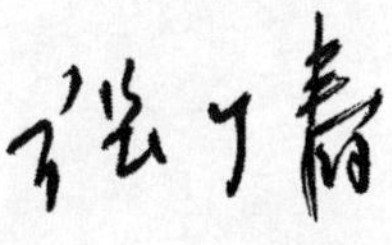

2011年7月

目录

第一章 绪 论

第一节 研究的背景和意义

一、研究背景

中国是一个农业大国、农民大国，农村人口超过8亿，农业的发展、农村的繁荣、农民的富裕，关系到中国经济社会发展全局。新中国成立以来，我国农业农村改革发展走过了60年的历程，取得了巨大成就，发生了翻天覆地的变化。由于我国长期以来形成的城乡二元结构，以及实行城乡分割的管理体制和运行机制，城市和农村实行两种政策，客观上造成城市居民与农民在经济收入、户籍管理、劳动就业、社会福利、文化教育、医疗卫生、政治待遇等许多方面存在较大差异。

新中国成立后，在当时国际国内历史条件下，我国靠农业来实现工业的原始积累，走农业支持工业、农村支持城市的道路是历史的选择。进入新世纪新阶段，我国经济社会发生了深刻变化，再沿用过去的管理体制和机制，已经不适应农村和整个国民经济发展的需要，应该尽快打破城乡二元结构，改革完善农村上层建筑，解决基层行政管理体制不适应农村生产力发展要求、农村公共产品供给体制不适应农村公共服务要求的问题。实践证明，农村经济社会发展需要也必须依靠改革来提供体制保障、财力支持和动力源泉。农村改革历经时间长，内容多姿多彩，层级纷呈繁杂，既有成功的经验，也有失误的教训，需要不断总结，不断探索，不断改革，不断创新。

二、研究意义

新中国成立以来，我国农村先后进行了土地改革，初级社、高级社、人民公社改革，改革开放后，先后进行了土地家庭承包经营、农产品流通体制、农村税费制度和农村综合改革。在所有农村改革中，既涉及各方利益主体，包括国家、部门、地方、集体、企业、农户等，又触及各个层级的政策主体，如中央、地方和部门。本书着重从农村税费改革入手，分析后税改时期农村发展面临的形势，实施农村综合改革涉及的利益主体和政策主体。改革是对利益格局的调整，是对现存体制机制的革命和创新，一种旧的利益格局被打破了，一种新的利益格局应运而生，从利益的不均衡达到暂时的均衡。随着经济社会的发展变化，各种利益主体矛盾日积月累，新的不均衡出现了，由量变逐渐演变为质变，需要进行新一轮的改革创新，由此循环往复。因此，推进改革的过程，就是在利益主体和政策主体博弈的过程中，不断调整利益关系，建立利益平衡机制的过程。从根本上说，农村综合改革就是对国家、集体和农民三者主体利益进行调整，对中央与地方以及地方各级政府、部门政策主体行为进行重新规范，在管理上、制度上进行顶层设计，从而建立健全农村管理体制和运行机制。农村综合改革牵涉农村上层建筑的方方面面，利益关系复杂，应尽力杜绝负和博弈，避免政府、集体和农民三者俱伤；反对零和博弈（非合作博弈），农民失去的不等于政府和集体得到的；提倡合作博弈，实现政府、集体和农民三者共赢。厘清农村管理体制机制上存在的问题，探究其形成原因，借鉴国际先进管理经验，提出相关改革对策建议，对于完善农村管理体制，加快农村管理制度建设，正确处理国家、集体与农民以及中央与地方的分配关系，维护农民合法权益，推进统筹城乡一体化发展，促进农村社会和谐，均具有重要意义。

从理论角度讲，本书从农村综合改革的利益主体出发，研究改革中宏观主体、中观主体和微观主体受利益机制驱动，不同利益主体表现出不同经济行为，进而导致不同的经济和社会效果；从政策主体来说，研究我国五级政府，中央宏观政策、省市中观政策、县乡微观政策，各级政策主体相互博弈，对政策执行力产生不同影响；从实践来讲，通过农村综合改革，调整国民收入分配关系，从制度层面规范不同利益主体行为，兼顾各方利益诉求，理论联系实际，提出相应的农村管理制度建设和政策建议，对疏导农村治理结构、促进城乡市场要素流动、推进城乡统筹协调发展等都具有重要的现实意义，其政策措施具有前瞻性和可操作性。

由于我国长期以来形成的城乡二元结构，以及实行城乡分割的管理体制和运行机制，城市和农村实行两种政策，是导致农村贫穷落后、农民收入低下的制度原因。进入新世纪新阶段，我国总体经济实力明显增强，农业农村发展总体上进入了以工促农、以城带乡的新阶段。进入这一阶段的标志：一是人均 GDP 达到 3 500 美元以上；二是非农产值占 GDP 的 85% 以上；三是非农劳动力占 60% 以上；四是城市化水平在 40% 以上；五是工业部门已建立起完整的体系。这表明我国已进入了加强改造传统农业，走中国特色农业现代化道路的关键时期。我国工业化快速发展，具备了为改造传统农业提供现代科技、物质装备，管理手段和资金积累的能力，进入了着力破除城乡二元结构，形成城乡经济社会发展一体化新格局的重要时期。城乡二元结构已成为制约城乡协调发展，缩小直至消除城乡差别的体制性障碍，是构建新型工农、城乡关系的首要难题。城乡一体化不是把农村都变为城市，不是追求城乡一样化，城市和农村的功能在任何时候都是有区别的。强调城乡一体化，主要是用现代化的理念、管理手段、发展方式，协调推进城镇化和新农村（新社区）建设，形成我国现代化建设“两轮驱动”的格局。

我国的改革首先是从农村开始的，农村改革波澜壮阔，成就辉煌。它带动和促进了城市改革，并为我国经济管理体制改革创造积累了丰富的经验。农村经济社会发展需要也必须靠改革来提供体制保障、提供财力支持、提供发展动力。本书着重对农村税费改革到农村综合改革、农村行政管理体制改革等问题进行论述。通过分析农村综合改革面临的形势，厘清其利益主体和政策主体博弈行为及其原因，提出相关对策建议，以期为探索改革农村管理体制机制问题，贡献绵薄之力。

第二节 研究思路和结构安排

本书力图运用宏观经济和微观经济理论，分析我国经济社会发展中农村生产关系不适应生产力、上层建筑不适应经济基础的问题，农村公共产品供给机制不适应农村社会管理和公共服务要求的问题，提出创新相关管理体制、改革管理决策机制的政策主张。由于本人长期从事“三农”工作，对其国际国内相关领域有比较深入的了解，而且自己自始至终参与了国家农村税费改革和农村综合改革方案的制订过程，可以说是改革的见证人之一，对相关政策的来龙去脉有深入把握和系统研究，使有关研究具有前瞻性、操作性和有效性。

为了实现上述研究思路和既定目标，本书从20世纪80～90年代的中国农村社会经济形势状况开始，分析为什么要进行农村税费改革，进而开展农村综合改革；在农村综合改革中，当前为什么以农村行政管理体制、农村义务教育管理体制、县乡财政管理体制和集体林权制度改革为主要内容；与此同时，对事关农村社会经济发展，与农民切身利益相关的农村土地、粮食流通、农村金融、农村公共产品供给、乡村债务、国有农场办社会职能、农民负担监督管理等方面的问题分别进行了阐述，提出了改革完善的政策建议。

第三节 研究过程

我是一个财政工作者，长期从事财政工作，20世纪80年代后期开始从事“三农”工作。我国改革开放以来，农村实行土地家庭承包经营，极大地解放和发展了农村生产力，农民被压制了多年的劳动积极性释放出来了，劳动生产率大大提高，农民生活得到明显改善，农民收入也增加了，农村出现了农业生产发展、农民安居乐业的稳定局面。在城乡二元体制下，公共财政实际上是城市财政，导致城市的事政府办，农村的事农民办，一些地方政府部门错误估计了农民的收入水平，为了搞农村建设和发展本部门事业，开始向农民伸手，乱收费、乱集资、乱摊派，加重了农民负担，使得农民意见较大，严重影响了党群干群关系。国家注意到这一问题并高度重视，出台了相关文件，采取了一系列措施展开治理，收到了一定效果，但由于治标不治本，到20世纪90年代，这一问题愈演愈烈，农民负担越来越重，干群矛盾愈加突出，因此引发的群体事件时有发生。从那时起，从中央到地方各级政府，每年都要组织开展农民负担监督检查工作，我自己几乎每年都参与，其结果是查处一批案件，查处一批干部，治一阵好一阵，过后又反弹。期间，各地也在积极探索治理农村“三乱”的根本办法，比如“税费大包干”（将农业税收和收费合并定额征收，除此之外不得征收其他任何费用）、实行

“公粮制”（将农民缴纳税费统一折合成粮食征收，除此之外不得征收其他任何费用）、征收“农村公益建设金（税）”（除征收农业税外，将农民的各种收费统一合并征收农村公益事业建设金）等。这种状况一直持续到20世纪90年代后期。

为了有效治理农村“三乱”，从根本上规范政府部门行为，理顺农村分配关系，1998年下半年，中央决定进行农村税费改革，并于2000年开始试点，实行了以取消乡统筹费、农村教育集资等专门面向农民征收的各种政府性收费，取消屠宰税，取消劳动积累工和义务工；调整农业税和农业特产税政策；改革村提留征收使用办法（简称三取消、两调整、一改革）为主要内容的改革措施。2003年，改革在全国全面铺开，2005年，以取消农业税为标志，农村税费改革完成历史任务，取得了减轻农民负担，规范农村分配秩序，理顺国家、集体和农民分配关系，改善干群关系，促进农村改革发展的重大成效。

农村税费改革的阶段性历史任务虽然完成，但农村分配领域的一些深层次问题并没有得到解决，譬如涉及农村上层建筑领域方面的体制、机制问题，统筹城乡发展问题，公共产品供给和公共服务均等化问题等，都需要通过采取进一步的改革来解决。这时候，中央顺势而为，乘势而上，决定从2006年起，不失时机地由税费改革阶段转入农村综合改革新阶段，实施了以乡镇机构、农村义务教育、县乡财政体制、集体林权制度等为主要内容的改革措施。在对农民少取甚至不取的同时，开启了国家给予种粮农民直接补贴的新纪元。我国总体进入工业反哺农业、城市支持农村的发展阶段，国家在加大对“三农”投入、实行农村义务教育阶段免费上学、将农村“五保户”全部纳入财政保障范围、在农村实行合作医疗制度和养老保险试点等政策的同时，对农村土地流转制度、农村金融保险制度、粮食流通体制以及乡村债务管理、国有农场管理等方面进行了改革，并取得初步成效。农村综合改革的范围逐步扩大，任务不断增加，领域越来越广，改革难度也更大。我对农村综合改革的研究随着国家整个改革部署逐步走向深入，改革前进一步，我的研究也深入一步。对一些将要涉及的领域，本人也进行了一些超前性研究，以期对新的改革提出一些建设性的建议。每项改革制度都包含着体制创新和实践突破，每项改革政策都关系着百姓的切身利益，改革每前进一步，都意味着对中国经济发展和社会进步的贡献。本人深知研究意义重大，责任重大，自己无论在理论基础还是在研究能力上都存在差距，很有压力。

但作为一个农民的儿子、一个“三农”工作者，对农村农民有深厚的感情，“生于斯，长于斯”，永远不能忘记农村的山山水水养育了我们，我们愿意也有责任去探索和研究农村问题，如果在这方面可以力所能及地做点什么，也算了却了自己多年的夙愿。

第二章
关于农村税费改革问题

第一节
农村税费改革的历史背景

起始于2000年的农村税费改革是进入新世纪以来，我国为加强农业基础地位、保护农民利益、维护农村稳定而采取的一项重大改革措施，是新中国成立后继农村土地制度、家庭承包经营制度之后的又一次重大改革，影响了中国的发展进程，具有划时代的意义。

1985年，我国完成了“撤社建乡”的农村行政管理体制改革，农村基本确立了家庭承包经营体制，各级政府和部门之间形成了多元化的利益主体。家庭承包经营解决了农村集体生产经营“吃大锅饭”、“出工不出力”的问题，调动了农民的生产积极性，农民生活过了“温饱线”。但是，农民收入增长依然非常缓慢，增收十分困难，1989~1991年，农民人均纯收入平均每年只增长0.7%。在过去计划经济长期形成的城乡二元结构制度下，大部分地方农民刚刚解决温饱问题，一些农民还在为温饱而努力奋斗。在这种情况下，一些部门和地方受利益驱动，不能正确估计农民的承受能力，政府行为不规范，执法随意性大，出现向农民乱收费、乱罚款、乱集资的现象，导致了农民负担问题凸现。当时讲的负担主要是指在国家税收之外对农民的各种收费、罚款和摊派。特别是20世纪90年代初开始的各种达标评比升级活动，比如教育达标、卫生达标等，纷纷向农民伸手要钱，让农民背上了沉重的负担。加上1994年开始实行分税制财政管理体制后，基层政府为了筹集建设资金，不顾农民的承受能力，随意向农民伸手，对农民的各种乱收费、乱集资、乱罚款和摊派问题日益突出，因负担逼死农民的恶性案件和群体性干群冲突事件时有发生。一些地区因此造成干群关系紧张，干群矛盾激化，严重危及基层政权稳定。

中央对农民负担过重问题历来十分重视，20 世纪 80 年代中期以来，先后制定了一系列政策法规，要求各地切实减轻农民负担。1985 年 10 月，中共中央、国务院下发《关于制止向农民乱派款、乱收费的通知》，对集资和收费等提出了严格要求。1990 年 2 月，国务院下发《关于切实减轻农民负担的通知》，明确规定向农民收取的村提留和乡统筹费（指农民向村集体缴纳的公积金、公益金、管理费三项提留和农民向乡镇缴纳的乡村道路修建、教育附加、计划生育、优抚、民兵训练五项统筹，俗称“三提五统”）不得超过上年农民人均纯收入的 5%。1990 年 9 月，中共中央、国务院作出了《关于坚决制止乱收费乱罚款和各种摊派的决定》，把减轻农民负担工作纳入了全国治理“三乱”的总体部署。1991 年 12 月，国务院颁布《农民承担费用和劳务管理条例》，第一次用行政法规的形式界定了除国家税收之外，农民承担的村提留和乡统筹费及劳务（农村义务工和劳动积累工，简称“两工”）等负担的标准和使用范围等。1993 年 7 月，中共中央办公厅、国务院办公厅发出《关于涉及农民负担项目审核处理意见的通知》，取消或暂停了上百项达标升级活动和对农民的不合理收费及负担项目。过去，中央三令五申，基层总有点像“狼来了”的感觉，所以上面喊归喊，基层做归做，上有政策，下有对策。1996 年 12 月，中央在总结前几年农民减负工作经验的基础上，作出《关于切实做好减轻农民负担工作的决定》，即中发 13 号文件，对减轻农民负担工作实行“约法三章”，作出了 13 条具体规定，明确了减轻农民负担工作党政主要领导责任制、部门分工负责制，实行农民负担一票否决制，加大了对加重农民负担违法案件的查处力度。从此，农民负担问题成为政府年终考核和干部升迁的一条“高压线”，哪个地区农民负担总额超过了中央规定的农民上年人均纯收入 5% 的上限标准，地区和党政领导评先、提拔“一票否决”。由于政策真正付诸实施，那些年每年都因农民负担问题公布处理一批基层干部，起到了震慑作用。基层干部看中央动真格的了，去除了侥幸心里，执行政策行为规范了许多，在一定程度上遏制了农民负担快速增加的势头，但加重农民负担的机制和动力并没有消除，农民负担总体水平仍在不断增加。其症结主要在于：一是税费制度方面的问题。当时，农村税费制度和征收办法不尽合理，农业特产税没有据实征收，而是按田亩分摊，税费不分，费出多门，费重于税，还有乱罚款、乱摊派。老百姓形象地称之为“头税轻（指农业税），二税重（指村提留乡统筹费），三税、四税无底洞（指其他各种摊派、集资、收费、罚款）”。二是行政体制和财政体制方面的问题。基层政府机构臃肿、人员膨胀，“食之者众，生之者寡”，一些应由财政负担的公共服务转由农民负担，有的甚至还陷入“养人收费、收费养人”的恶性循环。三是在利益主体和政策主体行为方面，地方政府及有关部门与农民在利益上的博弈，以及中央政府与地方政府及有关部门在政策上的博弈。这种博弈，一方面表现为基层政府及有关部门以各种名目向农民多取，而农民则不愿多缴纳；另一方面表现为中央政府明确规定不允许向农民乱收乱摊，而地方政府及有关部门却以各种理由巧立名目向农民乱收费。由于博弈双方地位不平等，信息（政策）不对称，农民处于弱势地位，地方政府及有关部门处于强势地位，博弈的结果是，中央政令不畅通，农民利益受到侵害。农民失去的不等于政府得到的，得不偿失，实际上形成一种负和博弈（张晓冰，2003）。

由于长期以来形成的城乡二元结构，导致城乡居民在利益分配、社会福利、政治待遇等诸多方面的不平等。农村基础设施和公共事业主要依靠农民和集体筹资筹劳，在一些集体经济薄弱的地区，农村公共产品几乎全部由农民负担。同时，涉农利益主体和政策主体行为不规范，决策机制不科学，违规成本低且从中受益大，中央政策存在明显的“不可置信威胁”，导致各种侵蚀农民利益的现象时有发生，形成“上有政策，下有对策”的格局。有些地方和部门不顾国家三令五申，随意向农民伸手，面向农民的各种收费、集资、罚款和摊派项目多、数额大；有的地方虚报农民上年人均纯收入，超标准提取村提留和乡统筹费，对农村义务工和劳动积累工强行以资代劳；有的地方违反国家规定，按田亩或人口平摊征收农业特产税和屠宰税；有些部门要求基层进行各种名目繁多的达标升级活动，超出了经济发展水平和农民的承受能力，所需资金最后摊派到农民身上；有些地方基层政府及有关部门从自身利益出发，采取非法手段强行向农民收钱、收物，酿成恶性案件和群体性事件。这些问题，严重侵害了农民的物质利益和民主权利，挫伤了农民的生产积极性，伤害了农民对党和政府的感情，影响了农村社会稳定（韩俊，2003）。为了从根本上解决农民负担重的问题，一些地方加强了减轻农民负担政策研究，从税费政策制度入手，积极探索实践。当时，国家整个大的形势和环境也对改革提出了迫切的要求。进入 20 世纪 90 年代，我国农业和农村经济进入了一个新的发展阶段，农产品供给出现了阶段性、结构性和地区性过剩，农产品难卖，价格下跌，对农民收入影响很大。由于整个国民经济正处在结构调整时期，乡镇企业发展速度放慢，效益下降，农村劳动力外出务工难度增大，农民从二、三产业得到的收入也受到影响。同时，对农业和农村经济结构进行战略性调整，开辟农民增收的新途径和新领域又需要一个较长的过程。在这种情况下，为了保护农村生产力，实现农村经济持续发展和社会稳定，必须规范参与农民利益博弈的地方政府部门的行为，对农民多给予、少索取，突出减轻农民负担，让农民得到更多的实惠。只有减轻农民负担，才有利于农民增收，使农民有能力和积极性进一步增加投入、发展生产，才能真正提高农村购买力，扩大农村消费需求，促进国民经济持续快速健康发展。为此，1998 年 10 月，国务院成立了由财政部、农业部、中央农村工作领导小组办公室三个部门主要负责同志组成的农村税费改革工作小组，开始着手研究和制订新的改革方案。在充分调研、审时度势、慎重考虑的基础上，中央决定从 2000 年开始推进农村税费改革试点，并下发《中共中央　国务院关于进行农村税费改革试点工作的通知》，即中发［2000］7 号文件，决定在具有农村改革传统的安徽省率先进行改革试点。从此，农村改革掀开了新的一页（谢旭人，2008）。

第二节

农村税费改革的主要历程和取得的成效

一、主要历程

进行农村税费改革是党中央、国务院作出的重大战略决策，并成为解决“三农”问题的重要突破口。党的十五届三中全会以来，为探索减轻农民负担的治本之策，中央决定从减轻农民负担、规范农村分配关系入手，逐步推进农村税费改革，带动和促进其他农村改革和农村工作。2000 年，从具有农村改革发源地之称的安徽启动农村税费改革以来，到 2006 年 1 月 1 日起在全国全面取消农业税，历经六个年头，改革历程大致可分为两个阶段。

（一）第一阶段（2000～2003年）：以正税清费为主要内容，规范农村税费制度

2000年开始进行的农村税费改革，其主要内容包括：按照“减轻、规范、稳定”的目标要求，取消乡统筹费、农村教育集资等专门面向农民征收的行政事业性收费和政府性基金、集资，取消屠宰税，取消统一规定的劳动积累工和义务工；调整农业税和农业特产税政策，设定农业税税率为7%；改革村提留征收使用办法，以农业税征收额的20%为上限征收农业税附加，同时取消原来的村提留。改革试点范围除安徽全省外，河北、内蒙古、吉林、黑龙江、河南、湖南、陕西、甘肃8省（区）选择了32个县（市）进行了局部试点。改革进程并非一帆风顺。2001年，受国际大气候的影响，国民经济发展中不确定因素增多，加之因改革触动一些部门的既得利益，这些利益主体给改革设置障碍，致使原本决定要在全国范围推开的农村税费改革暂时踏步走。江苏省根据本省改革工作安排及财力情况，自主决定在全省范围实施改革试点；还在除上海、西藏外的27个省份选择了102个县（市）进行了局部试点。改革一时出现波折，但改革潮流势不可挡。事隔一年，2002年，改革继续向前推进，在总结安徽、江苏等地试点经验的基础上，按照“积极稳妥、量力而行、分步实施”的原则，国务院确定河北、内蒙古、黑龙江、吉林、江西、山东、河南、湖北、湖南、重庆、四川、贵州、陕西、甘肃、青海、宁夏16个省（区、市）为扩大农村税费改革试点省份，浙江、上海两省（市）根据自身财力情况，也自费进行了改革试点。这样，截至2002年年底，农村税费改革试点工作在全国20个省份全面展开，试点地区农村人口达到6.2亿，约占全国农村人口的3/4。同时，针对当时一些地方出现的农村基层政权组织运转和农村中小学经费保障困难的问题，中央和地方财政安排转移支付资金予以支持，及时提出了努力实现“三个确保”的目标要求，即确保改革后农民负担明显减轻不反弹、确保乡村政权组织正常运转、确保农村义务教育正常经费需要。2003年，鉴于地方改革积极性提高，农民要求改革的呼声强烈，社会各方面支持改革的环境条件已经成熟，中央决定在全国范围全面推进农村税费改革试点工作。

（二）第二阶段（2004～2006年）：逐步取消农业税，进一步减轻农民负担

2004年，由于农业比较效益下降，农民种地不赚钱，我国粮食生产出现了下滑，当年底全国粮食总产量减少到8 600多亿斤，不能满足我国粮食

正常消费需要，粮食生产告急。为了有效调动农民种粮积极性，按照“多予、少取、放活”的方针，围绕确保国家粮食安全和促进农民增收两大主题，中央决定进一步加大农村税费改革力度，作出了取消除烟叶外的农业特产税（由烟叶收购者缴纳，不由农民承担）和“五年内取消农业税”的重大决定，并率先在产粮大省黑龙江、吉林两省进行免征农业税改革试点，河北、内蒙古、辽宁、江苏、安徽、江西、山东、河南、湖北、湖南、四川等11个粮食主产省（区）的农业税税率降低3个百分点，其余省份农业税税率降低1个百分点。农业税附加随正税同步降低或取消。一些地方可根据本地的财力状况，自主决定多降税率或进行免征农业税改革试点。征收牧业税的地区，按照本省（区）减免农业税的步骤和要求同步减免牧业税。根据中央的有关精神，北京、上海、天津、浙江、福建等省市自主免征农业税。2005年，中央决定进一步扩大农业税免征范围，加大农业税减征力度。对592个国家扶贫开发工作重点县实行免征农业税，进一步降低其他地区农业税税率，其中，2004年农业税税率降低1个百分点的省份再降低4个百分点，2004年农业税税率降低3个百分点的省份再降低2个百分点。农业税附加与正税同步减征或免征。与此同时，宣布全面取消牧业税。鼓励地方根据自身财力条件，自主决定扩大农业税免征范围。这样，全国又新增20个省份自主免征农业税，加上之前已经免征农业税的7个省份和西藏自治区（新中国成立后，一直实行免征农牧业税政策），全国免征农业税的省份达到了28个，仅河北、山东、云南3个省在247个县（市）暂时保留征收税率在2%以下的农业税。2005年12月29日，十届全国人大常委会第十九次会议高票通过决定，从2006年1月1日起废止《农业税条例》。原本5年取消农业税的目标3年就实现了。中央决定在全国彻底取消农业税，标志着在我国历史上存在了2600年（自公元前594年鲁国初税亩算起）的农业税正式退出历史舞台，以此为标志，中国农业发展进入一个新的历史时期。

二、取得的成效

农村税费改革试点由点到面稳步推进，在推动农业发展、农民增收和农村繁荣过程中发挥了重要作用，取得了重大历史性成效（黄维健和王春播，2003）。

（一）明显减轻了农民负担

农村税费改革，不仅取消了由农民负担的“三提五统”和农村教育集资等专门面向农民的各种收费，而且取消了农业税，实行釜底抽薪，“皮之不存，毛将焉附”。基层政府部门“搭便车”收取的种种不合理费用也随之取消。清理整顿各种摊派及达标升级活动，有效遏制了农村“三乱”现象，大大减轻了农民负担。据统计，2006 年全面取消农业税后，与改革前的 1999 年相比，农民负担总额每年减少约 1 250 亿元，人均减负约 140 元（见表 2－1）。

表 2－1 取消农业税后农民减负情况表 单位：亿元

项目	1999 年	2003 年	2004 年	2005 年	2006 年		
					金额	与 1999 年比增减变化	与 2003 年比增减变化
农业税及附加	190	423	225	15	0	－190	－423
农业特产税及附加	116	68	0	0	0	－116	－68
屠宰税	30	0	0	0	0	－30	0
三提五统	620	0	0	0	0	－620	0
农村教育集资	36	0	0	0	0	－36	0
清理政府性收费基金	200	0	0	0	0	－200	0
两工以资代劳	58	18	18	10	0	－58	－18
一事一议筹资	0	24	24	30	50	50	26
其他社会负担	200	173	168	150	150	－50	－23
农民负担总计	1 450	706	435	205	200	－1 250	－506

注：

（1）本表数据来源于国务院农村综合改革工作小组办公室。改革前 1999 年农民负担 1 250 亿元主要是依据有关统计资料汇总而成，当时估计清理政府性收费基金减轻农民负担至少还有 200 亿元，如果考虑这一因素，改革前农民负担约为 1 450 亿元。2006 年取消农业税后，农民负担与 1999 年相比，农民负担可减轻约 1 250 亿元，人均减负约 140 元。

（2）2006 年农民负担预计额 200 亿元中，包括一事一议筹资和其他社会负担，都是有关部门大致估算数，没有正式的统计。

取消农业税的同时，国家开始对农民实行种粮补贴、良种补贴、农机具购置补贴、农用生产资料增支综合直接补贴等政策措施，补贴项目越来越多，补贴资金规模越来越大，从制度层面规范了利益主体和政策主体（基层政府部门）的行为。国家、集体与农民之间的分配关系由过去“多取少予”开始向“少取多予”转变，农民负担问题开始由“减负”向“增收”

转变，进一步解放和发展了农村生产力，调动了广大农民群众的积极性，农村开始从温饱向小康转变。

（二）明显加快了公共财政覆盖农村的步伐

农村税费改革后，基层政府不能随意向农民伸手筹集经费和建设资金，农村的公共支出只能依靠政府财政安排，这就要求调整国民收入分配结构，加大财政对农村的投入力度，从而形成了全方位、多层次农村投入需求格局，也促使各级政府加快形成对农村的投入机制。据统计，2000～2006年，中央财政累计安排农村税费改革转移支付补助资金2 612亿元。2006年中央财政当年安排农村税费改革转移支付补助资金782亿元，地方各级财政共安排250多亿元。也就是说，自2006年取消农业税起，各级财政每年安排的农村税费改革转移支付资金达到1 030多亿元，用于地方基层政府开支。中央和地方财政增加农村义务教育投入，将其纳入公共财政保障范围。这就是说，中央政府加大对地方政府的财政转移支付和农村义务教育投入，替换了过去向农民收取的税费，农村税费改革成本由中央和地方共担，中央承担了大头。同时，按照中央提出财政支农的新要求，各级财政进一步加大支农惠农力度，支持新农村建设。2009年，中央财政预算安排用于"三农"的投入总额达到7 253亿元。

（三）明显改善了农村干群关系

农村税费改革顺民心、合民意，使农民普遍得实惠，是近几年农民情绪明显好转、积极性得到调动、农村社会保持稳定的最重要的政策原因。同时，农村税费改革进一步明确了农民的权利和义务，规范了干部的行政行为，基层干部从过去繁重的直接催粮收款中解脱出来，逐步转向加强社会管理和提供公共服务，减少了基层干部与群众的摩擦，舒缓了干群矛盾，从制度上杜绝了基层部门乱收费的口子，密切了党群干群关系，巩固了农村政权组织的执政基础。

（四）明显推动了农村上层建筑的改革完善

农村税费改革带动了乡镇机构、农村义务教育体制和县乡财政体制改革，精简了乡镇机构和人员，促进了基层政府职能转变和农村教育布局调整，优化了财政支出结构，带动了村民自治和农村集体事务的规范化管理，实施了村级公益事业建设"一事一议"制度，促进了村务财务公开等农村基层民主政治建设，为下一步全面深化改革奠定了基础。

第三节

取消农业税对中国经济社会产生的深远影响

从2006年开始，我国在全国范围内全面取消农业税，标志着在我国存在了长达2600年的古老税种从此退出历史舞台，具有划时代的意义，令世人瞩目。

中国是一个农业大国，农业是国民经济的基础。长期以来，农业税赋一直是国家财政收入的重要组成部分，也是国家与农民分配关系的重要体现，素有"皇粮国税"之称（唐仁健，2004）。取消农业税，既是打破城乡二元结构、统筹城乡发展、建设社会主义新农村的一项重大举措，又是我国农村税费改革经过几年努力探索实现的一个重要目标。通过农村税费改革，减轻了农民负担，规范了农村税费制度，带动了整个农村改革，进一步解放和发展了农村生产力，促进了农村经济社会的全面发展，并为取消农业税奠定了物质条件和社会基础。如果没有农村税费改革的推动作用，取消农业税的目标很可能不会这么快就实现。

一、取消农业税是我国经济社会发展的必然结果

新中国成立以来，农业税在相当长时间内一直是我国财政的重要来源。1994年实行分税制改革后，我国城镇按国际通行做法改革了税制，形成了流转税和所得税双主体宏观税制结构。与此同时，对农业生产收入保留征收农业税，对农业特产品收入征收农业特产税。这样，城乡二元税制被沿袭下来。从2000年开始，我国决定进行农村税费改革，通过正税清费、治理"三乱"，取消村提留和乡统筹费，将农民应缴纳的税费规范为农业税和农业税附加，最高税赋不超过8.4%，使农村税费制度得到进一步规范。但随着市场经济的发展和农村改革的深入，农业税赋制度运行中存在的矛盾和问题越来越突出，阻碍了城乡经济社会的协调发展。

（一）农业税税制不科学，性质不清楚

农业税以土地为核心、以常年产量为主要计税依据、以实物计征税额，这种设计使农业税性质不清晰。从比例税率看，它像流转税，却对未进入流

通的农产品征税；从与土地的关系看，它又具有土地税的特性，更像地租，却未体现土地级差收益；从课税对象看，又像是所得税，却没有税前扣除。农业税计征涉及计税土地面积、常年产量、税率、计税价格四个要素，计税要素多，计税方法不简便，很难客观确定。农业税的性质模糊不清，设计不科学。它是传统农业社会的产物，带有浓厚的自然经济、农业经济和计划经济的色彩，成为专门针对从事农业生产的农民征收的一种身份税，明显不适应建立社会主义市场经济体制和统筹城乡发展的要求。

（二）农业税没有税前扣除，不符合国际惯例

税前扣除在某种意义上可以说是体现税收公平的“均衡器”。增值税只对扣除进项金额后的增值部分征税；个人所得税规定起征点实质上是一种税前扣除；企业所得税对扣除生产成本等费用后的所得额征税，等等，都进行了必要的税前扣除。

从世界各国来看，不论是否单独开征农业税，都是对农业商品流转额或农民的净所得课税。我国农业税是按土地的常年总产量计征，这个常年产量既包括农民销售的商品粮，也包括农民最基本的生存支出，如口粮、种子粮、教育支出和医疗支出等。实际上，农业税以农民从土地上取得的生产收入为课征对象，没有将农民投入的生产成本以及自己消费的农产品进行税前扣除。从我国农村的现实情况看，农民的人均纯收入水平低。2004 年，农民人均纯收入只有 2 936 元，平均每个月只有 244.7 元；2005 年，农民的人均纯收入有所提高，也只有 3 255 元，平均每个月只有 271 元。在农民的人均纯收入中，来自农业生产经营的部分为 1 056 元，平均每个月 88 元，远未达到国家规定的个人所得税起征点。当时，除朝鲜、印度尼西亚等少数国家或地区还设有农业税税种外，世界上绝大多数国家都已经取消农业税，我国征收农业税不符合国际通行做法。

（三）农业税税率偏高，城乡居民税负不公平

农村税费改革后，全国绝大多数省份按照农业税及农业税附加合计最高不超过 8.4% 的规定，将农业税（含附加）税率确定在 7.2% ~8.4% 之间。虽然名义税率比改革前的全国平均税率 15.5% 降低了将近一半，却比改革前落实到户的全国平均实际税率 3% ~5% 高了不少。据专家推算，如果把现行农业税率换算为按商品征税，实际税率比较高。目前，我国工商业经营者一般通过营业税或增值税履行纳税义务，营业税税率一般在 3% ~5%，只有娱乐等高收入行业税率较高。1994 年出台的增值税方案是按照企业实

际负担6%的税率来设计的，小规模纳税人增值税定额税率为6%，大部分城市工薪阶层个人所得税税率为5%，都低于农业税税率。在农民收入水平增长十分缓慢的情况下，农业税税率偏高，农民负担的税收仍然过重，城乡居民税收负担显失公平。

（四）农业税“税随地走”，农民负担不均衡

农村税费改革后，取消了原来按人头向农民收取的村提留和乡统筹费，但原来村提留、乡统筹费的一部分转移到以计税土地为基础的农业税中。这样，过去按地负担农业税，按人负担村提留、乡统筹费变成完全按地亩负担农业税，造成纯农业生产者负担加重，种田越多负担越重。农民负担不均衡成为农民关心的热点。总体上看，粮食主产区农民负担比经济比较发达地区的农民负担重，种田多、纯农户比无田少田的农户负担重，财政状况差的地区农民负担比财政状况好的地区负担重，不利于调动粮食主产区和种粮农民的积极性。尽管各地通过税收减免、调整常年产量等手段缓解粮食主产区和种粮大户农民税负重的问题，但由于它背离了税收量能负担的原则，也只能是权宜之计。

（五）重复设置税种，削弱了农产品的市场竞争力

这表现在一是目前农民不仅需要缴纳农业税和特产税，而且农产品进入市场还需缴纳工商税，导致农业税种重复设置。农业在社会产品初次分配中明显处于弱势，不能公平参与市场竞争。二是不利于提高中国农产品的国际竞争力。我国设置了较高的农业税税率及农业特产税税率，一些地方对农业税、农业特产税据实征收难，大都简单地按人头或田亩分摊，抑制了农村资本和劳动力向高效率、规模化农业转移，不利于农业产业结构调整。同时，我国农业特产税只对国内农业特产品征收，出口农业特产品不退税，而对国外进口的农业特产品不征特产税，使我国农业特产品在国内和国际两个市场上都处于不利的地位，严重削弱了我国农产品的国际竞争力，特别是我国加入世界贸易组织后，这一问题尤为突出。

（六）征管不规范，与依法治税的要求不相适应

这表现在一是法律法规建设滞后，征管没有程序法。征收农业税、特产税的依据是1958年出台的《农业税条例》和1983年出台的《国务院关于对农业特产收入征收农业税的规定》，由于《税收征管法》不适用于农业税，致使农业税无程序法可依，抗税案件时有发生，少数地方新的农业税尾欠呈上升趋势。二是征管行为不规范。长期以来，农业税一直主要依靠乡村

干部征收，受利益驱动，越权征收、税费混征、搭车收费现象时有发生。农民对乡村干部有怨气或生产生活中的一些问题没有得到及时解决，经常以拒绝缴纳农业税来“出气”，征纳双方因此产生摩擦和矛盾，协调困难，不仅征收成本高，而且导致干群关系紧张，影响了农村社会稳定。

综上所述，无论是从建立现代税制还是从征收管理的实践来看，农业税制都已不适应市场经济发展和农业现代化的要求，成为农民负担重的一个重要体制性因素。因此，适时取消农业税是我国经济社会发展的必然选择。

取消农业税不仅是必要的，而且是可能的。改革开放以来，我国经济社会有了长足发展，国家综合实力明显增强，总体上进入了以工促农、以城带乡的发展阶段。进入新世纪以来，我国经济持续快速发展，国家财力不断壮大，2003～2005年，全国财政收入分别突破2万亿元、2.5万亿元和3.1万亿元大关，2004年财政收入增收4 500亿元，2005年增收5 000多亿元。农业税收在整个财政收入中所占比例不到2%，国家财政有能力承受取消农业税带来的收入减少。虽然取消农业税会减少地方财政收入，尤其是农业大县财政减收会更多，但中央财政给这些地区予以转移支付后，较大程度地缓解了地方的困难。所以，从国家长远发展的大局看，为了消除农业税征收过程中征收机关与农民之间利益博弈产生的弊端，彻底解决农民负担重的问题，从根本上改变二元结构对经济社会协调发展造成的“瓶颈”制约，付出这些改革成本是必要的，也是完全值得的。

二、取消农业税对我国经济社会产生的深刻影响

（一）取消农业税具有划时代的意义

历史经验表明，农赋事关国家政权稳固。我国战国时期著名政治家思想家管子曾经说过：“凡治国之道，必先富民，民富则易治也，民贫则难治也。”“故治国常富，而乱国常贫。是以善为国者，必先富民，然后治之。”①我国历史上封建王朝与农民税赋关系处理得最好的时期，是所谓汉代的“文景之治”和清代的“康乾盛世”，但实际上，文景时期对田赋只是临时性减免，当时叫“时赦”，最长的时间也就11年。康熙、乾隆时期的“摊丁入亩，新增人丁永不加赋”，也只是把原来征收的所谓“丁银”纳入了“田赋”，而田赋却始终增加。而现在我们是彻底取消了农业税，终结了我

① 摘自《管子·治国》。

国2600年农业税的历史，这在中国农业农村发展史上是史无前例的，无疑具有划时代的历史意义，对我国经济社会发展将产生深远的影响。

1. 有利于减轻农民负担、扩大内需，促进经济社会持续协调发展。农村人口是我国目前数量最多、潜力最大的消费群体。取消农业税，减轻农民负担，增加了农民收入，形成潜在购买力（马晓河，2004）。据统计，农村税费改革不仅取消了原先300多亿元的农业税，而且取消了700多亿元的“三提五统”和农村教育集资等，还取消了约250亿元的各种不合理收费，共减轻农民负担约1 250亿元，每个农民减负140元左右。同时，国家对农民给予各种直接补贴，增加了农民可支配收入，扩大了农村有效需求，调动了农民的生产积极性，为农村经济社会发展注入了活力。

2. 有利于统筹城乡发展，全面建设小康社会。全面建设小康社会，重点和难点在农村；加快现代化建设，最艰巨、最繁重的任务也在农村。逐步消除城乡二元经济结构，是我国现代化进程中必须解决的问题。改革开放至今，城乡分割的格局已经发生了较大变化，但工农关系仍不协调，城乡差距仍在扩大。贯彻落实科学发展观，统筹城乡发展，需要逐步消除阻碍城乡资源要素合理流动的体制机制阻碍。取消农业税，不再开征专门面向农民的税费，打破了城乡二元税制结构，为统一城乡税制、公平城乡居民税负打下了基础，激发了农村经济的活力和动力，推进了城乡协调发展，促进了全面小康社会建设。

3. 有利于维护农村稳定，构建社会主义和谐社会。农业丰，则国家盛；农村稳，则天下安。农村税费改革前，由于农业税费征管行为不规范，出现了许多干群冲突事件，影响了农村社会稳定。通过农村税费改革，取消农业税，不仅减轻了农民负担，使广大农民休养生息，更重要的是为逐步消除影响农村稳定的体制性障碍搭建了制度平台。乡镇干部从过去收粮收税等具体事务中解脱出来，加快转变政府职能步伐，把更多的精力放到履行社会管理、提供公共产品和公共服务上来，进一步改善和密切了政府与农民的关系，维护了农村和谐稳定。

4. 有利于夯实发展基础，建设社会主义新农村。2005年年底，中央提出建设社会主义新农村的重大历史任务，这是在农村改革发展进入一个新阶段后顺势而为提出来的，是彻底解决“三农”问题的一项重大战略举措。按照“工业反哺农业、城市支持农村”和“多予少取放活”的方针，取消农业税后，各级政府加大对农业农村的投入和对农民的直接补贴力度，扩大公共财政覆盖农村的范围，充分调动了广大农民的积极性，为新农村建设奠定了坚实基础。从2006年全国取消农业税后，国家财政每年安排农村税费改革转移支付资金1 000多亿元。2006年，中央财政预算安排用于“三农”的投入总额达到3 397亿元，比2005年增加422亿元，增长14.2%。当年农民人均收入为3 587元，比上年增长10.2%。国家对“三农”的投入和农民收入都呈稳步增长势头，为新农村建设提供了重要的物质条件。

（二）取消农业税后农村出现的新情况和新问题

取消实行了几千年的农业税，对“皇粮国税”的传统思想观念带来了巨大冲击，对农村经济社会文化生活带来深刻影响，对基层组织的职能设置和运行方式提出了新的要求。我们应该清醒地看到，农村税费改革的成效是初步的、阶段性的。取消农业税，初步理顺了农村分配关系，减轻了农民负担，但造成农民负担重的体制机制尚未根本改变，农村长期积累下来的一些深层次矛盾还未完全解决，农村改革发展过程中又出现了一些新的情况和问题。

1. 与新形势相适应的农村行政管理体制没有完全形成。取消农业税后，乡镇原有收粮收款的任务没有了，乡镇政府面临机构调整和职能转变，应向建立法制型、服务型政府的方向发展。乡村干部要转移工作重点，需要提高为农服务的能力和水平。但各地方在乡镇机构改革中工作进展不均衡，职能转变不到位，公共服务水平低，社会管理能力弱，农村自然灾害、公共安全等突发事件时有发生，地方政府间事权划分不清晰，政府职能缺位、越位、错位的问题并存，“生之者寡、食之者众”的现象没有根本改变，与新形势相适应的农村行政管理体制还没有完全建立起来。

2. 与新农村建设相适应的投入机制没有完全建立。我国长期以来形成的城乡二元结构，造成农村基础设施落后，农村公共投入欠账多，新农村建设需要大量的投入，取消农业税和农村“两工”（劳动积累工、劳动义务工）后，国家虽然加大了对“三农”的投入力度，但涉农资金管理分散，引导能力不强、效果不明显；农村融资机制不健全，农村信贷供给严重不足，农村资源和要素被大量“抽走”，流向城市，而城市资源很难流向农村；农民进行公益事业建设的积极性不高，农村“一事一议”开展难，农村新的公益事业投入机制没有形成，农村基础设施建设落后，社会事业发展普遍缓慢；上学难、看病难、饮水难、行路难、贷款难等问题相当突出，城乡资源配置不合理，城乡发展差距呈扩大的趋势。

3. 确保乡村基层政权组织正常运转的财政体制没有完全确立。在我国历史上，农业税是大部分地方维持乡村基层组织正常运转的主要收入来源。取消农业税后，国家虽然加大了财政转移支付力度，但省以下财政体制改革不到位，财权（财力）与事权不匹配。中央采取了缓解县乡财政困难的政策措施，推进地方财政管理方式变革，但由于没有能触及财权与事权划分等深层次问题，治标不治本。一些地方不顾实际，热衷于上项目、铺摊子，搞城市建设和标志性工程，没有将财力真正向基层倾斜、向农村倾斜，乡村经费保障水平低，乡村基层政权组织运转普遍困难。

4. 新的农村基层工作机制没有完全形成。取消农业税后，一些基层干部观念跟不上形势，行政行为不规范，不善于运用“一事一议”等民主方式与农民商量办事，仍习惯于用过去的老办法与农民打交道。农村建设资金不足就打农民主意，工作经费紧张就向农民伸手，群众思想工作做不通就采取行政命令等强制手段，依法行政的意识不强，民主办事的能力不高，加上不少农民公共意识和责任意识比较淡薄，农民组织化程度低，村民自治机制不健全，新的农村基层工作新机制尚未形成。

5. 从根本上杜绝农民负担反弹的控管机制没有完全形成。当前，一些地方在农民建房、外出务工、计划生育、教育、殡葬等领域的乱收费又有所抬头；农业用水等经营性收费标准偏高，甚至搭车收费；化肥、农药等生产资料价格上涨过快；一些村级组织在“一事一议”中不履行民主议事程序，将其变成固定收费；一些村委会和农村中介组织巧立名目，违法向农民乱收费、乱罚款，引起了当地农民的不满。乱收费主体开始由基层政府向涉农部门和单位转移，收费名目开始由行政事业性收费向经营服务性收费转移，收取对象开始由农民向中小学生转移，收费方式由显性向隐性转变，由一次性集中收取向零星分散收取转移。这说明一些政府部门和事业单位侵害农民权益的行为，在不同地方、不同环节、不同程度地仍然存在，农民权益保护尚未纳入法制管理轨道，防止农民负担反弹的体制机制还没有形成。

三、巩固和发展农村税费改革成果的政策取向

“知史以明鉴”。追溯历史，我国自古以来几次大的赋税制度改革，从隋唐的“租庸调制”、“两税法”，到明朝的“一条鞭法”，清代的“摊丁入亩”、“火耗归公”，都没能跳出周而复始的“黄宗羲定律”（我国明末清初著名思想家黄宗羲在总结中国历朝历代农民税赋史后认为，历史上每搞一次

农业正税、附税“并税”改革，当时农民的税负减轻了，但随着时代的推移，地方官府经费不足，又会以各种名义向老百姓收费，催生下一次摊派和收费高潮。出现“明税轻、暗税重，横征杂派无底洞”的局面，周而复始，形成“积累莫返之害”，成为一个规律）。这其中的一个重要原因，就在于税制改革之后，缺乏更深层次的政治、经济和社会管理体制方面的改革，防止农民负担反弹的保障机制没有建立起来。我国在逐步取消农业税的过程中，虽然配套推进了相关体制改革，但一些深层次的体制矛盾和问题未得到彻底解决，农民负担既没有完全摆脱“加重—减轻—加重”的恶性循环，也没有真正跳出“黄宗羲定律”这个怪圈。所以，改革具有长期性、复杂性和艰巨性。历史经验和现实情况证明，只有坚定不移地推进改革，进行体制机制创新，才能巩固和发展业已取得的成果，才能保证社会主义新农村建设顺利进行（周浩坤，2004）。否则，农民负担问题可能死灰复燃，卷土重来，税费改革可能前功尽弃。

为巩固农村税费改革成果，从根本上建立起防止农民负担反弹的长效机制，中央不失时机地决定全面推进农村综合改革，这是当前和今后一个时期我国农村改革发展的一项重大战略举措，具有重要的意义。

（一）不失时机地推进农村综合改革

按照贯彻落实科学发展观和建设社会主义新农村的总要求，着力推进乡镇机构、农村义务教育、县乡财政体制和集体林权制度改革，建立精干高效的农村行政管理体制、覆盖城乡的公共财政制度、产权明晰的集体林权制度，建立农民减负增收和农村公益事业健康发展的长效机制，推动农村经济社会全面进步。

1. 以转变乡镇职能为重点，努力建立服务型、法制型政府。有效控制乡镇机构编制，确保农村社会稳定的“两条底线”，努力建立乡镇运行新机制。以事业单位整合与改革为契机，建立健全农村社会化服务体系。探索适应市场经济发展的乡镇事业站所管理体制，引入市场机制，增强公共服务功能的有效形式。围绕提高为农民服务能力这一主题，建立乡村治理新机制。理顺乡镇政府和市场的关系，使乡镇政府从农民最需要做的事做起，把不属于政府职能范围的事务交给市场、中介组织和村民自治组织，做到不越位、也不缺位。提高农民组织化程度，健全村民自治机制，调动农民参与新农村建设的积极性、主动性和创造性。

2. 逐步解决农村税费改革遗留问题，治理乡村债务。乡村债务既是农民负担反弹的一大隐患，也是影响新农村建设的重要障碍。这就需要转变政绩观念，树立控制新债、化解旧债也是政绩的理念，积极开展化解乡村债务试点。县以上地方政府应承担更多责任，探索建立化解乡村债务的激励约束机制，支持和帮助基层化解乡村债务。加大对中央提出的制止新债"约法三章"（即不准乡镇政府贷款搞建设项目，不准乡镇政府为经济活动提供担保，不准上级政府向乡镇下达招商引资指标）有关政策措施的监督检查力度，防止乡村发生新的债务。积极稳妥地处理农业税尾欠问题，彻底完成取消农业税的历史任务，为前一阶段农村税费改革画上圆满句号。

3. 全面落实国有农场税费改革政策。针对国有农场农工负担较重、农场政企不分、企业办社会等问题，采取有力措施，深化国有农场税费改革和管理体制改革，确保国有农场税费改革政策落实到位，确保国有农场农工负担明显减轻，促进农场生产健康发展。

（二）建立与农村经济发展相适应的农村金融体系

目前，农村资金紧缺，农村中小企业和农户贷款难的矛盾日益突出，这已成为制约农村发展的一个"瓶颈"。在新农村建设过程中，应按照以工促农、以城带乡的要求，在尊重金融规律的基础上，重新构建农村金融体系。农村信用社改革应以完善产权制度、转换经营机制为重点，大力开展小额信贷和联户贷款等业务，不断开发适合农村特点的金融产品；政策性银行应按照统筹城乡发展的要求，完善政策性金融的职能，拓宽业务范围和资金来源，积极支持农村基础设施和公益事业建设；鼓励地方成立各类担保公司或机构，为农民小额信贷或农业产业化企业贷款提供担保；利用财政贴息等手段，对农业产业化龙头企业进行金融支持；大力开展农村合作金融改革试点，鼓励体制创新，并逐步将其纳入金融监管范围，促其健康发展。我国是一个农业灾害频发的国家，逐步建立健全农业保险体系尤为重要。农业保险要坚持以政府主导、政府与商业保险相结合的原则，开发多种形式、多种渠道的保险产品。

（三）按照 WTO 规则，进一步完善对农民的直接补贴制度

对农民进行直接补贴是世界发达国家通行的普遍政策。这种补贴不是对农民的恩惠，因为只有让农民有稳定的收入来源和良好的生活环境，才能使他们安居乐业。2004 年以来，我国在减免农业税的同时，对农民实行"三补贴"制度，即对种粮农民给予直接补贴、良种补贴、购置农机具补贴，调动了农民生产的积极性，扭转了粮食生产下滑的势头，维护了国家粮食安

全。粮食直补让6亿多种粮农民受益，收到了良好效果。2006年对农民使用柴油、农药、化肥进行综合直接补贴。根据中国政府与世界贸易组织达成的协议，中国政府对农业补贴的上限是中国农业总产值的8.5%，我国目前远没有达到这个水平。《中华人民共和国国民经济和社会发展第十一个五年计划纲要》也要求继续对农民实行直接补贴政策，加大补贴力度，完善补贴方式。应根据我国国情和经济发展水平，进一步完善农业支持保护体系，使其成为一项长期的、基本的政策。

（四）加强对农民负担的监管，逐步将其纳入法制化管理轨道

当前，一些地方出现了农民负担反弹的现象，如涉农部门乱收费、乱集资和农村经营服务性收费偏高等。需要进一步规范政府行为，继续坚持涉农价格收费“公示制”、农村订阅报刊费用“限额制”、义务教育收费“一费制”和涉及农民负担案（事）件“责任追究制”，加大执法力度，重点纠正各种违法违规行为。同时，还应进一步规范农村“一事一议”制度，指导基层干部和农民发扬村民民主，既要保护农民的合法权益，又要教育农民履行公民应承担的义务。为贯彻依法治国方略，适应经济社会发展的新形势，保护农民的合法利益和民主权利，应适时制定农民权益保护法，将农民负担管理纳入法制化轨道。

（五）逐步研究统一城乡税制问题

取消农业税，终结了传统农业社会沿袭下来的赋税制度，消除了在现代社会中不应由农民承担的不合理赋税的制度性缺陷，为在农村由传统税制向现代税制过渡奠定了基础。取消农业税并不等于农民不纳任何税，农民从事各项非农业经营活动都要依法纳税。比如，农民购买的农用生产资料中就包含了无法抵扣的增值税，农民在银行存款与城镇居民一样需要依法缴纳利息所得税，农民在购买消费品价格中包含了消费税。所以，中国农民并未进入“无税时代”。我国农民的收入水平低，必须长期坚持“多予少取放活”的方针。在我国实现城乡统一税制需要一个过程，但要按照工业反哺农业、城市支持农村的总要求，认真研究这个问题，作为一项改革制度设计，应立足当前，着眼长远，早作准备。另外，考虑到农业是一个弱质产业，农民是一个弱势群体，农村是一个落后区域的特点，应借鉴国际通行做法，研究提出我国统一城乡税制的改革思路。

第三章
关于农村综合改革问题

第一节
农村综合改革的历史背景

新中国成立以来，我国农村从发展历程看，可以概括为五个阶段：第一阶段（1949～1978年）重点是进行土地改革，主要是打土豪分田地，贫苦农民当家做主，实现耕者有其田。通过实行互助组、初级社、高级社和人民公社，逐步实现农村土地由农户分散经营到集体经济组织集中生产经营。第二阶段（1978～1984年）重点是废除人民公社，确定以家庭承包经营为基础、统分结合的双层经营体制，建立农村基本经营制度。家庭承包责任制是农民的创造，极大地解放了农村生产力，调动了农民的生产积极性，带来了农业发展的春天。第三阶段（1985～1991年）重点是改革农产品统一派购制度，发展乡镇企业，探索市场化取向的农村改革。粮棉由统购统销改为议价定购，放开农产品价格；乡镇企业异军突起，转移农村劳动力，农民"离土不离乡"，调整农村产业结构。第四阶段（1992～2002年）重点是深化农产品流通体制改革，完善农产品和要素市场体系。明确土地承包期30年不变。实行农产品收购保护价，放开除粮食以外的农产品市场。农村富余劳动力向城市流动，形成大量"民工潮"，引导农村劳动力有序转移。第五阶段（2003年到现在）重点是统筹城乡经济社会发展，形成新时期支农惠农强农政策体系，在构建统筹城乡发展制度框架方面迈出重要步伐。

从农村改革方面看，截至2006年，农村改革迈出了三大步：第一步是实行土地改革，主要解决耕者有其田的问题。通过改革，使农民获得了土地这一基本生产资料和生活保障，激发了农民的爱国热情，解放了农村生产力。第二步是家庭承包经营制度改革，主要解决耕者有其权的问题。通过改革农民获得了五项权利，即生产经营自主权、土地承包及依法流转权、农产品处置权、自由择业权和村民民主决策权。第三步是农村税费改革，主要解决耕者有其利的问题。通过调整国民收入分配关系，规范政府行为，取消了农业税，农业特产税，牧业税，屠宰税和各种不合法、不合理政府性收费、基金、集资、摊派，减轻农民负担，实行对农民的直接补贴制度，开启了工业反哺农业、城市支持农村的新时代。

2006 年，我国宣布取消农业税是一个具有划时代和里程碑意义的重大历史事件，它终结了延续 2600 年的古老税种，给亿万农民带来看得见的物质利益，极大地调动了农民的积极性，又一次解放和发展了农村生产力。它必将带动农村生产关系和上层建筑某些环节的改革、调整和完善，推进农村经济持续发展和农村社会的和谐进步。但是，取消农业税也使农村原有的深层次矛盾开始凸显，引发不少新情况新问题，农民负担重的问题还没有彻底解决，导致农民负担反弹的体制性、机制性因素依然存在，继续深化农村改革的任务相当繁重。在 2006 年全国农村综合改革工作会议上，温家宝总理明确指出："农业税的取消，标志着我国农村改革进入了一个新的阶段，这就是以乡镇机构、农村义务教育和县乡财政管理体制改革为主要内容的综合改革阶段。"农村综合改革历史地成为我国农村的第四步改革，其主要任务是解决农民权益有保障的问题，通过改革完善农村上层建筑，解决基层行政管理体制不适应农村生产力的发展要求，农村公共产品供给体制不适应农村公共服务需要的问题。2006 年，中央作出了建设社会主义新农村的战略决策，提出了"生产发展、生活宽裕、乡风文明、村容整洁、管理民主"的二十字目标，涉及农村政治、经济、文化、社会等各个方面。建设新农村是一项长期艰巨的历史任务，既需要统筹城乡经济发展，加大农村投入，推动农村社会进步，又需要通过农村综合改革来提供体制保障、财力支持和发展动力。

第二节

农村综合改革的重大意义

一、农村综合改革是涉及上层建筑的重大变革

改革开放 30 年来，我国先后实行了以家庭承包经营为核心的农村经营体制改革和以农村税费改革为核心的国民收入分配关系改革。这两次改革主要解决生产关系与生产力方面的问题，对上层建筑触动较少，改革相对滞后。上层建筑与经济基础不相适应的矛盾日益突出，主要表现在两个方面：一是基层行政管理体制不适应农村生产力发展的要求。取消人民公社、设立乡镇以后，乡镇政府职能转变一直没有到位。乡镇政府仍然把主要精力放在兴办企业和招商引资上，社会管理和公共服务薄弱。在市场经济条件下，按照公共行政的原则，规范政策主体行为，调整政策决策机制，明确乡镇政府应该履行哪些职责，如何有效地发挥作用，已经成为一个重大课题。二是农村公共产品供给体制不适应公共服务的要求。由于长期实行城乡分割的二元分配体制，农村公共事业发展缓慢，城乡基础设施和社会事业发展差距扩大。农村税费改革之后，如何规范农村利益主体行为，公共财政如何有效覆盖农村，是一个迫切需要研究解决的问题。推进这步改革，完善农村经济体制、政治体制和社会管理体制，将使农村上层建筑更加适应生产力发展的需要。但改革刚刚开始，还有很长的路要走。

二、农村综合改革是巩固农村税费改革成果的必然要求

农村税费改革 6 年来，通过正税清费、减免直至彻底取消农业税，进一步理顺了农村分配关系，扭转了长期以来农民负担过重的局面，迈出了统筹城乡发展的新步伐。需要注意的是，取消农业税减轻了农民负担，但造成农民负担重的深层次问题还没有根本解决。其中一个问题是多数地方县乡财力紧张，农村基层政府和村级组织运转困难，农村公益事业发展缺乏资金。面对这种情况，中央、省（区、市）及一部分地（市）级财政增加了对农村基层的转移支付，各级政府每年农村税费改革专项转移支付及缓解县乡财政困难的“三奖一补”等政策资金合计超过 1 200 亿元，与农村税费改革减少的农

民负担总额相当。但是，不少地方仍在反映基层十分困难。其主要原因是：第一，经济社会在发展，政府从事社会管理的职能要加强，提供公共服务的范围要扩大，财政支出需求会随着各项事业的发展而相应增加；第二，基层政府职能转变滞后，仍然管了、办了一些不该管、不该办的事，花了不少不该花的钱。另一个问题是，乡镇机构多、人员多，“食之者众、生之者寡”的状况没有根本改变。目前农村乡镇机关和事业站所少则几十人，多则上百人甚至几百人，增加的支出主要用在养人、养机构上。如果这两个问题不能得到根本解决，农民负担就有可能反弹，税费改革的成果就难以巩固。

三、农村综合改革是社会主义新农村建设的体制机制保障

农村综合改革不仅涉及经济领域的改革，而且涉及政治、社会、文化等领域的改革，是一次重大的制度创新和社会变革。中央关于建设社会主义新农村“五句话、二十个字”的总要求，是一个有机整体，既包括发展农村生产力，又包括调整完善农村的生产关系和上层建筑。从这个意义上讲，农村综合改革既是新农村建设的强大动力，又是新农村建设的重要任务。通过农村综合改革，切实解决农村税费改革的一些遗留问题，消除加重农民负担的体制性因素，从制度层面规范政府涉农利益主体行为，防止农民负担反弹；通过农村综合改革，调整完善农村的生产关系和上层建筑，规范政府涉农政策主体行为，为农村发展创造良好环境，进一步解放和发展农村生产力，为新农村建设提供体制保障；通过农村综合改革，调整国民收入分配结构，扩大公共财政覆盖农村范围，促进城乡资源的合理配置，为新农村建设提供必要的财力支持；通过农村综合改革，转变基层政府职能，加强农村社会管理，搞好农村公共服务，健全乡村治理结构，建立农村工作新机制，为新农村建设提供动力源泉。

第三节

农村综合改革的目标任务

“十二五”时期，农村综合改革应按照党的十七届三中和五中全会精神，全面贯彻落实科学发展观，坚持“多予少取放活”和“工业反哺农业、城市支持农村”的方针，紧紧围绕社会主义新农村建设和统筹城乡发展的

总体要求，着力推进农村综合改革，进一步解放农村生产力，巩固发展农村税费改革成果，扎实推进社会主义新农村建设，促进城乡市场要素有序流动，推进城乡经济社会一体化发展（刘恒中，2008）。

一、农村综合改革的目标

按照巩固农村税费改革成果和完善社会主义市场经济体制的要求，现阶段农村综合改革的内容主要包括：进行乡镇机构、农村义务教育、县乡财政体制、集体林权制度四个方面改革，清理化解乡村公益债务，推进农村公益事业建设，解决区域性、行业性农民负担问题，建立健全农村金融及农业保险体系等。由于我国处于经济结构转型、利益格局调整、社会深刻变化、各种矛盾突显时期，生产力与生产关系、上层建筑与经济基础不适应的问题将长期存在，需要通过改革，创新农村体制机制，为农村经济社会发展保驾护航。所以，农村综合改革需要与时俱进，不断改革完善与农村生产力不相适应的体制机制，促进城乡一体化发展。

按照这一要求，近期农村综合改革的目标是：建立精干高效的农村行政管理体制和运行机制，建立覆盖城乡的公共财政制度，建立政府保障的农村义务教育体制和建立产权明晰的集体林权制度，统筹推进农村土地、农村金融、农村社会保障等改革，促进城乡公共服务均等化、农民增收和农村经济社会发展，全面推进社会主义新农村建设。

改革的总体要求是：统一思想认识，加强组织领导；解决历史问题，扎实稳步推进；加强调研总结，完善政策措施；积极探索实践，实行重点突破。在经济全球化、信息化、工业化、城镇化、现代化的大背景下，把农村综合改革工作与完善我国市场经济体制结合起来、与推进城乡经济社会一体化发展结合起来、与推进新农村建设结合起来、与健全农村基层民主制度结合起来，统筹兼顾，协调推进，并做好农村综合改革与其他各项改革之间的政策配套衔接工作。

农村综合改革涉及面广，政策性强，利益关系复杂，不能急于求成，不可能毕其功于一役，必须循序渐进，遵循积极稳妥、分步实施、先行试点、逐步推开的原则，处理好改革、发展和稳定的关系。根据客观条件和各方面的承受能力，照顾有关方面的关切和利益诉求，有选择、有重点地推进，力争在 2012 年基本完成乡镇机构、农村义务教育、县乡财政管理和集体林权制度四项改革任务。那么，为什么现阶段把四项改革作为农村综合改革的主要任务呢？这主要基于以下三点考虑：一是这几项改革，有的是农村税费改革的配套改革内容，各地已经不同程度地进行了改革，探索了路子，积累了经验；有的是过去农村改革的延续和拓展，与农民减负增收密切相关。比如，乡镇机构如果不精简，教育经费不纳入政府保障范围，收费养人的机制不解决，基层政府和相关单位就可能因利益驱动而重新向农民伸手。所以，抓好这项改革有利于从根本上巩固农村税费改革成果，防止农民负担反弹。二是这几项改革都涉及农村经济体制和上层建筑的一些关键问题，如果把这些问题解决好，在农村行政管理、财政管理、教育管理、集体林业经营管理等方面建立起相互配套的管理体制和运行机制，可以为农村经济社会进一步发展创造好的环境。三是目前农村需要改革的内容很多，除了上述内容外，还有农村医疗卫生、农村社会保障、农村文化建设、农村环境治理等，改革内容相对集中一些，有利于重点突破，取得实实在在的效果，取信于民，同时也能带动农村其他方面的改革。

由于乡镇机构改革是农村综合改革的关键，需要深入研究，将在农村行政管理体制专题中详细阐述。乡村债务问题由来已久，时间跨度大，情况复杂，关系甚大，将单独进行专题论述。农村公益事业建设涉及国家、集体和农民的分配关系，属于农村公共产品供给的一项内容，将在创新农村公共产品供给机制中去阐述。在这里，主要阐述县乡财政体制、农村义务教育和集体林权制度改革。

二、县乡财政管理体制改革及其成效

（一）县乡财政体制改革现状

县乡直接连接农村。县乡财政状况如何，对农村改革、发展和稳定将产生重大影响。近年来，我国围绕提高县乡财政保障能力，大力推进县乡财政体制改革，不断探索实践，取得了明显成效。

财政素有“庶政之母”之称。县乡财政管理体制是国家财政体制的重要组成部分。从实质上来讲，县乡财政管理体制体现了地方各级政府的利益分配关系，规定了县乡政府收支范围和财政活动规则。农村税费改革前，村提留、乡统筹、农业税和农业特产税及其附加是县乡财政和村级组织的主要收入来源。在中西部地区，由于县域经济不发达，农业税收在县级财力中一般占30%～50%以上，占乡镇财力的比重一般在70%以上。农村税费改革取消村提留、乡统筹和农业税，对县乡财政产生了较大影响，尤其是减免农业税后，乡镇和村级收入相应减少。由于县域经济普遍不发达，县乡政府和村级开辟和培育新的财源需要一个过程，县乡财政对上级财政转移支付的依赖性增大，收支存在一定缺口，运行存在较大困难。县乡财政管理体制改革一直都是农村税费改革和农村综合改革的一项重要内容，并在改革的深化过程中不断调整和完善。

2003 年全面推进农村税费改革后，国务院明确规定调整和完善县乡财政体制。乡镇财政首先要保运转，本级财力不足的，上级财政要加大转移支付力度。对财政收入规模较小的乡，可由上一级财政统筹安排其必要的开支，不得把经费缺口留在基层。2004 年要求进一步改革和完善省以下的财政管理体制，合理划分省级以下各级政府的支出责任。凡属于省、市级需承担的支出，同级财政要全额保障经费，不得以任何形式向下转嫁；省、市委托县乡承办的事务，要足额安排专项经费，不留缺口。具备条件的地区，在财政管理体制上可以进行“省直管县”的改革试点，积极稳妥地推行“乡财县管乡用”的管理方式。

1. 逐步推进“省直管县”财政体制改革试点。所谓“省直管县”，是指在政府间收支划分、转移支付、资金往来、预决算、年终结算等方面，实行省直接管理到县一级，省级财政直接核定县（市）财政收支指标，并监管到县。这项制度发端于浙江，近年来，安徽、湖北等省份积极开展了“省直管县”财政体制改革试点。截至 2009 年底，全国 32 个省（自治区、直辖市、计划单列市）实行了“省直管县”财政体制改革。实行“省直管县”财政体制，一方面可以充分发挥省级财政的宏观调控作用，统筹解决县级财政资金困难，确保重点支出；另一方面可以减少管理层级，提高工作效率，促进县域经济发展。“省直管县”财政体制改革为我国的行政管理体制改革探索了路子，积累了经验。

2. 因地制宜，分类改革县对乡镇财政体制。乡镇财政作为我国财政体系中最基层的一级财政，为农村经济社会发展提供重要的财力保障。自 1994 年实行分税体制以来，各地结合实际，对乡镇财政管理体制进行了改革。其主要有三种类型：一是比较规范的分税制财政体制。即按税种划分县乡间财政收入，并各自负责本级支出。实行这种体制的主要是东部地区经济较发达、税源较丰富的乡镇。例如，广东省 50% 的县对乡镇实行这种体制。二是核定收支、增收分成、超支不补或给予一定比例补助的管理体制。实行这种体制的主要是东、中部地区，自身财源较少、对上级转移支付依赖性较大的乡镇。三是统收统支加激励体制。即取消乡镇一级政府预算，将乡镇财政作为县级财政的一个预算单位，收入全部上缴县级财政，支出统一由县级财政核定拨付。实行这种体制的主要是中、西部地区，收入规模小、其财力不能保障乡村政权组织运转的乡镇。

3. 全面实施“乡财县管”财政管理方式改革。所谓“乡财县管”，是指在乡镇预算管理权、资金所有权和使用权、财务审批权不变的前提下，县级财政部门对乡镇财政实行“预算共编、账户统设、集中收付、采购统办、票据统管”的财政管理方式。农村税费改革后，随着经济社会发展，财政收支矛盾突出，政府债务负担沉重。为了解决这些问题，从2003年起，安徽省率先实行了“乡财县管”的管理方式改革试点（高新军，2003）。截至2009年底，全国已有29个省份约2.3万个乡镇实行了“乡财县管”，约占全国乡镇总数的66%。实行“乡财县管”的管理方式，对加强乡镇财政监督管理、保障乡镇机构的正常运转和工资发放、遏制乡村新债增长势头发挥了重要作用。

4. 建立增强县级财政保障能力的激励约束机制。自2005年起，中央财政实施了缓解县乡财政困难的“三奖一补”政策。“三奖一补”政策是指对财政困难县政府增加本级税收收入和省市级政府增加对财政困难县财力性转移支付给予奖励，对县乡政府精减机构和人员给予奖励（每撤并一个乡镇奖励50万元，每精减一个人员奖励4 000元），对产粮大县按照粮食商品量、粮食产量、粮食播种面积等因素和各自权重计算给予奖励，对以前缓解县乡财政困难工作做得好的地区给予补助的政策。这极大地调动了地方各级党委、政府缓解县乡财政困难的积极性，形成了上下共同努力提高县乡财政保障能力的机制。2008年，中央财政对地方财力性转移支付达8 696亿元，比上年增长22%。从2009年开始，逐步将缓解县乡财政困难办法过渡为建立县级基本财力保障机制。2009年，中央对地方财力性转移支付为11 320亿元，比上年增长30%，增强了地方对乡镇财政的分配调控权。

5. 逐步建立村级组织基本运转经费保障机制。农村税费改革取消了村提留，村级组织运转经费来源由主要通过向农民收费改为集体筹集和公共财政给予必要补助。由于大部分村级集体经济薄弱，村级经费主要依靠财政转移支付给予补助。2009年，全国财政对村级运转经费保障水平为村均3万元左右。其中，西部地区村均约2.5万元，中部地区村均约3万元，东部地区村均约3.5万元，高的如北京村均15万元，上海村均20万元，最低的如贵州、甘肃，村均只有1万多元。

6. 逐步完善乡镇财政对涉农资金的监管职能。近年来，随着国家强农惠农政策力度加大，政府对“三农”投入增多，农民对公共服务的需求也不断增加。为适应农村形势新变化，一些地方积极发挥乡镇财政的职能作用，加强对“三农”资金的监管。一是全面推广农民补贴“一卡通”发放方式。对财政涉农补贴全部通过“一折（卡）通”发放，减少中间环节，节约行政成本，提高工作效率，保障“三农”资金安全、规范、有效运行。二是加强对涉农项目资金的监管。比如，江西、内蒙古等地实行财政资金“一个漏斗”向下管理，避免资金被截留挪用，筑牢涉农项目资金管理的“防火墙”。三是建立为农服务工作平台。有的地方乡镇财政建立为民服务大厅，办理财务结算、涉农补贴发放、村账乡代管、政策咨询等业务，实行“一站式”快捷服务，不断提升乡镇财政对“三农”的服务水平。

（二）县乡财政管理体制存在的主要问题

1. 县乡事权和支出责任划分不清晰，越位、缺位、错位并存。县乡财政体制调整后，财权关系得到初步明确，但事权关系和相应的支出责任仍比较模糊。县乡财政落实上级任务内容多、范围广，往往是上级只压任务而不安排相应的经费，县乡只有有限权利，却要担负无限责任。县乡财政承担的支出责任不断增大，收支矛盾日益凸显。2008年，省以下财政收入比重分布情况是：省级占25%，市级占33%，县级占42%；财政支出比重分布是：省级占23%，市级占27%，县级占50%。从中可以看出，省和市两级财政收大于支，县级财政支大于收。

2. 县乡财力总体比较困难，“保运转、保工资、保民生”的能力仍然较弱。目前，县乡村运转经费只能维持在一个较低的水平上，提供公共服务的能力有限，城乡公共服务不均衡的局面没有根本改变。2008年，按财政供养人口计算的人均财力分布情况是：省级为18.32万元，市级为18万元，县级为5.38万元。省是县的3.4倍，市是县的3.3倍。2009年县级基本财力保障标准如果按人均5万元测算，全国2 819个县（区）中有财力缺口的县约有1 232个，缺口额将达到1 045亿元。县级财力不足，导致一些必须由县乡财政承担的社会治安、环境保护、公共卫生等民生公共产品和公共服务难以得到有效提供。

3. 乡镇财政职能转变不到位，管理不完善。目前，乡镇财政职能定位不明确。农业税和相关涉农收费取消了，公安、司法、教育、卫生等事权上划，乡镇财政组织收入任务明显减少，而承担财政资金、国有资产管理和发放涉农补贴的任务大大增加，乡镇财政工作量不仅没有减少，反而越来越多。涉农财政资金监管薄弱，许多支农资金条块分割、多头管理，往往是“管得着的看不见，看得见的管不着”，出现乡镇财政监督“空白”。

4. 县乡财政收入结构不合理。县乡财政收入中政府非税收入所占比例过大，这一问题前几年一直存在。这次世界金融危机后，地方为了保收入，问题变得更为严重。地方有一种说法是：税收收入保运转，非税收入搞发展。县乡政府靠经营土地资源来筹集发展资金，由于受国家土地规划政策限制，农用地转化为建设用地开发利用是十分有限的，这种“土地财政”不可能持久。

5. 乡村债务负担沉重，化解困难。县乡财政管理体制改革虽然增强了县乡财力，对乡村债务的产生起到了“缓冲”和“刹车”作用。但由于乡村财力有限，靠自身力量实现真正“消肿”却十分困难。加上受不正当政绩观、干部考核上看重 GDP 等因素的影响，一些地方发展的积极性很高，既想办事，又不量力而行，无稳定资金来源，就靠借债搞建设，即使不借新债，每年产生的旧债利息也是一笔不小的债务。因此，总体判断近些年乡村债务呈增长趋势。据调查，目前乡村负债面在90%以上，乡均负债少则上百万元，多则上亿元，村均负债少则几十万元，多则几百万元。沉重的债务成为农村经济健康发展的一个隐患。当然，如果是村集体经济组织因生产经营产生的债务，则属于正常经济活动。

（三）深化县乡财政管理体制改革的政策思路

县乡财政管理体制改革将按照“建立健全与事权相匹配的省以下财政管理体制，明确界定县乡政府支出责任，合理调整政府间收入划分，加大对县乡政府的转移支付力度，进一步完善财政奖补政策，切实提高基层政府经费保障能力”的总体要求，调整财政支出结构，不断增加对农业和农村的投入，健全财力与事权相匹配的财税体制，继续推进“省直管县”财政管理体制和“乡财县管乡用”财政管理方式改革，建立县乡基本财力保障制度，建立激励机制，鼓励地方财力向基层倾斜，落实和完善财政对村级的补助政策，改善县乡财政困难状况，确保乡村政权组织正常运转和农村公益事业发展的经费需要。

1. 明确县乡政府职能，确定县乡财政支出范围。理顺省与县乡的财力分配关系，关键是科学界定县乡政府职能，细化事权项目，进一步明确县乡财政的支出范围和供给责任。县乡财政的支出责任应与职能、事权相一致，并与相应的财权（或财力）相匹配，避免“小马拉大车”现象的发生。县乡政府应转变经济职能的实现方式，完善社会管理职能，加强公共服务职能。根据职能确定财政保障范围和支出重点，大力发展教育、文化、卫生、社保、环保、社会福利等社会事业，促进义务教育和基本医疗等公共服务均等化。

2. 积极推进“省直管县”财政体制改革试点，并逐步向“省直管县”行政管理体制过渡。党的十七届三中全会对推进省直接管理县（市）财政体制改革提出了明确要求。2009 年，中央 1 号文件也要求推进省直接管理县（市）财政体制改革，将粮食、油料、棉花和生猪生产大县全部纳入改革范围。按照中央精神，财政部制定了《关于推进省直接管理县财政改革的意见》，明确提出到2012 年底前，力争全国除少数民族自治区外，全面推进省直接管理县财政改革。2009 年，首先将粮食、油料、棉花、生猪生产大县全部纳入改革范围。推进“省直管县”改革需要做到“四个坚持”：一是坚持因地制宜、分类指导，由各地根据自己的经济发展水平、基础设施状况等有关条件，确定改革模式、步骤和进度，不搞“一刀切”；二是坚持科学规范、合理有序，进一步理顺省以下政府间事权划分及财政分配关系，增强基层政府提供公共服务的能力；三是坚持积极稳妥、循序渐进，保证市县既得利益，尊重实际情况，妥善处理收支划分、基数划转等问题，确保改革的平稳过渡和顺利运行；四是坚持协调推进、共同发展，充分调动各方的发展积极性，增强县域经济发展活力，提高中心城镇发展能力，强化省级调控功能，推动市县共同发展。

3. 建立县级基本财力保障机制，实现“保工资、保运转、保民生”的目标。围绕推进基本公共服务均等化和主体功能区建设，逐步将“三奖一补”政策向建立县乡基本财力保障机制过渡，健全和完善统一、规范、透明的财政转移支付制度，减少政府之间在财力分配上的博弈，降低行政成本。

（1）优化财政转移支付结构。提高一般性转移支付的规模和比例，清理整合现有专项转移支付项目，提高转移支付的公开性、合理性与有效性。

（2）建立县级基本财力保障机制。县级基本财力保障机制以“保工资、保运转、保民生”为目标，中央与省级财政共同制定县级基本财力保障范围和保障标准。保障范围主要包括人员经费、公用经费、民生支出及其他必要支出。县级基本财力保障机制以地方财政为责任主体，中央财政对保障较好的地区给予适当奖励，形成正向激励；对县级基本财力存在缺口的地区给予补助，弥补相应财力缺口。

（3）健全财政转移支付制度。根据国家建立主体功能区的规划和要求，建立生态效益补偿基金，构建生态补偿稳定增长机制，增加对森林、草原、湿地、退耕还林地区等限制开发区、禁止开发区的补偿力度，鼓励这些地区加强生态环境保护，保障环境保护区居民的生活，实现公平正义（陈锡文等，2005）。加大对经济欠发达地区、老少边穷地区的财力补助力度，促进地区协调发展，缩小地区发展差距。

4. 完善村级组织经费保障机制，促进村级组织建设。

（1）应明确村级组织保障的目标任务。村级组织保障事关基层政权建设和农村稳定发展。应按照科学发展观的要求，结合农村综合改革，把保障村级组织运转作为防止农民负担反弹、完善公共财政制度的重要措施，明确村级组织运转经费的保障责任和范围，加大财政支持，强化监督管理，力争用3年左右的时间，逐步建立资金稳定、管理规范、保障有力的村级组织运转经费保障机制，确保村级组织依法有效地履行职能。在实施过程中，应把握好四条原则：一是坚持村级自我积累与政府适当补助相结合。村级组织属于村民自治组织，不是一级政府，但承担了部分政府事务，所以村级有集体积累的，应安排一部分村级运转经费，其余由财政给予补助。二是坚持基本保障与重点倾斜相结合。在考虑村级经费时，既要考虑村干部报酬、村运转经费，还要考虑村级公益事业发展、公共突发事件开支等因素。同时，将基本保障与特殊照顾结合起来，对贫困地区给予重点倾斜。三是坚持激励与约束相结合。干部报酬应与干部业绩挂钩，建立绩效考核机制。对集体经济发展快、干部业绩突出的给予奖励，对完不成规定任务的给予必要处罚。四是坚持村民民主理财与财政审计监督相结合。为了保证村级经费使用合理，给群众一个明白，给干部一个清白，应将村级经费纳入村民理财小组的监督范围，定期公布使用结果，并作为财政审计的一项内容。

（2）应明确保障项目及标准。①村干部报酬，是指对在任的村“两委”班子主要成员给予的固定补贴，一般按每个行政村3～5人核定，具体由各地按照行政村规模等因素确定。村干部报酬可采取基本报酬加业绩考核奖励报酬方式发放。基本报酬以不低于当地农村劳动力平均收入水平的标准来确定；业绩考核奖励报酬由乡镇党委、政府根据村干部年度业绩考核情况和村民会议、村民代表会议评议结果确定。②村办公经费，主要指必需的办公用品、水电费、报刊征订费等维持村级组织正常运转所必须的日常开支。③其他必要支出，主要指村内治安、卫生防疫、垃圾收集等社区管理和服务支出。村办公经费和其他必要支出具体标准综合考虑村规模和经济社会发展状况以及当地村级经费保障水平等因素合理确定。村组干部的误工补贴和离任村干部待遇等，由各地区结合本地实际情况确定。过去，农村五保户供养一直作为村级经费保障范围。五保户是一个弱势群体，为了稳定其供养资金来源，从 2008 年开始，将农村五保供养经费纳入县乡财政预算专项保障（当年全国五保人员 543.4 万人，集中供养经费标准 2 176 元/人，散养经费标准 1 624 元/人），不再列入村级组织运转经费保障范围。

（3）应明确保障的责任。财政对村级组织运转经费补助责任以县乡政府为主，上级政府通过奖补激励措施，积极引导基层政府增加对村级组织经费补助。上级财政安排奖补资金应与基层政府对村级组织运转经费补助责任的落实情况挂钩，确保各项保障措施落到实处。中央财政将把村级组织运转财政补助经费纳入县级基本财力保障范围，通过制定奖补激励政策措施，支持引导地方做好村级组织运转经费保障工作。对集体经济较发达、村级收入较雄厚的村级组织，财政是否给予其运转经费补助，应由各省级人民政府自主确定，中央不必作统一规定。

（4）应明确相关配套政策措施。完善村级组织运转经费保障机制，一方面要加大财政对村级组织运转的财力支持，努力做好“加法”；另一方面，村级组织需要精兵简政，加强支出管理，努力压缩开支，提高资金使用效益，千方百计做好“减法”。因此，必须推进村级改革，经村民民主决策，适当合并规模较小的行政村，精简村组干部，发展村集体经济，控制化解村级债务，严格执行村级报刊订阅限额制度，严禁向村级组织转嫁负担。同时，加强对村级组织运转经费的监督管理，推行“村财乡代管”、村会计委托代理制等管理方式，坚持村民民主理财，确保村级经费规范使用。

5. 加强乡镇财政建设，提高乡镇财政科学化、精细化管理水平。农村税费改革以来，乡镇财政的职能和任务发生了很大变化，由过去“征管型”向“服务型”转变，由“收入为主型”向“收支并重型”转变，由“粗放管理”向“精细化管理”转变。乡镇财政应适应新的形势，与时俱进，改革完善乡镇财政职能，提高公共财政供给和公共服务能力。

（1）完善乡镇财政职能。按照精简、效能的原则，进一步明确乡镇财政的职能。除了传统的乡镇财政收支管理、财务会计管理、国有资产管理、政府非税收入管理、乡村债务管理外，应赋予乡镇财政负责乡镇政府采购、国库集中收付、财政信息化建设、政府涉农补贴资金发放、涉农财政性项目资金监管等新的财政职能。

（2）加强“三农”资金的监管，提高资金使用效益。乡镇财政是财政管理监督的基础，也是整个财政管理体系的最后一道防线。乡镇财政应利用就地就近监管优势，对乡镇辖区内的所有财政性资金按规定实行全方位监管，针对不同性质项目资金采取不同的监管办法，确保资金安全有效地运行；对具备条件的财政性项目资金应进行整合，集中力量办事业，充分发挥财政资金的集聚效应，提高资金使用效益。

（3）加强乡镇财政自身建设，提高科学化、精细化管理水平，这主要包括“硬件”建设和“软件”建设两个方面。从硬件方面来讲，应按照一定标准进行办公场所建设，做到有地方办公，购置必要的办公设备，有条件办事；从软件方面来讲，应加强财政信息化建设，运用现代手段实现财政科学化、精细化管理。加强干部队伍建设，配备必要人员，组织业务培训，提高乡镇财政干部的管理能力和服务水平。

三、农村义务教育改革及其成效

（一）农村义务教育改革现状

义务教育是农村最大的社会事业，牵涉农村千家万户，关系国民素质的提高和国家的长远发展。发展农村义务教育是政府义不容辞的责任。农村税费改革前，由于教育管理体制改革滞后和政府投入不足等原因，农村义务教育乱集资、乱摊派、乱收费等现象屡禁不止，农村办学形成了“校舍建设靠贷款，危房改造靠集资，学校运转靠收费”的局面，农民教育负担非常沉重，拖欠教师工资、农村中小学校运转困难等问题时有发生，农村教师素质普遍偏低，教育质量相对滞后，影响了农村义务教育的健康发展。农村税费改革取消了面向农民征收的各种税费，使农村义务教育经费来源发生了重大变化，对传统的“农村教育农民办”体制产生较大冲击。在这种背景下，如果不解决农村义务教育经费投入和管理体制问题，农村税费改革将难以顺利推进。正是基于这种考虑，农村义务教育改革一直作为农村税费改革的重要配套措施，并随着改革的不断深化而逐步调整和完善。

农村义务教育管理体制的改革重点是建立农村教育经费保障机制，把资源向农村倾斜，促进城乡教育均衡发展。主要内容包括：适当调整合并现有乡村学校布局，撤销乡镇教育机构，优化教育资源配置，促进城乡之间、地区之间教育均衡发展；加快推进农村义务教育管理体制改革，精简教师队伍，清退不合格教师，精简超编教师，提高教学质量；继续巩固和完善“在国务院领导下，由地方政府负责，分级管理，以县为主”的农村义务教育管理体制，加快中小学校人事制度改革，积极推进农村中小学课程和教学改革，加大城乡教师交流力度；加强农村职业教育和成人培训，逐步实行免费职业教育，造就一支有知识、懂技术、会经营的新型农村劳动力大军。

（二）农村义务教育改革成效

农村税费改革结束了“农村教育农民办”的历史，将其纳入公共财政保障范围，实现了历史性变革。在经费保障方面，提出建立和完善农村义务教育经费保障机制，将教育运转经费和教师工资纳入县级财政预算，加强县级政府对教师管理和教师工资发放的统筹职能；要求围绕“保工资、保运转、保安全”的基本目标，确保改革后的农村义务教育投入不低于改革前的总体水平，逐步有所增长，并对农村中小学教师的工资管理、办公经费保障、校舍危房改造等提出了具体要求；规范农村义务教育收费管理，推行“一费制”；积极推进农村义务教育阶段贫困家庭学生“两免一补”（免课本费、杂费，补助寄宿生生活费）政策的实施，进而实现义务教育阶段免费。2005年，国务院发布《关于深化农村义务教育经费保障机制改革的通知》，要求从2006年起，按照“明确各级责任、中央地方共担、加大财政投入、提高保障水平、分步组织实施”的原则，逐步将农村义务教育纳入公共财政保障范围。按照国务院部署，2006年首先在西部地区全面推行农村义务教育经费保障机制改革，近4 900万农村中小学生受益，平均每个小学生减负140元，初中生减负180元。2007年中部和东部地区农村义务教育阶段中小学生也全部免除学杂费，全国近1.5亿农村中小学生受益。同时，建立农村中小学校舍维修改造的长效机制，即对中西部地区，中央根据农村义务教育阶段中小学在校生人数和校舍生均面积、使用年限、单位造价等因素，分省（区、市）测定每年校舍维修改造所需资金，由中央和地方按照5∶5的比例共担。东部地区主要由地方自行承担，中央根据其财力状况以及校舍维修改造成效等情况给予适当奖励。2006～2010年5年间，中央与地方各级财政将累计新增农村义务教育经费约2 182亿元。

农村义务教育改革既明显减轻了农民的教育负担，又有效保证了教师工资正常发放、学校正常运转、危房安全改造，为农村义务教育注入了新的活力，从制度上保障了农村孩子都享有接受义务教育的机会，促进了教育内部改革，提高了教育质量，促进农村义务教育的健康发展。下一步农村义务教育改革将按照“建立和完善政府投入办学、各级责任明确、财政分级负担、经费稳定增长的农村义务教育经费保障机制，推进农村义务教育综合改革，提高教育质量，促进教育公平”的总体要求，在全面落实农村义务教育经费保障政策措施的同时，积极推进教育部门综合改革，通过深化教育人事制度改革，合理配置城乡教育资源，合理调整农村中小学布局，努力提高农村义务教育水平。

（三）深化农村义务教育改革

以促进教育公平为核心，深化农村义务教育改革，加大农村教育投入，促进城乡教育均衡发展，应注意解决以下几个问题：

1. 促进城乡教育公平。教育是民生之基，就业是民生之本，教育公平是最大的公平。这不仅关系农村的长远发展和农民的切身利益，而且关系中华民族的伟大复兴和农民整体素质的提高。长期以来，我国城乡之间、区域之间的教育资源配置不合理，农村办学条件较差，教育经费保障和教学安全保障水平低。农村中小学生占全国中小学生的75%，但城乡学校办学水平差异较大，以生均公用经费为例，农村中小学预算内公用经费支出分别相当于城市平均水平的51%和45%。从地区来看，东部生均公用经费平均水平是中部的5.46倍，是西部的3.44倍，最高的城市（上海市）与最低的农村（河南省）中学相差36倍，小学相差59倍。因此，政府应发挥主导作用，采取宏观调控手段，合理配置城乡教育资源，调整教育经费支出结构，坚持公共资源向农村、向中西部地区、向贫困地区和少数民族地区倾斜，逐步缩小城乡教育差距，让城乡所有适龄儿童（包括随农民工进城儿童和农村留守儿童）同在蓝天下享有平等接受义务教育的机会，在“十一五”期间实现真正意义上的义务教育，让农村所有适龄儿童有学上、上得起学。

从发达国家的经验来看，提高全民素质是振兴国家的必由之路，其路径无不是大办教育，提高教育质量和办学水平。西方国家基本实现了免费基础教育，第二次世界大战后，日本经济的振兴从明治维新开始，首先是从抓教育开始。我国至今仍然普及九年义务教育，这与我国的地位极不相称，严重制约了国民经济的发展。中华民族的复兴首先是教育的提升，应尽快将九年义务教育改革为十二年义务教育，即实现高中阶段义务教育。唯有如此，全体国民的素质才会提高，中华民族腾飞的梦想才能实现。

2. 提高农村中小学公用经费保障水平。民间有句俗语“再穷不能穷教育，再苦不能苦孩子”。这句话包含了深刻的道理。教育在社会事业中应该超前发展。20 世纪 90 年代我国提出财政性教育经费投入应达到 GDP 的 4% 的目标，《国家中长期教育改革和发展规划纲要》要求 2012 年实现这一目标。2004 ~2008 年，我国公共财政教育支出总额从 4 000 亿元增加到9 700 亿元，年均增长 23.7%，2008 年财政性教育支出占 GDP 的比重达到 3.48%，离法定目标实现还有 3 年时间，需要作出艰苦努力。

用财政性教育支出占 GDP 的比重指标来考核财政对教育的投入力度有其合理性，但也有值得商榷之处。目前，教育支出总额已经排财政支出项目之首，应该说这些年来财政在增加教育投入上作出了很大努力，由于财政收入占 GDP 的比重偏低，2008 年我国财政收入占 GDP 的比重为20.4%，低于世界平均水平 10 个百分点以上。加之现阶段我国处于经济社会发展的关键时期，除教育外，农业、科技、社保、医保、环保、国防、民生等需要财政重点保障的支出较多，都需要统筹安排，一定程度上制约了财政性教育支出的增长水平。财政“蛋糕”总规模就这么大，既要考虑如何把蛋糕切好、分配好，同时还要谋划如何支持经济发展，把蛋糕做大做好。通过改革完善财税体制，适当提高财政收入占 GDP 的比重，调整财政支出结构，拓宽财政性教育经费渠道，努力实现财政性教育支出占 GDP 的4%的比重目标。因此，财政性教育投入占 GDP 的比重应与财政收入占 GDP 的比重挂钩，综合考核财政支持教育发展的努力程度。在增加教育经费投入总量的同时，应在完善农村义务教育经费保障机制的基础上，研究制定农村义务教育公用经费标准定额，通过标准定额，促进教育资源均等化、公平化，建立校舍维修改造的长效机制，实行中央与地方按比例共同承担，并根据成本、价格等因素适时进行调整，特别是加大对农村寄宿制学生的补助，提高其生活质量，保障学生健康快乐成长。2008 年的冰冻雪灾和汶川大地震，给农村学校教学安全问题敲响了警钟，教育建设应该具有超前性，所以急需尽快消除农村学校教学设施的隐患，启动实施中小学校舍安全工程，创造安全、卫生、和谐的教学环境。同时，应采取措施，解决农民工进城随迁子女在流入地接受义务教育问题，关注关爱留守儿童，让这部分适龄儿童平等享有学前教育和义务教育的权利。

3. 加快教育部门自身综合改革。通过深化教育人事制度改革，优化教师队伍建设，强化农村师资培训，提高教师素质。落实义务教育教师绩效工资政策，调动教师改进教育方法，提高教育质量的积极性和主动性。加强教育经费管理和监督，提高资金使用效益。合理调整中小学布局，提高教育资源利用率。加快城乡教师交流，将教师到农村任教作为评定职称的必要条件，引导优质教育资源向农村配置，将工作重点由“量的扩张”逐步转到“质的提高”。以育人为本，推进素质教育，创新办学体制，改革教学内容、教育方法、评价制度，合理设置课程，不断提高教育质量，不断增强农村教育的适应性和适用性。

4. 整合教育资源。从党的十六大提出 2020 年“基本普及高中阶段教育”，党的十七大报告提出“加快普及高中阶段教育”，到党的十七届三中全会提出“加快普及农村高中阶段教育”，这些都充分说明农村教育在我国现代化和全面小康建设中的基础性、先导性、全局性作用。目前，我国农村劳动力高中以上文化程度仅占 13%，受过农业职业技术教育的只有 5% 左右。农村教育落后、农民整体素质偏低是解决“三农”问题的“瓶颈”，也是我国从人口大国迈向人力资源强国的一个“短板”。根据建设社会主义新农村，培养有知识、懂技术、会经营新型农民的要求，应加强职业教育，逐步实行免费职业教育，以就业为目标，整合教育资源，改革教学方式，突出创业就业能力培养。统筹全日制教育、职业教育和成人教育，推进农科教结合，并与行业、企业的实用人才需求结合起来，采取定向或非定向等方式，对新增农村劳动力进行技能培训，增加他们的就业机会，提高其收入水平，使他们生活得更有质量、更有尊严。目前，国家已经对城镇失业人员（包括在城镇失业的农民工）开展技能就业培训，对农村应届初中、高中毕业生未能升学人员开展劳动预备制培训。这样，将农村劳动力培训提前，对培养造就新型农民、产业大军和城市建设服务人力资源，将产生重大作用。这既可让农村就业适龄人员有一技之长，增加就业机会，也避免了先就业后培训，减少就业和培训成本。

四、集体林权制度改革及其成效

（一）林权制度的现状和历史

森林是国家的重要战略资源，林地是农民重要的生产资料和生活保障。目前，我国有林地 43 亿亩，其中，集体林地面积 25 亿多亩，占全国林地总面积的 60%（还有部分是国有林地），山区面积占国土面积的 69%，山区人口占全国总人口的56%。由于体制不合理，经营管理机制不活，我国林地投入产出比低，经营效益不佳，亩均增加值约为22元左右，林业资源的开发潜力很大。

长期以来，集体林地资源的经济价值得不到充分体现，集体林地生产率低下，集体林业没有成为农民就业增收的重要渠道。究其原因，主要有两个方面：一方面是利益主体不落实，始终没有解决好广大农民群众对于林地和林木的产权问题，集体所有制形同虚设，集体成员的利益没有得到真正体现，农民没有成为真正意义上的经营主体，导致林地利益主体既不是抽象化的集体，也不是人格化的农户个体。集体林地的利益主体不明确，产权不清晰，农民没有投入林地的积极性。我国农村土地于20世纪70年代末、80年代初就已经实行了家庭承包经营，而林地却仍然采取集体经营管理，这种管理体制已不适应农村生产力的发展。另一个方面是经营机制不灵活，现行林业管理体制和经营机制不能适应林业发展的客观要求。由于林地承包权和林木所有权不清楚，采伐权、收益权不明确，即使把林地承包给农民了，老百姓仍然不愿种树。老百姓有一句顺口溜“我山不能我种，我种不能我砍，我砍不能我得”，集中反映了林业管理体制和经营机制的弊端所在。

集体林权制度改革是稳定和完善农村基本经营制度的一个重要方面，是对土地承包经营制度从耕地向林地的拓展和延伸，是改善生态环境、建设生态文明的重要举措，是现阶段农民增收的又一途径。林权制度改革以林地权益为核心，让农民对未来的生产经营收益有清晰的预期，让农民吃下“定心丸”。通过改革，重塑林业微观经营主体，实现还林于农、还权于农、还利于农。推进集体林权制度改革，涉及林业、林地和林区，关系到几亿老百姓的切身利益，对于进一步解放和发展农村生产力，调动农民造林育林护林的积极性，合理利用和保护资源，具有重大意义。

新中国成立以来，集体林权制度改革大致经历了四个时期：一是土改时期（1950~1952年）的分山分林到户，由县级人民政府发给土地证书；二是农业合作化时期（1953~1957年）的山林入社，林业逐步由分散经营转向集中统一经营；三是人民公社时期（1958~1980年）的山林集体所有统一经营；四是改革开放时期（1981~2002年）的林业“三定”（稳定山权林权、划定自留山和确定林业生产责任制），在林业改革试验区开展了山地开发、资源林政管理、林产品流通市场、林业股份合作等一系列触及林权制度的改革实践。四个阶段的改革反映了我国各个历史时期政治经济社会的发展特征，不同程度地推动了集体林业的发展。但是，随着社会主义市场经济体制的逐步确立，集体林产权虚置、农民经营主体地位和利益主体关系不落实等问题日益突出，严重制约了农民发展林业的积极性，严重制约了林业生产力的发展。

（二）集体林权制度改革的主要内容

集体林权制度改革的主要内容可以归纳为以下几个方面：

1. 通过改革，实现两个基本目标：资源增长和农民增收。不能因改革方案设计不周而导致森林资源的破坏，甚至出现乱砍滥伐现象，必须确保森林实现稳定增长。通过林改调动农民生产经营林地的积极性，搞活林地流转，使农民从改革中得到好处，增加收入。

2. 建立两项基本制度：以家庭承包经营为基础的现代林业产权制度和支持林业发展的政府投融资制度。即通过改革，明确农户对林地的承包经营权和林木的所有权，并用具有法律效力的文本形式确定下来。使集体林地生产经营得到又快又好的发展，需要有国家投融资政策的支持。譬如，农民在承包林地植树造林贷款时，金融机构适当放宽贷款条件，国家给予低息或政府贴息信贷支持，对参加森林保险的农户给予保费补贴，林农在经营木材时给予税费减免照顾等，形成支持保护林业发展的政策体系。

3. 坚持两个原则：尊重农民意愿、坚持依法办事。推进集体林权制度改革，将林地承包给农户，必须坚持农民自愿，尊重农民民主权利和合法利益，依法依规办事，不搞强迫命令，不搞包办代替。

4. 抓住两个关键环节：勘界发证、落实责任。对农民承包的林地要在丈量核实面积的基础上，确定四至（东西南北），建立边界，以避免承包者之间因边界不清而引发纠纷。同时，通过改革，既要明确农户拥有林地承包经营的权利，又要落实农户应该履行造林护林的责任，砍伐林木应履行报批手续，不得乱砍滥伐。

5. 处理好两个关系：改革与稳定，放活与管理。在改革过程中，既要积极，又要稳妥，充分尊重社情民意，政策公平合理，农民大多数赞成，操作规范透明，避免引发新的矛盾，确保社会稳定。改革后，既要搞活林地生产经营，落实承包者的林地承包权、处置权（经营流转）、收益权和林木所有权，给农民松绑，由农民自己说了算，又要建立健全林木采伐、林地流转等相关制度，加强林地流转市场建设，规范交易秩序，加强林木采伐管理，防止出现一包到户一砍而光的局面。

上述几个方面的改革内容，核心是明晰产权，就是在坚持集体林地所有权不变的前提下，依法将林地承包经营权和林木所有权通过家庭承包方式落实到户，确立农民作为林地承包经营权的主体地位。集体林权制度改革承包到户的林地经营权和林木所有权具有三个非常鲜明的特性：一是具有完整的用益物权。林地的原始承包经营权只能由本集体经济组织的农户依法享有，任何组织和个人不得侵犯。在承包期内，集体经济组织不得收回或调整农民承包的林地，并对赋予农民的经营权（林有其主）、支配权（主有其权）、收益权（权有其利）依法进行保护（利有其保）。二是具有长期性。中央关于集体林权制度改革文件规定林地承包期为70年，承包期届满，可以按照国家有关规定继续承包。三是具有流转性。在不改变林地用途和依法自愿有偿的前提下，林地承包经营权人对林地经营权和林木所有权可采取多种方式流转，可依法进行转包、出租、入股、抵押或作为出资、合作的条件，对其承包的林地、林木进行开发利用。

（三）改革的进展情况和存在的问题

集体林权制度改革是农村的一项根本性政策，中央十分关注林业的改革和发展，早在2003年《中共中央 国务院关于加快林业发展的决定》中就提出："深化林业体制改革，增强林业发展活力。"全国人大通过的《农村土地承包法》和《物权法》明确了农村集体林地实行承包经营制度，为推进集体林权制度改革奠定了法律和政策基础。2008年6月，中共中央、国务院出台了《关于全面推进集体林权制度改革的意见》，明确了改革的总体目标，即用5年左右的时间，基本完成明晰产权、承包到户的改革任务。福建、江西、辽宁等省率先进行了大胆探索和实践，开展了以"明晰产权、放活经营权、落实处置权、保障收益权"为主要内容的集体林权制度改革。据国家林业局统计，截至2009年底，全国30个省份成立了集体林权制度改革领导小组和专门的林改机构，28个省份以党委、政府名义出台了林改文件，18个省份林改工作全面推开，其中福建、江西、辽宁、浙江、云南5省基本完成明晰产权、承包到户的基础改革任务，正在全面推进深化改革工作。全国已确权到户的林地面积15.14亿亩，占集体林地的50%以上。改革极大地调动了农民发展林业的积极性，极大地释放了林地蕴藏的巨大潜力，初步呈现出森林资源增加、农民群众增收、林业经济增长的"三增"局面。国家财政在森林生态效益补偿、林业贷款贴息、林改工作经费等方面，有力地支持了集体林权制度改革。目前，全面推进集体林权制度改革的时机已经成熟，通过深化改革、完善政策、健全服务、规范管理，逐步形成集体林业的良性发展机制，实现资源增长、农民增收、生态良好、林区和谐的目标。亿万农民真正成了山林的主人，造林护林积极性明显提高，为解决林区农民“不离乡、能就业，不砍树、能致富”奠定了基础，取得了“农民得实惠、生态得保护”的显著成效，得到了广大农民的衷心拥护。

在推进集体林权制度主体改革的过程中，也反映出一些问题，需要通过深化改革和适时推进相关配套改革来解决。一是林农税费负担依然偏重。20世纪80年代开征的育林基金，按林业经营收入的20%征收，初衷是以林养林，育林基金收入用于育林。但由于征收标准过高，老百姓不愿缴，时常发生偷逃现象，进入新世纪，国家将征收标准降低到10%，但由于育林基金的使用与出台这项政策的初衷大相径庭，实际上已经不再是“育林”，而变成林业站所“养人”的资金来源，增加了农民的生产经营负担，育林基金征管制度需要加快改革完善。二是现行林业分类不够明确。现行国家有关政策将森林划分为公益林、生态林、经济林，但界限不清，如果农民承包林地在国家划定的生态林范围，是不允许砍伐的，农民造林育林没有效益，投入得不到补偿，或者补偿标准过低，就会挫伤农民的积极性，林农的经济需求与国家的生态需求之间客观上存在矛盾，需要国家采取有效措施切实加以解决。三是林业投融资体制尚不健全。林木生长期长，投入比较大，现阶段农民不富裕，仅靠自己很难实现规模化生产经营，且病虫害等自然风险大，需要通过投融资筹集资金，参加林业保险减少投资风险。但目前林农贷款难、森林保险难的问题还没有得到很好的解决，影响了林区林业健康发展。四是基层林业站所改革进展不平衡。目前，基层林业站所机构设置和经费保障渠道各不相同，一些地方进行了机构改革，林业站所经费纳入财政供养范围，但不少地方机构人员超编严重，收费养人的情况还没有消除。林业合作组织建设缺乏必要的政策引导和支持，其向林农提供信息咨询、技术指导、经营服务等职能没有得到充分发挥。

（四）深化集体林权制度改革

深化集体林权制度改革应从以下几方面进行：

1. 全面实现集体林权制度改革目标。深入贯彻落实中央《关于全面推进集体林权制度改革的意见》和2009年中央林业工作会议精神，进一步加快改革步伐，在扩大改革范围、深化改革层面上做文章，确保5年内基本完成明晰产权、承包到户的主体改革任务。

2. 及时推进相关配套改革。改革实践证明，只推进主体改革而不进行配套改革，改革成果难以巩固。这些配套改革包括建立健全林业财税支持保护制度、林业金融支撑制度、林木采伐管理制度、集体林权流转制度和林业社会化服务体系等，明确政府支持林业发展的财政、税收、信贷等优惠政策，规范林地承包户的林木管护、林地流转市场政策，为林业改革健康发展创造良好的政策环境。例如，2009 年国家提高了森林生态效益补偿标准，出台了有关金融支持政策，林业贷款期限最长为 10 年，林业抵押贷款利率低于信用贷款利率，小额林业贷款的借款人实际承担利率不超过基准利率的 1.3 倍，延长了林业贷款期限，提高了贷款财政贴息率。

3. 结合林业税费改革，研究出台减轻林农负担、推进基层林业站所改革的政策措施。对涉及林业的各种税费进行清理，规范林业税费制度，取消不合理的政府性收费、基金，减轻农民（林农）的不合理负担。

4. 推进林业站所和林场管理体制改革，精简机构人员，减少管理层级和管理人员，降低行政管理成本，将应该由公共财政保障的行政机关和公益单位运转经费和人员经费纳入财政保障范围，不得再通过向农民（林农）收费养人。

5. 发展林下经济，促进林农增收。进行集体林权制度改革的根本目的是让农民享有林权，发展林业经济，增加农民收入。因此，国家应在财税金融政策上支持农民发展林业，创建林下养殖、生态休闲、果林采摘等林下经济项目，使农民得到实实在在的利益。

第四章 关于乡村债务问题

第一节 乡村债务总体状况

乡村债务，顾名思义是指属于乡镇政府和村级组织的债务。乡村债务既是历史遗留，也是现实存在，从一个侧面反映出长期以来城乡发展不协调，农村各种矛盾问题的积累，以及政府行为不规范，导致了大量乡村债务的产生。随着农村税费改革的不断深化，这一问题更加突出，旧的债务化解办法不多，新的不良债务仍在不断发生。2006 年全国取消农业税，农民负担不合理增长基本得到控制，无论在理论界还是在决策层，乡村债务问题都受到越来越多的关注。但是，对有效制止乡村发生新债、化解旧债仍苦无良策，迟迟难以破题。故有必要对乡村债务问题进行系统的分析和研究，并探索寻找有效解决途径。

一、乡村债务的分类

按照债务的表现形式，乡村债务一般包括显性债务和隐性债务两部分。从债务构成来看，显性债务包括银行贷款、农金会或其他基金贷款、向个人和单位借款以及其他款项；隐性债务包括欠发工资、欠发公务费、欠付楼堂馆所等基建资金、欠付修路修桥等公益项目资金和其他债务，以及乡镇政府和村级组织为经济活动提供信贷担保形成的债务。由于一些担保项目属于社会性、公益性强，而没有直接经济效益或效益较小的基础设施建设，项目建成后缺乏还贷来源，加之项目见效期和还款期较为集中，因此形成债务；另一些因举办乡村企业，经营效益不好，破产倒闭，担保贷款转化为乡镇政府和村级组织的债务。财政部科研所课题组的研究认为，如果把乡村企业的极度脆弱性考虑进来的话，可以说为乡村企业提供担保的或有负债转化为乡村直接负债的概率是相当大的。但是，把乡村债务区分为直接负债和或有负债两类的现实政策意义在于有利于界定政府偿付债务的先后顺序安排和责任大小。该课题组还提供了另外两种乡村债务划分方法：一是从政府职能履行角度划分，可把乡村负债区分为职能履行负债和非职能履行负债两大类。前者是指乡村政府机构为履行基本的职能而承担的债务，如修建道路、发放工资、建设学校设施负债等。后者是指乡村政府机构超越基本职能行事而承担的债务，突出表现为作为经济主体介入竞争性项目所形成的银行债务、企业贷款担保等。二是按照债权人性质，可把乡村负债分为政府间债务和政府对社会的负债两大类。政府间债务包括乡镇政府和村级组织纵向对上级政府和横向对同级政府之间的负债。政府对社会的负债包括乡村两级对个人、企业、社会团体机构等的负债。这种分类本质上体现的是乡村政府性负债与社会资金之间的联系，体现偿还乡村负债对社会产生的影响。

目前，乡村债务构成按来源划分，主要包括：一是银行、信用社等金融部门贷款；二是基金会等非金融机构贷款；三是个人借款；四是单位借款；五是国际金融组织机构借款；六是上级财政借款；七是农业综合开发借款。按用途划分：一是用于兴办乡村企业负债；二是发展农村公益事业负债；三是乡镇政权建设投入；四是乡村干部为农户代缴各项税费；五是村级组织生产性支出；六是教育“普六”、“普九”投入；七是乡村日常管理开支；八是农村合作基金会负债；九是乡村其他支出。

我国《预算法》规定，地方政府没有举债权。所以从法律角度讲，所有乡村债务都是不合规的，但从乡村举债的实际情况看，乡村债务普遍存在，基层财力不足，上级财政转移支付补助不到位，基层要维持正常运转或想办事没有钱，被迫借债而违规操作，却又不被上级及时追究，这导致法规规定是一回事，而乡村我行我素、不断产生债务又是另一回事。基层政府与上级政府博弈，地方政府与中央政府博弈，先试探着借债，搞财政赤字，上级不处理，一次二次，一年两年，一届两届，基层政府认为上级规定与中央法规存在“不可置信度威胁”，导致借债胆子越来越大，借债现象越来越普遍。加之过去上级考核干部政绩，提拔使用干部都看 GDP 和财政收入增长，借债发展不但不受处理，反而得到表彰重用，所以大家都纷纷效仿，违规成本低且有利可图，违规借债有好处而不受处罚，何乐而不为呢？久而久之，法不责众。所以，从这个意义上说，乡村债务是基层政权组织与上级政府、地方政府与中央政府之间利益博弈的结果。乡村债务的存在是一个既有事实，不必讨论乡村债务的法理问题。一般意义上讲，乡村债务带来的影响并非完全是消极的，有些乡村债务是良性的，属于正常的经济行为，带来的影响也是积极的。财政部科研所所长贾康提出，从长远来看，如果把整个地方经济搞活，再将政府行为合理化，同时将其潜力发挥出来，1 万亿甚至是更大的规模也并不是可怕的事情。农业部农村经济研究中心主任宋洪远认为，对发达地区与欠发达地区的乡村债务应该区别对待，发达地区有很强的自我积累和自我发展能力，适度负债有利于其增加现金资本存量，能够为农村公共设施建设和农村产业结构升级筹集必要的资金，有利于提高农村闲散资金的使用效率。资金稀缺长期以来一直是制约农村地区经济与社会发展的关键性因素，负债在相当大的程度上缓解了农村地区资金不足的困难，成为农业产业化、乡镇企业融资和城镇化发展的重要手段。实际上，世界上不少实行分级财政管理的国家都明令允许地方举债，其意图在于与其在“财政联邦”制下难以控制地方举债，莫不如允许地方负债，把问题端到桌面上，可以有针对性地加以管理。因此，关键的问题不是乡村能不能举债以及目前债务规模的大小，而在于乡村债务在缺乏管理的情况下被低效使用，不但加大了财政风险，也造成了社会资源的浪费。因此，鉴于乡村债务规模普遍过大导致债务风险不断加大以及由乡村债务所带来的相关问题，相比乡村债务的积极作用需要引起更多的关注。因此，将本专题研究对象主要限于乡村不良债务，着重分析乡村不良债务的特征、形成原因、不良影响和化解途径。当然，各乡村对于其债务是否有偿还能力是一个很难界定的问题，至少需要建立一个非常复杂的考核指标体系。

二、乡村债务的总体规模

目前，我国乡村债务规模究竟有多大，尚无一个权威的统计数据。据了解，最近几年财政部门对乡镇政府性债务每年进行统计，有一个比较正规的数据来源渠道。农业部门对村级债务曾经进行过抽样调查，但没有进行过全面系统的统计，尚未形成制度，因此乡村债务数额全国没有一个准确数字。近年来，一些地方对乡村债务进行了清理核实，初步建立起乡村债务数据库，但就全国而言，还没有形成规范的监管制度。国务院农村综合改革工作小组办公室前几年对部分省份乡村债务进行了调查统计。

（一）河北、黑龙江等六省（市）乡村债务的初步调查情况

对河北、黑龙江、江西、湖南、广东、重庆6省（市）乡村债务的调查结果显示，截至2003年底，这6个省的乡村债务总额为2 028.05亿元，其中，乡镇债务总额为1 232.9亿元，乡均1 343.4万元；村级债务总额为795.15亿元，村均45.1万元。同时，债务的覆盖面也非常广，绝大多数乡村都有负债，乡镇负债面约为95%，村级负债面约为90%。分省份来看，广东省乡村债务总额为1 740亿元，乡均约5 759万元，村均约115万元，乡村债务水平远高于其他省份。广东省的乡村债务主要集中在经济发达地区，当然，经济发达地区政府偿债能力也较强，多为良性债务，但经济发达地区乡级债务可能带来的财政风险也应引起重视。如果剔除广东省，5省的乡村债务总额为2 028.05亿元，其中，乡镇债务总额为467亿元，乡平597万元；村级债务总额为385.06亿元，村平27万元。

上述6省（市）乡镇债务按其来源划分，其构成为：银行、基金会等金融和非金融机构贷款占46.56%；上级财政和农业开发借款占10.49%；个人及单位借款占14.99%；其他应付款占27.97%。按其用途分："普六"、"普九"占6.88%；农村合作基金会专项借款占5.28%；兴办企业投资占23.56%；乡镇运转及管理开支占7.79%；公益性支出及农业开发占20.22%；其他支出占36.26%。村级债务按其来源划分，其构成为：银行、基金会等金融和非金融机构贷款占37.46%；个人及单位借款占31.88%；其他应付款占30.66%。按其用途划分：生产性支出占42.95%；公益性支出占22.17%；兴办企业投资及管理开支占5.7%；垫付税费及其他支出占29.26%。相比较而言，乡镇债务以财政和正规金融机构信贷为主，村级债务则是民间渠道较多。

（二）对全国乡村债务总规模的推断

据农业部1999年统计，全国乡村两级债务共计3 260亿元，按当时乡村数量计算，平均每个乡镇298万元，每个村20万元。但普遍认为，农业部的统计数据远低于乡村债务实际数额。其主要理由有两方面：一是统计范围问题。一些应该属于乡村债务范围的债务项目没纳入农业部的统计范围，如乡镇政府的或有债务以及部分村级组织兴办企业所欠债务等，这些债务实际上是由乡镇政府和村级组织共同承担的。二是债务人可能因为某种考虑或顾忌而对实际借款情况有所隐瞒。乡村债务形成历史久远，对一些使用不当

或者说债务纠纷严重的债务，乡村干部怕事情败露、引发矛盾或拔出萝卜带出泥，故意隐瞒债务项目，造成乡村债务数额不准确。

由于债务有借有还，乡村债务规模实际上是个动态数据，它将随着时间的推移不断发生变化。对目前乡村债务总额，社会上估计全国农村债务大约在6 000亿至9 000亿之间。例如，根据财政部科研所的研究推断，在我国除台湾省和香港、澳门两个特别行政区以外的31个省级行政单位中，省均乡村债务总额达279亿元，有的省的乡村债务总额超过了这一规模。因此，如果在推断全国乡村债务总额采用取中间值法则的话，全国乡村债务总额不会低于6 000亿元；如果采用高值推断，全国可能突破1万亿元。由此可见，乡村债务占我国GDP的比重在5% ~10%之间，占我国财政收入的比重在30% ~50%之间，乡村债务总额负担实际上已超过长期建设国债负担。当然，目前对乡村两级债务总额的分析都带有较强的推断性，尽管这些推断得出的绝对额差距较大，但乡村债务数额巨大被一致认同。对全国乡村债务的规模，湖北省财政厅纪检监察室主任傅光明进行了分析："估计2005年债务将达到1万亿元，其严重程度不亚于国有企业负债。如果以1万亿元乡村债务计算，中国乡镇将近5万个，平均每个乡镇负债2 000余万元。这是一个什么概念呢，如果每个乡镇的财政收入平均按照100万元计算，就是乡村两级不吃不喝，也要近20年才能清偿债务。"

第二节

乡村债务的主要特点

一、负债面广，数额巨大

除少数经济收入较高地区和处于信用盲区的偏僻乡村外，绝大部分乡村都有债务（焦元森和焦元玉，2006）。根据调查，江苏、安徽两省95%以上的村有负债。湖北乡镇负债面在95%以上，村级负债面也在90%以上，几乎是乡乡有债、村村欠钱。黑龙江省90%的乡镇负债，乡均负债469万元，债务最多的乡镇达4 939万元。重庆市绝大多数乡镇都有数量不等的债务，负债面高达95%以上，按照2003年末全市1 284个乡镇计算，平均乡镇负债达413万元，是乡镇级平均财政收入的1.6倍。湖北省江夏区全区12个乡镇街道336个行政村，除25个村没有债务外，其余311个村都有不同程度的负债。全区村级债务总额为8 432.7万元，乡平负债702.7万元，负债超过1 000万元的有3个乡镇，债务最多的是纸坊街，达到1 525万元，最少的是豹澥镇，村级负债236.4万元。全区村平负债25.1万元，村级负债在100万元以上的有8个村，债务最多的是纸坊街城关村，达到389.4万元，最少的是豹澥镇渔场村，负债1 300元。从2004年山东省对17个县市区所辖245个乡镇、15 865个村的调查统计来看，乡镇级负债总额47.35亿元，乡镇平均1 932.7万元，债权与债务相抵后，乡镇平均净负债1 359.4万元；村级负债总额35.8亿元，总债权30.69亿元，村均净负债3.23万元。根据湖南省社科院对湖南省6县31个乡镇的调查，乡村债务负债面为89%，乡村债务平均值达1 498万元。以此推算，全省乡村债务总额估计不会低于299.6亿元。根据国家统计局数据来看，2004年湖南省GDP为5 641.9亿元，湖南省财政总收入为608亿元，乡村两级债务占2004年湖南GDP的5.3%，占省财政总收入的49.3%。所到之处，绝大多数的乡村债务都是本级财政收入的数倍甚至数十倍（陈文胜，2006；季谭和陈文胜，2006）。因此，乡村债务是一个规模较大、涉及面广、带有普遍性的问题。

当然，也有一些乡镇没有债务或债务很少。赵树凯对10省20个乡镇的调查结果显示，有4个乡镇表示基本没有债务。没有债务或者债务很少的乡镇主要有三种情况：第一种是乡镇领导人能力较强，能从上级政府部门争取到拨款，或者乡镇企业效益较好，以工补农。第二种是过去曾经负债，经过努力已经逐年化解。第三种与乡镇所处地理位置和经济发达程度相关。一位乡镇领导人说，“在我们这里，没有什么债务的乡镇一般比较偏远弱小。经济发展规模小，增长速度比较慢，过去农村合作基金会的资金量小，留给政府的债务负担相对轻一些。偏远乡镇农民比较淳朴，收缴税费比较容易，拖欠税费现象少。边远乡镇政府事务少，乡镇干部人数少，人员开支少。偏远乡村多是维持型，经济不发达，管理经验少，接受各级部门的检查也少，招待费开支相对较少。”

二、逾期债务比重大，利息负担沉重

乡村债务中有相当多的不良债务，逾期债务比重大。如黑龙江省逾期债务占债务总额的96%，其中3年以上、10年以下的债务占48%。重庆市

2003 年乡镇级逾期借款占债务总额的 70% 以上，村级逾期借款占债务总额的 50% 以上。山东省安丘市 2004 年底乡村债务总额 7.45 亿元，其中 2001 年以前形成的乡村债务为 6.62 亿元，占债务总额的 89%。

乡村债务的另一个特点是利息高。乡村两级债务大部分需要偿付利息，其中，除了向银行等正规金融机构和其他部分按国家规定的金融利率借款外，还有大量的民间集资借款，其借贷利率一般都在 15% 以上，有的甚至高达 20%～30%，远远高于国家正常利率。由于村级债务中向个人借款所占比例较高，高利贷现象在村级负债中更为普遍（郝志中，2006）。如吉林省农安县各村累计贷款 2.1 亿元，每年支付利息 7 000 万元以上。湖北襄阳县村组向个人借款中属高息的占 46%，实际高息借贷比例远高于此。县农村经营管理局负责人介绍，2000 年底全县镇村向个人的 7.4 亿元借款中有 2.5～3 亿元是由利息或利息变本、本又生息（韩俊和崔传义，2003）形成的。这些反映了乡村债务的另一个特点，即高息贷款比较普遍，形成恶性循环，产生了大量派生性乡村债务。

三、债务刚性强，债权清收难

乡村债务中的个人借款及拖欠基建工程款等直接涉及债权人的切身利益，还债压力大。在清理化解农村义务教育债务之前，一些地区乡镇政府被告上法庭，工程队锁学校校门的事件时有报道。同时，由于乡村债权主要是已破产倒闭企业的欠款、为完成上级安排的建设项目配套筹资任务垫款、单位欠款和税费尾欠，大部分已经无法清收，实际上是账面虚有债权。如江苏省乡镇债权 193 亿元，占债务的 1/3，但上述四项难以回收的债权占 95%。黑龙江省兰西县有村级债权 2.1 亿元，但有效债权仅占 49.4%。

四、债务结构复杂，地区分布不平衡

乡村债务不仅分布广，而且结构复杂。从区域分布上看，经济发达县（市）的乡村债务高于经济落后县（市），城郊乡村债务高于非城郊乡村。如 2003 年广东省乡村债务总额为 1 740 亿元，河北省为 224 亿元，江西省为 162 亿元，重庆市为 64.78 亿元。从资金来源结构看，乡村债务既有欠银行、信用社等金融机构的，又有欠单位和个人的，既有内债，又有外债，涉及金融、基金会、有关部门、企业单位和个人等。从债务来源上看，向国内金融组织借款 20.96 亿元，占 32.36%；向单位及个人借款 22.12 亿元，占

34.15%；“三金”（指农村合作基金会、储金会、互助金）、“三乱”（乱收费、乱罚款、乱集资）专项借款14.46亿元，占22.32%；其他负债7.24亿元，占11.17%。从债务用途上讲，基础设施建设和农田水利建设18.97亿元，占29.28%；“普六”、“普九”负债7.85亿元，占12.12%；“三金”、“三乱”专项借款负债16.93亿元，占26.13%；兴办企业负债3.34亿元，占5.15%；基层建设、工资及办公支出4.76亿元，占7.35%；垫缴税费1.17亿元，占1.8%；其他负债9.92亿元，占15.31%。

近年来，随着金融体制改革进程加快，资金市场化程度提高，贷款成本加大，乡村从正规金融机构获得的贷款急剧减少，乡村资金将越来越依赖非正式渠道，乡村债务的债权人主体逐渐由银行向私人转变。从不同地区的债务用途看，东部经济较发达地区乡村债务普遍用于为兴办企业提供较好的基础设施和前期土地平整等投入，大部分属于良性债务，但资金需求量大，大大超过了这些地区本级财政收入，其隐性偿债风险也不容小视。中西部地区相当一部分为20世纪90年代中后期举办企业倒闭后所欠的债务，另外一部分向单位和个人的借债大多数具有应急性质，缺少偿债资金来源（宋洪远等，2004），因此，逾期债务比重大。

五、借债随意性较大，存在“水分债”现象

村级债务举债行为不民主、不公开，监督机制不完善，举债带有很大的随意性。乡村债务的内涵没有统一的政策界定，各种与基层组织有关的债务都被列入进来，且没有核实清理，管理混乱，难以精确统计。湖北省制定了化解债务的十条政策性意见，党政主要领导亲自抓化解乡村债务工作，并按照“清查、公示、核定、锁定”的程序和步骤，核实债权人，落实任务人，挤掉水分，基本摸清了村级债权债务底数，全省村级组织剔除不实债权50.01亿元，剔除不实债务23.46亿元。安徽省合肥市通过清理乡镇财务，发现7亿元白条，核销近3亿元不实债务。江苏省姜堰市通过清查，核销债务979万元，并按照“谁用款谁还债，谁受益谁负担”的原则，剥离乡镇政府债务4 705万元。乡村债务管理混乱，虚报债务，水分债务多的情况可见一斑。

六、新债不断发生，并呈增长趋势

乡村债务从发生到形成巨额规模不过十年多的时间。1994年分税制前，地方财政尽管实施了划分收支、分灶吃饭的体制，但大部分乡镇财政实际上

是由县级财政实行统收统支，基层政府基本上没有债务。1994 年实行分税财政体制后，乡镇财政普遍成为一级独立财政。由于“财权上移，事权下移”，加之其他各种复杂因素，巨额乡村债务日渐形成。以湖北监利县为例，1995 年以前基本不欠债，且有 80% 的乡村有结余，从 1996 年开始，全县债务每年以 2 亿元人民币速度增长。吉林省在 1998 ~ 2003 年间，乡级债务由 41 亿元增加到 116. 4 亿元，净增 75. 4 亿元，由 3. 4 亿元的净债权变为 71. 5 亿元的净负债。在湖南省桃源县乡镇债务数额处于中等偏下的泥窝潭乡，仅债务利息一项，就导致每年新增债务 100 万元以上，其他债务严重的乡镇可想而知（陈文胜，2006）。近年来，许多地方在农村税费改革过程中对村级债务进行了集中清理，部分村级债务得到化解，但仍然不断发生新的债务，而且呈大幅度上升趋势。如江苏省南通市 2004 年上半年就新增村级债务 1 718 万元。为了遏制乡村债务过快增长势头，2005 年国务院办公厅下发《关于坚决制止发生新的乡村债务有关问题的通知》，规定“八不准”，明确建立举债责任追究和乡镇领导干部离任债务审计两项制度，新债增长幅度得到一定程度的控制，但乡镇政府和村级组织在维持自身运转方面仍存在经费缺口，乡村借债的内在动力并未消除，确保乡村不再发生新的不良债务工作任重道远。

第三节

当前制止新债、清理化解旧债面临的矛盾和问题

农村税费改革后，一些地方在清理化解乡村债务方面进行了一些探索，取得了一定成效，但也面临着一些矛盾和问题。

一、乡村财力不足，旧债难以化解，新债不断增加

受区域位置、自然条件、努力程度等主客观因素的影响，一些地方乡村经济发展相对滞后，乡村财力严重不足，上级财政转移支付补助不够，形成了新的收支缺口。乡村保工资、保运转都非常困难，无力化解旧债。一些地方反映，前几年化解乡村债务可以变现的资产、可以开发的资源已基本用于偿还债务，目前可用资源用得差不多了，靠自身力量继续化解债务的能力和

余地已经不大，化债工作举步维艰。另一方面，造成县乡收支缺口的因素没有根本消除，增加新债面临较大压力，因调整工资、发放津补贴、举办必要的公益事业项目建设等发生新的乡村债务的现象普遍存在。2004 年第 40 期《瞭望东方》周刊指出，按专家估计，中国仅乡镇一级债务就以每年 200 亿元的速度递增，到了 2005 年，各地推行“乡财乡用县管”和“村财村用乡代管”，加强对乡村财政财务的管理，国家下发《关于坚决制止发生新的乡村债务的通知》，乡村债务迅速增长的势头才得到一定遏制，但在一些地方仍时有新债发生，导致新债发生的深层问题并未消除。目前，农村公共产品供给体制不适应公共服务的要求，公共财政如何加快覆盖农村成为一个迫切需要解决的问题。

二、农村相关体制改革滞后，债务清理化解工作难以进行

在农村改革中，上层建筑改革相对滞后，与经济基础不相适应的矛盾日益突出。要解决农村问题，必须推进以完善农村上层建筑为核心的农村综合改革。但是，目前农村体制机制改革滞后，影响了清理化解乡村债务工作的顺利进行。如山东省某县由于县级财政困难，上级财政投入不到位，乡村两级仍然承担一部分农村义务教育投入，导致乡村组织不得不举债进行学校维修和改造。该县师生比偏低，教师超编严重，如该县一个镇小学师生比为 1∶11，而国家规定平原地区为 1∶23，教师严重超编。教师超编问题不仅增加了对教育经费的需求，形成教育负债或向中小学生乱收费，也使有限的教育经费的使用方向发生扭曲，不少地区就发现挪用学校公用经费为教师发工资或福利的做法，造成学校公用经费严重短缺，影响了学校的正常教学，降低了教学质量。

三、农村公益事业投入不足，制止发生新债的困难较大

过去，农村道路、小型农田水利等公益事业建设主要依靠向农民收取“三提五统”和筹集“两工”来解决，各级政府对农村公益事业的发展重视不够，投入不足。农村税费改革后，取消了“三提五统”和“两工”，村内兴办公益事业所需资金和劳务不再固定向农民收取和筹集，改由通过村民“一事一议”筹资筹劳解决，由村民大会民主讨论决定，实行上限控制、村务公开、村民监督和上级审计。但是，一方面，目前农村多数地区民主法制基础薄弱，“一事一议”制度尚未完全建立起来。由于是一项新的政策制

度，乡村干部和村民都有一个适应和接受的过程，在制度“磨合期”，一些事情“事难议、议难决、决难行”，农村公益事业建设受到一定影响。另一方面，一些必须的农村公益事业又不得不开展，在上级支持不到位的情况下，乡镇政府和村级组织不得不先借（贷）资金举办公益事业。如目前各地反映较多的“村村通”工程本是件好事，但由于修路资金存在缺口，工程实施中产生了大量新债，甚至向农民摊派，加重了农民负担。全面取消“两工”后，农田水利建设失去了相应的投入渠道和资金来源，一些灌区引水、清淤等水利工程投入严重不足，加之“一事一议”又难以开展，一些村庄缺少急需的村级公益建设资金，但农民对一些公益事业有很强的需求欲望，很容易产生新的举债。

四、乡村两级债权债务时间长，清理旧债难度较大

乡村债权中，有外部欠款，也有内部欠款，还有是多年村提留尾欠。有的欠款人和单位已不复存在，有的账目不清，债权大多名存实亡，回收难度很大。乡村债务中，大多数债务时间较长，甚至一些改革开放前的债务仍然挂在账上，这期间，当事人几经变化，给债务清理化解工作带来相当大的难度。从调查情况来看，绝大多数债务的往来关系是明确的，而债权中有80%左右为农户欠款和村办企业欠款。由于企业生产经营不景气，债务一时难以偿还，一些企业关闭破产，债务人失踪，债权很难清收。欠款农户有的已搬迁，有的已去世，有的因弱智病残、天灾人祸等缺乏偿还能力，导致有相当部分村级债权成为呆账、坏账。

五、新官不理旧账，存在化债畏难情绪

由于乡村债务数量大，成因复杂，利益主体关系复杂，工作难度大，乡村干部几年一轮换，干部提拔考核机制是看政绩，每届政府都想出政绩，导致干部在任期内考虑出政绩的多，考虑化解债务的少，认为化解债务是为前任“擦屁股”。化解乡村债务面临的困难多、压力大，可以看到的成效小，对化解债务工作普遍有畏难情绪。赵树凯（2004）通过对10省（区）20个乡镇的调查，发现几乎所有受访的乡镇领导人都认为没有什么办法，只有1个乡镇书记表示争取一些上面来的资金还款有希望。在不得不还的情况下，乡镇通过举新债还旧债的办法，或者是变卖房产土地，或者挪用其他资金。不少乡镇存在依赖思想，认为国家应该拨款帮助乡镇还债，或者应该把一些

税种放给乡镇，增加乡镇还款资金来源，等等。

六、农村税费尾欠形成的债务亟待解决

由于农村税费征管制度不健全，法律意识淡薄，干群关系复杂，部分农户不能自觉缴纳相应款项。拖欠农业税费的，一些是低收入者，家境确实困难；一些是因与乡村干部有矛盾故意不缴。20 世纪八九十年代，因追讨欠款还曾经出现过人命案。农村税费尾欠年复一年，日积月累，越来越多。农村税费改革后到农业税取消前，这种情况也时有发生。如山东省安丘市，截至2004 年底因垫缴税费形成村级债务 9 513 多万元。为了避免清理农业税费尾欠引发新的矛盾，2005 年，国家明文规定暂停清收农村税费改革前形成的税费尾欠，由此形成的债务难以化解，乡镇政府和村级组织的管理效力受到一定影响。处理农村税费尾欠，如果清收，担心基层操之过急，采取强制手段，搞不好会激化矛盾，影响社会稳定；如果财政出资化解，对欠款人一笔勾销，实际上是用国家财政资金解决个人和小集体的债务，对公众来说显然不合理，而且对过去依法缴纳税费的农民来说，造成精神和物质的双重不公平，甚至会引发依法缴税的农民要求政府退还过去上缴税费款现象，从政策导向和行政效益来看，显然是不可取的。从债权人的角度讲，很多尾欠多是由当时乡村组干部为了完成税费征收任务垫付的，有些还是向银行、亲戚朋友借款垫付，税费尾欠款久拖不还，直接影响这些村组干部的工作积极性，甚至影响他们的正常生活，如果不偿还，对乡村干部来讲也是不公平的。因此，对农村税费尾欠应尽早出台政策，切实加以解决。

第四节

乡村债务形成原因分析

乡村债务形成原因是多方面的，这里从农村税费改革前后两个时间段来进行分析。

一、农村税费改革前债务形成的原因

（一）举办农村公益事业等为履行基本职能形成债务

长期以来，乡镇财力较弱，而国家也对其赋予了教育、卫生、兴修水

利、道路建设等事权。前些年，从上到下都大张旗鼓地倡导“人民事业人民办，办好事业为人民”。同样，村级组织为解决建校、修路、植树、建设文明村等方面的资金需要，要么向农民伸手，加重农户负担，要么举债形成村级债务。举办农村公益事业形成的债务主要可分为两类：

1. 农村基础设施建设负债。如重庆市1997年成立直辖市时有58个乡镇不通公路，48个村不通电，27个乡镇4 365个村不通电话，6 000多所农村中小学校舍不达标，一些公益性项目的建设主要靠借贷、集资、拖欠工程款解决，形成了沉重的债务包袱。

2. “普六”、“普九”教育负债。1994年全国正式启动教育“两基”（即基本实现九年义务教育和基本消除青壮年文盲）达标验收后，地方借债搞“普六”、“普九”硬件设施建设的现象非常普遍。“普六”、“普九”形成的债务是乡村债务的一个重要组成部分（付启敏和朱廷春，2004），每个省均有少则几亿元、多则几十亿元的义务教育债务。

（二）乡级政权和村级组织盲目发展经济导致乡村负债

一些乡镇政府和村级组织超越基本职能行事，盲目发展经济，形成大量债务。

1. 盲目兴办企业或招商引资负债。一些乡镇政府和村级组织不顾自身资源和财力限制，贷款投资上项目或为企业进行担保，一旦企业亏损倒闭，就形成乡村负债（郝志中，2006）。实际上，乡村企业破产倒闭的比率非常高，因此，因举办企业而形成的债务在乡村债务总额中占相当比例。如湖南省因举办乡镇企业形成债务44.8亿元，占乡镇债务总额的27%。2003年底，湖北省村级负债总额177.39亿元，其中盲目投资办企业形成债务48亿元（不含已剥离的村办企业负债），占债务总额的27%，此外还有为所属企业担保债务5.46亿元。

2. 政府采取行政手段调整产业结构。一些乡镇为发展特色经济作物，采取行政手段来调整产业结构，有的占用耕地建经济园区，由于基本条件不具备，商没招来，资没引来，结果事与愿违，先期投入无法收回，致使乡镇政府背上债务包袱。

（三）以债抵税、上清下不清形成的债务

基层政府为了保运转，一些乡镇在税源不足的情况下，不惜采取虚收空入、借款、银行贷款缴税的办法，使乡镇收入和债务同步增加。农民收入低，负担能力弱，面对逐年增长的“三提五统”征收指标和各部门的乱摊派、乱集资、乱罚款，一些农民因无负担能力，一些农民因反感乱征滥收或其他原因，没有按时缴纳税费，村级组织为按时完成税费征收任务，借款为农户垫缴税费，形成税费“上清下不清”的问题普遍存在，而且大部分是借的高息贷款。这样就造成本生息，息转本，债务愈滚愈大。四川省统计历年农村税费尾欠有61.68亿元，其中，农村税费改革前的尾欠38.46亿元，税改后的尾欠23.22亿元，由镇村干部垫付的税费34.85亿元。湖南省衡阳县税费尾欠总额为16 781.4万元，全县村级债务总额1.33亿元，其中有9 631.8万元是因垫付税费而形成的，村级垫付税费占村级债务总额的72%（陈文胜，2006）。

（四）人员经费需求多，乡村日常管理开支形成债务

1. 乡镇规模偏小。湖南省平均每个乡镇人口不足2万人，该省平江县人口最少的乡镇只有3 000人左右。各乡镇由于人员经费不足，借钱维持运转形成债务1 065万元。

2. 乡镇机构庞大，供养人员过多，乡镇政府和村级组织贷款维持运转形成的债务。湖南省每个乡镇平均财政供养人员118人（不包括教师）。一些乡镇首先是拖欠乡村干部的工资，其次是拖欠办公经费和水电费等，形成大量债务。事实上，事业单位人员超编现象更为普遍，在前面已提到，在一些地区存在教师、七站八所严重超编。

3. 乡镇财务管理漏洞较多，村级财务管理混乱，支出随意性大。乡村负债沉重的成因复杂，主要是财务管理不善，乱支乱花，盲目上项目、举债搞政绩工程等等（房民和孙国贵，2005）。据陈文胜2006年调查，乡村不合理开支逐年增加，吃喝招待费、超标准租车、公款旅游屡禁不止，开支随意性很大，黑洞很多，直接导致了债务的形成。有些乡镇干部一年只发半年工资，而主要负责人的公款吃喝和公款旅游却放任自流，毫无节制。一些乡镇还违规修建宿舍楼，不顾财力困难购买小车，超限额报销差旅费等。有一些乡镇因公款吃喝欠下债务而造成办公大楼被法院拍卖还债，特别是有的乡镇吃喝招待居然形成了十年、甚至百年才能还清的“百年债务”。最典型的莫过于安徽省闫集镇，三届镇政府打下130张共计17万余元的欠条，105岁老人在讨债数年后竟得到了暂定每年还1 000元需要170年才能还清的还款计划。安徽省合肥市对107个乡镇的财务进行了清理，发现有7亿多元的白条，93个小金库，上千名干部职工存在违规违纪行为。湖北省武汉市江夏区村级借贷用于非生产性支出的管理费用达1 712万元，占债务总额的

20.3%。一些乡镇和村干部擅自将财政资金和集体资金借给企业或个人搞经营活动，大部分欠款已无法归还。

（五）政策性原因引发债务

1. 决策失误负债。20 世纪 80 年代，农村合作基金会的建立和推广是政策上鼓励的，因合作基金会既吸收存款又发放贷款，缺乏金融监管，信贷行为极其不规范，存款不能兑付，贷款收不回来，出现大量呆坏账，后来进行清理整顿和关闭，导致许多乡镇背上巨额债务。重庆市 1999 年清理整顿农村“三金”（农村合作基金会、乡镇企业投资公司、供销合作社社会股金服务部）时，乡镇形成负债 20.2 亿元，占全市乡村负债资金总额的 32%。个别“三金”重灾区，一个县清理整顿农村合作基金会以后形成的政府性债务就高达 3 亿多元。

2. 银行老债务利息处理不当形成债务。由于乡镇债务资金大部分来源于商业银行和信用社以及个人高息贷款，利息负担较重。个别地区金融机构还将当年到期贷款利息和本金合并，作为新的贷款本金，使贷款本息像滚雪球一样越滚越大，导致部分乡镇债台高筑。

3. 各种达标升级活动层出不穷。这些达标升级活动都要求乡村投入资金建房舍、购买设备、培训人员等，乡村自身财力不够就向银行贷款、向单位借款，导致乡村债务大量增加。

二、农村税费改革后乡村债务增加的原因分析

（一）乡村债务增加的直接原因

农村税费改革以后，随着政府利益主体和政策主体行为的规范，乡村债务增加速度有所放慢，原来导致举债的一些政府行为如乡镇政府直接办企业、合作基金会、教育“普九”达标等基本上不存在了，出现新债多为政府日常运转、公共设施建设等方面的原因。

1. 旧债利息形成新债。旧债的利息，或者为还旧债而借新债。如前面提到吉林省农安县村级累计贷款 2.1 亿元，每年支付利息 700 万元以上。

2. 建设乡村公共设施举债。这方面的事例很多，比如修办公楼、卫生院、文化室等。

3. 行政管理开支方面形成的债务。一部分是拖欠财政供养人员的工资而形成的债务；另一部分是因办公经费不足或因迫于上级压力订报刊杂志、吃喝招待而形成的债务。

4. 办企业和农业开发投资形成的债务（赵树凯，2004）。新债务有两种类型值得注意，在经济比较落后地区，为弥补人员工资、办公经费等经常性支出缺口，成为新增债务的主要原因。在经济发展势头比较好的地区，为了完成县里下达的招商引资任务，有些乡镇政府以政府名义担保，吸收银行贷款甚至直接投入，成为乡镇形成新增债务的重要因素。

这种变化说明：一方面，政府的经济行为发生了积极变化，不再直接作为市场利益主体参与市场经营活动，这是政府行为规范、市场经济体制逐步完善的体现，令人高兴。另一方面，乡镇财政状况恶化，为维持政府机构日常运转有时候也需要举债，说明政府间利益分配格局不合理，这是令人担忧的（宋洪远，2004）。下面，着重探讨以下三方面原因形成的债务：

第一，农村基础设施建设中“钓鱼”政策形成债务。为改革农村生产生活环境、有效解决农民出行难问题，在全国范围内启动了农村公路建设“村村通”工程。在“村村通”道路建设中，中央要求量力而行，但地方为了得到中央补助，没有资金也先开工建设。比如，吉林省“村村通”每公里实际需要投资44万元，其中，中央每公里补助17万元，剩余部分由地方配套，但未明确要求由地方哪一级政府配套，许多县市配套资金层层压向乡村，由村里向工程队欠款，形成新的债务。这一问题在全国普遍存在。基本上所有地区的上级部门（道路建设、水利设施、文化设施、学校危房改造等）安排项目，一般都只给予部分资金或物资补助，具有一定的诱惑力，放弃了项目就等于放弃了上级的政策，放弃了可以争取的资金，但争取了项目又等于增加了债务。地方知道政府欠债，最终都是财政买单，不像企业欠债有破产的潜在风险，所以只要上级有资金、有项目，无论附加什么条件，他们都大胆争取，债多不愁。现在中央提出搞新农村建设，各地积极性都很高，跃跃欲试，如果各方面建设资金都留缺口，那么缺口不是变成债务，就是成为农民负担。根据宋洪远对安徽的调查，“两基”达标时，学校就产生了大量负债。税改后，学校建设主要都是依靠上级政府的专项资金。这类资金一般都要求基层政府配套。县级财政由于已经承担了教师工资，一般很少再投资于学校基建。乡镇政府在税改后财权已经虚化，极少数乡镇能提供少量资金，但远不够配套要求。剩余的资金缺口只能靠学校自筹。学校能采用的处理办法便是负债，然后通过收取的学杂费逐年偿还。郎溪县教育负债有1 424万元，其中“两基”达标442万元，危改与布局调整599万元。宁国市农村学校1 864万元的负债中，大部分是在税改后的2003 ~ 2005年间形成的，主要也是欠建筑工程款。

第二，不顾客观条件，招商引资形成债务。近几年来，尽管国家明确取消上级政府部门向下级政府部门下达招商引资指标，由乡村直接投资办项目的越来越少，但招商引资在一些地方还大量存在。一些地方为加大招商引资力度，不顾经济条件、投资环境，不计招商成本，将任务分解到单位和个人，搞所谓“全民招商”，政府征地实现“三通一平”，但引进项目寥寥无几，形成大量债务。如江苏省睢宁县乡镇因兴办工业园区负债665万元。有些乡镇政府为了完成县里下达的招商引资任务，以政府名义作担保，吸收银行贷款甚至直接投资，成为乡镇形成新增债务的重要因素。

第三，基层财力不足，为维持正常运转形成债务。有些省份乡村经济基础薄弱，农村税费改革后，尽管上级财政加大了转移支付力度，但乡村财力仍然紧张，不得不负债运行。据统计，湖南省村级三项费用每年每村平均只有1.6万余元，仅能维持最基本的支出。特别是洞庭湖区的村，由于水利建设任务重，年均支出一般需要6万元以上，形成较大资金缺口。农村税费改革后，乡镇财政收入来源减少，收入规模缩小，但核定的收入基数未作调整，形成了乡镇财政赤字和欠债。以湖南省某市一个镇为例，上级财政核定该镇的税收任务是44万元，但实际上2004年该镇只有8万元的税源，因此，便不得不以返还30%的代价到辖区外向企业买税36万元来完成税收任务，造成了10.8万元的新债。这方面，西部地区尤其严重。如莎车县有1 000多个代课老师，就算每个代课老师每年补助2 000元，也要200多万元。在这些经济比较落后的地区，弥补人员等经常性经费支出缺口成为新增债务的主要原因。

（二）乡村债务形成的深层次原因

农民负担过重和乡村债务增加的形成原因基本相同，乡村在面临收支矛盾时，要么向农民伸手，加重农民负担；要么向有关方面借债，形成乡村债务。造成巨额乡村债务的原因概括起来主要有四个方面：一是事权下移、财权上收，县乡财政困难，集体经济薄弱，乡村维持运转、举办公益事业需要花钱；二是乡村财政财务管理混乱，有钱乱花；三是乡村借债软约束，随意借钱；四是中央与地方各级政府之间的博弈。在借债偿还责任不明确或者赏罚不分明的情况下，尽管中央三令五申不允许地方政府举债，但基层政府始终抱定上级政府不会让下级政府倒闭破产的心理，在中央政府不允许借债与地方政府官员偷着借债之间博弈，导致地方政府借债不还，等待上级政府帮助还款。

陈锡文剖析乡村债务的形成原因非常复杂，主要有三个原因："一是农村公共事业负债。二是乡镇政府和村一级错误地把自己作为投资主体，向银行贷款搞企业，或者给已有的企业作担保，因企业经营不善，破产而负债。三是由于管理不善、制度不严造成的债务，比如有些拿了贷款出去考察，实际上是变相旅游，甚至有一些吃喝。"因此，乡村债务首先是由于县乡财政困难，财权与事权不统一造成的；其次是由于财务管理混乱（贾康和白景明，2002）造成的。

1. 事权下移，乡村硬性支出多。我国财政自 20 世纪 90 年代初开始"分灶吃饭"，到 1994 年实行"分税制"改革，虽然自上而下地划分了各级财权，但是在这个过程中，各级政府的事权却没有进行制度化明晰，地方政府事务庞杂，需要负责本地行政管理、公共安全、基本建设、城市维护和建设、文化、教育、卫生等地方性公共事务，导致人员数目庞大。陈锡文介绍，过去农村搞很多公共事业，包括基础设施、社会事业，政府给的钱很少，主要是靠农民自己，像修建学校、修建道路等等，有一部分的负债由此造成。与财政收入区域分布格局恰恰相反，财政支出压力更多的是分布在农村而不是城市。我国 2 亿需要接受义务教育的人大部分集中在农村，基本生活、公用设施欠账集中在农村而不是城市。生产性基础设施与经济发展要求最不对称的地方也是农村。工业化和城镇化推进过程中形成的低收入阶层也主要分布在农村。近年来，尽管有中央财政的巨大转移支付，但由于财政体制尤其是省以下财政体制没有根本调整，转移支付并不足以弥补乡村因改革引起的收支缺口（马晓河，2004）。

教育改革不断推出新举措，如布局调整、危房改造、"三新一亮"、"六有"工程建设、"校校通"工程建设等，又不得不举债应对。在"普九"欠债较多的情况下，大搞合格学校和达标学校的创建，而没有考虑到后来大规模的布局调整，刚刚举债创建成功的学校又被撤去。同时，近几年的中小学布局调整，适逢初中入学高峰，接受撤并学校（特别是初中）的校舍等基本办学条件严重缺乏，只好再次举债新建校舍、食堂、宿舍等，而大量闲置校舍（被撤并学校）等资产一时又难以变现（陈恒林，2005）。

2. 财权上移，县乡财政困难。由于上级政府层层上收财权，一些主体税种收入基层享受不到，县乡财政普遍比较困难，尽管上级财政加大转移支付力度，但县乡财政困难问题仍未从根本上解决。资料显示，在我国 3 000

多个县市中，财政长期呈现赤字的县市已超过50%，全国1 080个县发不出工资来，约有50%～60%的乡（镇）入不敷出。目前，基层政府财政困难导致工资普遍欠发、财政赤字不断扩大、实际债务负担沉重等问题。北京大学教授林毅夫直指目前乡村财政陷入严重困境的问题：一边是中央财政收入迅速增长，一边是基层抱怨财政吃紧。尽管中央对地方的转移支付力度一直在不断加大，但基层财政依然吃紧，据业内人士估计，2005年乡村债务高达1万亿元。刘尚希表示，最近几年县乡财政的困难和省以下财政体制不完善密切相关，目前是到了推行第二次财政体制改革的时候了。陈文胜所归纳的乡镇负债原因包括以下几点：一是现在中央财政对乡镇和农村的拨款，都是通过一级一级财政往下拨款的方式来进行的，造成了各级政府按从上到下的顺序优先保障，只能是为农民提供公共产品的乡村组织获得较少保障，从而使乡村减收增债。二是为了完成上级下达的财税任务而形成债务。三是乡村财务管理普遍混乱而形成的债务。乡级政权和村级组织财权与事权失衡，被迫举债，与其承受能力极不相称，其结果必然导致负债。

3. 乡村财政财务管理混乱，借钱养人。乡村行政组织干预企业经营，决策不受约束，不承担责任，为那些乡村负责人好大喜功、只求政绩不负后果的行为提供了可能。基层行政机构及其财务行为缺乏上级的有效约束和群众的民主监督。乡村干部擅自决定搞形象工程，村级以集体之名举债、借放高利贷可不通过村民，还要村民承担还债的责任。这说明村民自治有待落实。一是机构臃肿，人员膨胀，借钱发工资。不断膨胀的县乡机构就像一口永远填不满的“老虎机”，不断吞食着农村的经济资源。1994～2000年，全国县乡财政供养人员增加了708万人，再加上73.5万个村民委员会的300多万名基层干部，总人数达到2 959万人。很显然，如果乡村机构和冗员减不下来，农村税费改革的成果很难保住，乡村债务增长很难控制（马晓河，2004）。二是开支随意，借钱吃喝。乡村财政财务管理混乱，对乡镇主要领导缺乏有效的制约，乡村开支比较随意。县级缺乏对乡村两级债务的有效约束和监管，或是把举债看成是乡村财力自我调节、自我发展的手段，没有加以控制。

4. 借债软约束，产生债务。一是乡镇可以讲出千条理由向上级政府转嫁债务。二是乡村组织有可能找机会和借口逃避债务，而国家一般不能这样做。三是银行为乡村债务的主要债权人，国有金融机构是国有资产，基层存在“吃大户”心里，账多不愁，而金融部门本身预算软约束以及银行和政府的特殊关系导致银行贷款对乡镇政府部门形成的约束力很弱。调查中发现，很多乡村干部甚至不把金融部门贷款计算在乡级债务之内。有些个人高利借款是村干部自己借自己花，还能赚取利息。所以，债务所产生的压力以及风险都可能要比根据上述指标计算出来的要大。西方国家允许地方负债，同时也就可以有针对性地管理，从理论、政策、法律三方面应对地方债务增长，因而时至今日未出现大的问题。我国的乡村负债由于过去很长一段时间处于失控状态，债务链条很长，三角债、四角债普遍存在，已形成了很大的财政风险。之所以这样说，直接的依据就是几乎大部分县的乡村负债总额都已超过，有的甚至数倍于当地的年财政收入。

在分税制下，似乎无法证明实行分税制是县乡财政体制困难的主要原因。省以下未能真正按照分税制的原则理顺财政关系才可能是县乡财政困难的直接原因，也就是说，地方（省、地市级）对困难县的财政转移支付力度不够。从中央财政支出占总支出的比重看，1993 年为 28.3%，2004 年为 27.7%，比重是下降的。实行分税制 11 年来，中央从东部地区净集中增量 9 233 亿元，而对中部和西部地区分别净补助 3 882 亿元和 6 053 亿元。整个“十五”时期，国家对农业和农村发展的投入明显增加。中央财政用于“三农”的投入达 11 300 亿元，年均增长 17%，是改革开放以来投入最多、增长速度最快的时期之一。仅 2005 年，中央政府投入的资金就超过了 3 000 亿元。与中央相比，地方对县级财政的支持微乎其微。2004 年，地方对 791 个县的财政转移支付增量仅为 181 亿元，占中央对地方财力性转移支付增量的 1/4。

财政收入得不到确保的基层政府，却承担着绝大多数中央政策的实施任务，政府之间在责、权、利方面的不对称，必然使得基层政府想方设法扩大收入来源，形成上下级政府之间的利益博弈。因此，要彻底解决农村的公共品供给问题，就要划分各级政府在公共品供给中应承担的责任，就必须重建地方财政收支的体系，协调税收征管和财政收入体制，明确中央、省、市、县、乡五级政府职能。但是，由于各级政府间事权不清，你中有我、我中有你，基层政府行政成本不可测算，或难以测算，这样建立与政府事权相匹配的财政分权制度就无从谈起。因此，仅靠制度化和透明化财政转移支付体系建设并不能解决基层政府支出困难的全部问题，更不能解决最根本的问题。

我国乡级财政始建于 1985 年撤社建乡之后，大多数乡仍然是以农业为主，工商业不甚发达，财源并不充足，实际上不足以建立一级财政。因此，乡级财政建立伊始就是捉襟见肘的，乡镇财政问题很快就演变成为农民负担问题。20世纪80年代中后期，“农民负担”一词就在中央文件中出现了。产生农民负担的原因主要就是为了维持乡级财政的运转，除向农民征收农业税收外，还要收取“三提五统”等政府收费。进入20世纪90年代，发展乡镇企业、普及农村义务教育和消除文盲等考核目标，以及农村公共设施建设资金配套，都要靠乡级财政筹措支出，农民负担愈加沉重。而20世纪90年代中后期，粮食价格连年下降，农民收入更是雪上加霜。乡级财政在入不敷出时，各种债务迟早出现是一种必然的结果。至于广大农村村委会和村民小组，连财政都没有，村干部应有的报酬和村务管理以及公益事务的开支也难免形成各种债务。乡级财政收入原来主要来自农业税收，改革之后主要靠中央和省级财政转移支付，其本身的税源相当少。

不恰当的政绩观，干部人事考核制度与个人利益相挂钩，导致债务超常增长。这主要体现在三个方面：一是乡镇主要领导变换太频繁，每届政府三四年时间，为官一地造福一方，每届政府都想干点政绩，借债人不负责还债。乡镇干部也是按届来进行调整的，新一届的领导人根本不愿意替前任还债，没有化解债务的动力，对上届所欠的债务或有意回避，或无精力处理。这就导致了债务难以从根本上减少。二是债务化解没有列入干部考核指标，有债务也不影响政绩，不借债干事反而有过，因此乡镇领导没有还债压力。当前的干部管理和考核有一种债务内生增长机制，即地区政绩考核体制的错误导向、盲目追求政绩是乡镇债务产生的主观根源。有的乡镇领导为了追求政绩，脱离乡镇的实际和能力，在财力不足的情况下，通过负债实施“形象工程”、“政绩工程”，使乡镇债务雪上加霜。同时，对于县乡政府及其主要领导人的道德风险也缺乏有效的制衡机制。

由于各级政府之间的信息不对称，中央政府制定的政策措施依赖行政系统自上而下进行监督，成本巨大，同时对基层政权从下而上的监督约束难以实现，上级政府无法确切知道下级政府完成这些任务需要多少人手、多少财政预算，更不知道下级政府在执行过程中使用什么方法来完成任务，而下级政府正可以以此为理由同上级政府讨价还价，扩充编制，增加预算。由于政治体制和信息优势，下级政府往往在谈判中占有主动地位，而中央政策本身又具有一定的合法性，结果基层政府无论是对上级政府还是对农民，都有充分理由来扩大管制政策的实施范围和力度，并巧立名目从中渔利。这就是地方在中央税费政策上实施摊派，地方“搭中央政策便车”现象。实际上，历史上的官僚体系大都具有这种特性，中央增加一分税，到了农民的头上就变成了十分，地方政府借口执行中央的政策，进行层层盘剥，农民负担日益加重。由于国家权力的贯彻和实施没有也不可能绕过各级地方政府，包括基层政权，必须仰仗后者的配合，却无法对它们进行有效的监督。所谓的社会监督和约束在行政权力面前同样软弱无力。上级行政单位对下级的授权过程，同时也刺激了下级行政主体利益的组织化和发展，使得国家付出了巨大的从上至下的监督成本，但每一层级的政权组织仍可以利用国家的名义来实现自己集团的政治经济利益。因此，国家常常陷入矛盾的境地：如果对地方各级政府的违规行为不闻不问，必将威胁政权的稳定；而如果重新走上行政收权的老路，不仅会大大损害地方政府的威信，而且会极大地降低行政效率，出现所谓“一放就乱，一管就死”的问题。

这和赵树凯的实证研究得出的结论有所吻合。赵树凯研究认为，乡镇债务反映出来的问题表面上看是经营不善、管理不严等工作问题，实质上是政府运作体制问题。基层政府的运作模式仍然具有深刻的行政控制色彩和群众运动烙印。这些债务分别形成于不同时期、不同方面的行政命令和群众运动式工作，如发展乡镇企业、教育“普九”达标、报刊行政征订、修建办公楼、形象工程建设等等。经济发展领域如发展乡镇企业，用行政动员和群众运动的方式“大干快上”，搞“村村办企业，户户上项目”，甚至提出“消灭无工业村”。在社会发展领域如教育“普九”达标，用行政命令向农民和企业摊派收费，甚至四处借款，拆旧学校建新学校。

考察基层政府的运行机理发现，乡镇完全是围绕上边各种指令转，任务、指标是上级部署下达的；检查、评审是上级组织的；激励、处罚是上级安排的。这些考核评比都直接与乡镇领导人的个人升迁和物质待遇息息相关。上级掌握了控制基层干部的几乎一切手段，但是，上级实际上看不到基层干部的真实表现。在这种压力下，超出他们正常的资源运作范围之外，乡镇领导人往往作出两种极端选择：一种是造假，编数据向上报送，玩数字游戏，搞形式主义；另一种是“硬来”，既无法造假，也不具备条件，那就来“横的”、“硬的”，在工作上就是强迫命令，在经济上往往表现为借钱办事，花钱作秀。基层政府的好大喜功经常出现劳民伤财的结果，造成的损失农民却要承担。说起来都是为了农民、为了发展，但是在基层政府行政体制中，农民被架空了，更多是被动接受，很少有真实的权利空间。问题在于，在这个自上而下的层层紧逼过程中，农民被忽略了，尤其重要的是，在政府问责制度安排中，农民权利空间被虚化了。

三、乡村债务的主要危害

沉重的乡村债务严重影响了乡镇政府和村级组织的正常运转，增加了国家财政风险，挫伤了干部职工的积极性，损害了政府形象，影响了县域经济发展，削弱了党在农村的执政能力，成为农村发展的一大障碍和农民负担反弹的重要隐患，直接威胁到农村社会稳定。乡村债务的严重性表现在以下四个方面：一是乡村债务规模巨大，且大多属于没有还款来源的不良债务；二是巨额的债务并未能发挥有效的作用，投资所办企业大多破产倒闭，投入的农村基础设施建设也仅形成有限的农村公共品供给，反而为基层政府规模膨胀和腐败提供了温床；三是乡村债务不断增长，不仅直接阻碍了农村经济的进一步发展，而且还成为农村乃至整个社会的不安定因素；四是旧债未除，新债却屡禁不止。

（一）直接影响到乡镇政权和村级组织正常运转

由于巨额债务长期不还，使乡村组织信用和权威受到质疑。对于绝大多数乡村负责人来说，一年中最发愁的莫过于逢年过节，躲债赖债成为当务之急，普遍感到困惑无助。债主讨债不成，只得将乡政府和村委会告上法庭，部分乡村干部感到精神压力很大，整天穷于应付，没有心思考虑抓工作。乡村干部，尤其是主要领导干部很大一部分精力用来跑借贷、应付开支，或者被迫用于应付债权人的逼债、告状、上访和打官司，导致公共管理工作投入精力少。同时，由于负债过度，教师、干部的工资难以及时足额发放，影响了广大教师、干部的工作积极性。有的村组干部几年不见报酬，就任或继任纯粹是为了守债，农村基层组织建设严重削弱。乡村债务造成的乡村政权组织公信力和权威性的降低，影响了政府的执政能力，造成农民对乡村组织和干部的不信任。

（二）严重制约了农村经济的健康发展

很多乡村为了缓解沉重的债务压力，尽可能减少正常的公务活动，尽可能压缩经费开支，其所承担的社会管理与公共服务职能无法实现，部分乡村组织基本上处于瘫痪或半瘫痪状态。根据陈文胜对湖南省129个乡镇的问卷调查，有74%的乡镇对生活困难的群众很少进行救助，有15%的乡镇因乡镇财政无力没有进行任何救助。对乡村公路、水利等公共设施建设，有68%的乡镇财政很少有投入，有9%的乡镇财政没有任何投入。日益增长的乡村公共服务需求与不断萎缩的乡村公共产品供给能力之间的矛盾，决定着如果不能有效满足农民基本的公共需求，乡村组织执政能力就成为问题，其严重性是不言而喻的。这种合法性危机将会冲击整个乡村组织的政治权威。大规模的乡村债务影响了投资环境，影响了县域经济发展，沉重的债务负担使乡村两级，尤其是村级组织无力组织必要的小型农业生产基础设施建设，无力进行扩大再生产，缺乏承担风险和处理突发事件的承受能力。至于增加农业收入，调整产业结构，发展二、三产业，兴办公益事业等，更显力不从心。

（三）损害政府形象，影响了党群干群关系和社会稳定大局

乡村债务久拖不决，导致政府的信用和形象受到严重损害，在没有偿还渠道的情况下，很有可能最终转化为农民负担，引起农民负担反弹，势必造成干群矛盾激化，酿成不良后果，影响基层政权稳定和社会安定。债务本身既直接影响乡镇经济运转，也直接带来社会不稳定。同时，由于乡村债务的债权人从政府机构到企业乃至各类社会群体无所不包，结构复杂，有些地区债权人有不少就是处境艰难的农民，绝大多数的乡村干部本身就是债主，在债权中占有很大的比例，而且不少的乡村干部又是从亲朋好友手中转借来的。乡村债务已经把乡村干部和许多农民的利益捆绑在一起，形成了一个利益链。这种利益关系是引发群体事件的十分危险的动力机制和社会基础。有人形象地把负债乡村干部之困境描绘成“三穷”：一是“路穷”，政治上命运前途暗淡，无政绩一般不得提拔。二是“家穷”，经济上生存难以为继，家人埋怨，亲朋好友不理解。三是“名穷”，社会上遭到普遍否定，名声不好，工作无积极性。乡镇干部的80%以上来自农民，没有谁能够比他们更了解农民，也就比任何人更善于组织农民和领导农民。如果他们能够在中国改革开放的社会稳定中起到“防火墙”的作用，那么，他们就更知道该在绝望的时候怎么“放火”。乡村干部的影响力和组织能力，远非那些“减负代表”、“维权代表”所能比拟的。

赵树凯在综合分析这些乡镇政府的债务情况之后认为：债务既是严峻的现实之忧，更是深刻的未来之患。理由有三：一是债务规模仍然巨大，也许在一些地方近几年有所减少，但是这种减少幅度甚小，一些地方新债务仍然在继续发生，有的地方债务增加速度还比较快；二是债务问题的解决前景模糊，不论是什么人，不论是哪一级政府，都不知道乡村债务化解的有效出路究竟在哪里，感到有些茫然；三是债务正在严重困扰着基层政府运行，而债务对于乡村治理的深刻影响，无论从深度还是从广度，都还远没有充分显现出来。

第五节
地方清理化解乡村债务的典型做法

农村税费改革以来，一些地方在清理化解乡村债务方面进行了一些探索和尝试，积累了一些有益经验，取得了初步成效。各地对清理化解乡村债务的初步经验进行了认真调研总结，下面介绍一些典型做法。

一、建立奖励机制偿债

重庆市是最早主动采取奖励措施清理化解农村教育负债的省份，其主要做法和经验值得总结推广。

重庆是一个大城市、大农村并存的直辖市，属于典型的农村包围城市，城乡二元结构特点突出。全市总人口 3 100 万人，其中，农业人口 2 437 万人，约占 80%。从 2003 年开始，重庆市抓住乡村负债中的教育负债这个主要矛盾，采取措施，重点突破，取得了较好成效。

（一）摸清底数，锁定债务数额

为做好乡村教育负债的清理核实工作，首先建立严格规范的工作机制。

1. 统一政策口径。在试点调研的基础上，重庆市对全市“普九”欠债清理工作进行了具体布置，明确了政策界限。包括债务清理的截止时间、清理范围、认定依据等。

2. 清理核实债务。该市委托 12 家会计师事务所对各区县教育“普九”债务逐笔进行清理核实，审计锁定。

3. 开展业务培训。该市专门印发了债权债务数据填报说明，对重要指标和表格间勾稽关系作了较详细的解释。对各区县经办人员进行了政策口径、报表填报等业务培训，对委托的 12 个会计师事务所进行了业务及政策培训。

4. 分阶段清理核实。首先由学校、乡镇自查上报，各区县初审汇总上报，然后由会计师事务所采取集中审阅相关资料与实地核查相结合的办法，核查面达 100%，最后由财政部门根据会计师事务所审计报告再次审核把关。

5. 严肃纪律，建立责任追究制度。对弄虚作假、套取资金及造成资金损失的行为，除责令其追回专项资金外，还要按照有关规定，追究有关责任人和直接责任人的责任。各区县若发现有一例弄虚作假行为，查实后市级不再予以补助。经过以上工作，各区县申报的“普九”欠债26.3亿元（占全市乡村负债总额的32.8%），经会计师事务所清理核实后，核减不实债务5亿多元，核减幅度为22%。在化解过程中，该市根据轻重缓急，决定市和区县优先解决校舍修建和征用土地形成的债务，再考虑其他方面的债务，最后锁定的“普九”债务金额为16.1亿元。

（二）确定市与区县偿债责任，建立奖补激励约束机制

1. 制订奖补办法。为了调动区县和乡镇政府化解教育负债的积极性，2003年，重庆市政府决定全市“普九”债务的偿还根据各区县财力状况，实行市与区县按照一定比例分担的办法。市级财政与区县分别按照5:5比例、4:6比例和2:8比例给予偿债资金补助，以调动各级政府偿还“普九”债务的积极性。

2. 落实县乡偿债资金来源。该市制定偿债奖励政策后，由于基层财政困难，无力筹集偿债资金，也就不能享受上级奖励政策，还债效果不很理想。所以，2003～2004年全市偿还债务数额不大，仅偿还债务8 000万元。2005年，根据财政部《2005年中央财政对地方缓解县乡财政困难奖励和补助办法》，要求各区县将中央补助重庆市的“三奖一补”资金的80%以上首先用于偿还“普九”债务，其次用于偿还县乡其他债务。各区县用奖补资金偿还“普九”债务视同自行偿债，享受市级补助政策。这样，2005年各区县将财政部3.29亿元“三奖一补”资金用于偿还“普九”欠债，同时，市财政也通过多方努力筹集资金3.3亿元，用于化解“普九”债务的市级补助部分。

（三）按“销号制”和“直接支付”的原则偿还“普九”债务

为确保区县偿债资金落实到位，该市坚持“销号制”原则，即一个“普九”债务项目，先由区县全额清偿，市级审核确认后，再给予补助用于另外的“普九”债务项目清偿，并通过国库集中支付到债权人账户的办法，以分清责任，确保每化解一笔债务，销掉一笔债务。

通过上述举措，2005年重庆市化解“普九”债务10.7亿元，占全市应偿债总额的66.67%，全市化解“普九”负债的工作于2006年全部完成。

二、剔除水分，分类化债

湖北省重点对村级债务进行了清理化解，其主要做法和经验如下：

（一）摸清底数，清理核实

湖北省清理化解乡村债务，首先是从清理化解村级债务开始的。该省制定了化解村级债务的十条政策措施，地方党政领导亲自抓化解乡村债务工作，按照“清查、公示、核定、锁定”的程序和步骤，全面清理村级债务，清查盘点集体资产，张榜公示核查登记，核实债权人，落实债务人，挤掉债务水分，基本摸清了村级债权债务底数。经过清理核实，全省剔除村级不实债权 50.01 亿元，剔除不实债务 23.46 亿元，锁定村组债权总额 109.75 亿元，村均 39.62 万元；债务总额 155.09 亿元，村均 55.93 万元；村均净负债 16.31 万元。

（二）因地制宜，分类化解债务

为做好村级债务化解工作，该省因地制宜，先试点总结经验，通过削减高息减债、清收债权还债、结对抵冲销债、盘活资产还债、发展集体经济化债等办法，多策并举，分类化解村级债务。对村组欠财政、金融部门的债务，如财政周转金、农村综合开发贷款、世行项目贷款等，以及村欠乡镇政府的款项，暂无还债能力的，在协商一致的基础上，制订还款计划，签订还债协议。通过一系列举措，截至 2005 年 5 月底，湖北省通过处置资源、削减高息、结对冲抵、划转债务等措施，化解村级债务 41.69 亿元，占总债务的 23.5%，村均减债 15.04 万元。化债工作做得较好的麻城市，共化解村级债务 14 530.6 万元，占村级总债务的 39.8%；应城市共化解村级债务 5 336万元，村均减债 13.2 万元，占村级债务总额的 30%。

（三）健全制度，规范管理，防止新增债务

1. 完善村级资金、账务“委托双代管”制度。湖北省结合化解村级债务工作，加大了推行村级资金、账务“委托双代管”制度的力度。目前，全省共有 899 个乡镇依托乡镇经管站，组建了农村会计服务中心，有 20 977 个村与会计服务中心签订了委托双代管协议，占村总数的 75.7%。通过推行“委托双代管”制度，变事后审计为事前监督，建立健全各项财务管理制度，加强对村级财务的民主监督，从根本上规范了村级财务管理，杜绝了各种乱开支、乱举债现象。改变了过去村级财务前清后乱、村级债务前化后增的被动局面，从源头上、机制上堵住了新增不良债务的漏洞。

2. 健全村级财务预决算制度。按照“量入为出、以收定支”的管理原则，制定年度财务预算，实行收支两条线管理，收支预算、定项限额管理，控制村开支项目和标准，确保村级组织正常运转。村级严格控制非生产性支出，严格执行国家取消村级招待费的规定，不准列支招待费用。上级组织的会议、教育培训等活动，所需费用由举办者承担，不准向村级收费或摊派。对村级的财政补助资金，及时足额拨付，不得挤占挪用和抵顶农民税费欠款。将有限的村级集体资金用于保村干部报酬发放，保村级组织正常运转。年度村级财务决算情况，及时向村民公示，接受群众监督。

3. 规范兴办村内公益事业行为。兴办村内公益事业，按“一事一议”的原则，充分考虑集体经济的承受能力和农民群众的意愿。村级需要借贷举债的，必须经村民代表会议讨论通过后，报乡镇农村会计服务中心审核把关。未经村民代表会议讨论同意、没有还款能力的，村集体一律不得举债办企业和兴办公益事业。

三、加强管理，探索偿债的长效机制

陕西省永寿县化解乡村债务的主要做法和经验如下：

（一）永寿县乡村债务的基本情况

陕西省永寿县是西部地区一个传统农业大县、经济小县和财政穷县，属于国家扶贫开发工作重点县。2005 年，全县总财力 12 488 万元，其中省级财政对该县财力性补助 10 908 万元，占 87%，地方一般预算收入只有 1 580 万元。截至 2000 年底，永寿县乡村债务 4 793 万元。面对沉重的债务，永寿县从实际出发，于 2000 年对县、乡、村债务进行了清理核实，剔除水分，摸清底数，明确责任。2001 年以来，围绕破解债务这个难题，健全财政制度，加强财务管理，开源节流，成功解决了相当一部分债务，有效化解了社会矛盾，促进了县域经济良性发展。2000 年以来，永寿县基本没有发生新的乡村债务，截至 2005 年底，永寿县累计化解乡村债务 1 800 万元。

（二）永寿县化解债务的主要做法和经验

永寿县化解乡村债务的基本经验是，加强领导、建立有效的工作机制是重要保证，清理核实、摸清债务底数是工作基础。化解乡村债务的基本做法是：把化债工作放到财政工作的大盘子统筹考虑，跳出了“就债务论债务”的理念；通过撤销乡镇金库、取消乡镇政府招待费、建立乡镇财政监督制度等措施，创新财政管理体制，规范政府行为，调整财政支出结构，基本管住了乡镇政府乱收乱花的漏洞；通过实施政府采购、非税收入以票控费、工资统发和村干部定员定岗四大工程，减轻了财政支出压力，筹措了偿债资金，建立了化债激励约束机制和有关部门联动机制。

1. 创新财政管理体制，建立化解债务的长效机制。政府部门和事业单位运行中的大量非正常支出是财政拮据和债务产生的一个重要原因。为建立化解债务的长效机制，有效制止新债产生，永寿县创新财政管理制度，增强财政制度约束。

（1）建立财政督察制度，对乡镇的收支进行全程监督。从2001年起，永寿县建立了乡镇财政督察制度，在每个乡镇派驻一名督察员，对乡镇的收支进行全程监督。未经批准，乡镇不得盖办公楼、不得更换公务车辆，基本杜绝了新生债务。实行这一管理办法后，全县每年可节约公用经费180万元。

（2）撤销了乡镇金库。乡镇金库未撤销前，一些乡镇通过各种关系混库，名义上全县乡镇工商税收年完成455万元，但实际可用财力只有230万元，虚列收入220万元。从2003年元月起撤销了乡镇金库，将乡镇工商税收入缴入县财政金库，从根本上解决了财政虚收的问题。

（3）取消了“乡镇招待费”科目，有效杜绝了乱支乱花。过去，乡镇政府招待费普遍占到乡镇总支出的26%以上。2003年取消“乡镇招待费”科目后，乡镇来客一律在乡镇机关食堂就餐。当年全县仅此一项就节约资金180多万元。

（4）实行政府采购和会计集中核算制度，降低行政运行成本。永寿县先后制定了《财政预算资金拨付审批管理办法》、《行政事业单位财务管理办法》、《党政机关人民团体水电车油电话招待费实行限额控制的试行意见》，对乡镇、部门和单位的公务费、业务费等实行“总额限制，切块包干，超支不补，节余留用”的管理办法，每年节约资金280多万元。重大采购项目一律由县监察局、审计局、政府采购中心三家共同组织实施。5年来共拒付不合理开支150多万元。

（5）严格政府非税收入征管，坚持“收支两条线”管理。政府非税收入属于财政性资金。从2001年起，严格执行“收支两条线”管理制度，对执收执罚部门和单位多头开设银行账户、坐支、截留预算外资金和财政资金进行了全面清理。对非税收入实行“以票统费”，杜绝了执收执罚单位坐收坐支的现象，年增加财政收入60多万元。

（6）对村级干部实行定编、定员、定薪，减少了不必要的开支。该县制定了《关于建立村级干部定编定额定薪保障激励制度的意见》等一系列文件，根据各村规模，对村干部进行了定编、定员、定薪。使村干部职数由原来的1 271人减少到852人，每年工资性报酬支出由原来的257万元减少到148万元，3年累计减少支出327万元。

2. 推进县乡机构管理改革，严格控制人员编制。为了“保工资”，永寿县先后将乡镇教师、乡镇离退休干部、乡镇机关干部和乡镇卫生院职工的工资上划到县级财政，2005年又将村干部报酬也纳入县级财政统管，实现了县、乡、村三级干部职工工资报酬按月及时发放。为了严格控制财政供养人员，减轻财政负担，通过实行“控编通知单”、“编制管理手册”、编制实名制管理等有效措施，严把进人关口，严防机构编制膨胀，解决清退编外人员。积极推进事业单位改革，对公益性事业单位实行财政全额供养；对收入稳定的事业单位实行定额定项补助；对经营性事业单位，退出财政供养范围，走向市场。2001～2005年，通过核编、核人、核资，永寿县共清退不在岗人员、吃空饷人员和临时人员共计556人，年减少经费支出205万元。近3年来，全县机关人员实现了负增长，事业单位实现了零增长。

3. 管好用活上级财政转移支付资金。陕西省建立了“两保两挂”和“三奖一补”政策，加大了对财政困难县的财力补助力度，有力地缓解了永寿县的财政困难，调动了永寿县增收节支、化解债务的积极性。2005年，省级支持该县工资性补助550万元，加上县级财政预算安排590万元，共兑付2000年以前拖欠干部职工工资1 140万元，剩余的549万元，已在2006年全部予以消化。

四、多策并举，积极化债

江苏省化解村级债务的主要做法如下：

江苏省通过“核、冲、收、改、剥、降、议”等七条主要措施（房民和孙国贵，2004），共化解村级不良债务103亿元，占村级债务总额的58.3%，实现零债务的村5 312个，占村总数的25.6%。

（一）“核”

“核”就是清理账目，核减村级不合法不合规债务。村级债务相当一部分是由于村集体账目不健全，村干部违反财经纪律“乱花钱、滥花钱”造成的。为“真实、客观、公正、准确”地理清村级债权债务，许多地方要求行政村在原村民理财小组的基础上，通过村民代表大会选举，成立由7～9名村民代表组成的财务清理小组，对村级已发生的招待费、杂工费等进行认真的清理，并将清理通过的票据交村民代表会议、党员干部会议、村民大会讨论，实行“三次认可，逐级销减”。未经认可核销的，一律采取谁经手、谁负责还款的办法解决。全省仅此一举就核销无效债务13.7亿元，其中镇江市核减虚假债务1.45亿元，占该市村级债务总额的18%。

（二）“冲”

“冲”就是理清村与农户的债权、债务关系，以账冲抵化解债务。对村欠农户、农户欠村、农户互欠形成的三角债甚至多角债，由村认真核实和积极协调，理清关系，办理相关手续，实现村与农户之间多角度冲减债务，把一部分村级债务转化为个人债务。沭阳县通过群众自愿、干部带头、自找对象、相互冲抵方式，共消化村级债务2 900.27万元。

（三）“收”

“收”就是区别情况，回收债权，化解债务。村级既有债务，同时也有债权。据不完全统计，江苏全省改革前债权总额约为150多亿元，债权债务相抵，净债务只有30亿元左右，村均不到9万元。当然，债权债务都属村集体所有，债权多的村不能帮债务多的村抵债。但是，清收数额巨大的债权仍是化解村级债务的一条十分重要的途径。回收债权，化解债务，关键是要严加规范。对清收农村税费尾欠，一是严格界定税费尾欠政策界限，合理的保留，不合理的一律取消；二是明确清收重点，对乡村干部家属、亲戚以及富裕户的税费尾欠，加大清收力度，对困难农户，经群众讨论同意予以减免；三是制定完善地方有关法律法规，实行依法清收，严禁乡村干部上门扒粮抬物强行抵债。工作中，各地主要采取了三条措施：第一，大力清收干部拖欠公款。认真进行宣传教育，动员干部在规定时间内归还借用的公款。对经教育无特殊原因不还公款的，采取行政措施和法律手段相结合的办法强行清债。第二，对拖欠村集体的款项，限期归还，无特殊情况不归还的依法追收。第三，对应交欠款而未交的农户，凡有偿还能力的，要对其做细致的说服教育工作，要求其在规定时间内还清。通过努力，2002年全省回收债权17亿元用于化解债务。

（四）“改”

“改”就是积极推进农村产权制度改革，盘活集体资源、资产化解债务。一是抓好农业承包合同的完善，对村内经营项目，一律实行招标承包或拍卖使用权；对荒滩、废地、河沟、渔塘等资源实行拍卖使用权；属于集体的“四旁”（沟、路、桥、地）植树实行拍卖所有权。二是认真经营好集体资产，将集体的闲置资产，采取出售、租赁、承包、开发等多种形式盘活，实现保值增值。三是对小型农田水利、机电排灌等基础设施管理进行改制，实行“公退民进”。通过这些措施，全省增加化债资金 7.6 亿元，且逐步引进了新的发展机制。江苏省射阳县共有小型排灌站 1 650 座，到 2002 年底改制 1 460 座，不仅盘活了集体存量资产 1 200 多万元，每年还节省修建、维护费 120 万多元。

（五）“剥”

“剥”就是将企业债务从村级债务中剥离出来。村级债务沉重，不少是在村村办厂、组组冒烟，盲目发展村组企业中形成的。村级兴办企业举债或贷款，约占全省村级债务总额的 40%。苏州、无锡等苏南经济发达地区这类债务比重较大。在化解村级债务中，苏州、无锡等市明晰产权，严格界定债权、债务关系，采取“谁家的孩子谁抱走”的办法，将企业债务从村级债务中剥离出来，由企业自行承担，仅此一项，就化解村级债务 36% 左右。

（六）“降”

“降”就是对高息债务降息抵债。不少地方村级财务管理混乱，高息举债现象比较普遍。一般的借债利息在 20% ~ 30%，高的接近 50%。由于债权人往往是村干部的亲朋好友，“干部亲友得利，集体利益受损”的问题比较突出。针对这个问题，不少地方规定，村级过去的高息借贷，从借款之日起严格按照金融部门规定的同期同档利率计算，由乡镇确认，统一换据挂账，已多付的利息，抵冲所借债务。至 2001 年底，全省共降息减息近 8 000 万元，不仅抵冲了部分老债，而且也减少了新债的产生。

（七）“议”

“议”就是经群众讨论评议，用“一事一议”筹资或“两工”化解债务。村级债务中确有一部分是村级组织兴办村级道路、农田水利设施等生产公益事业项目形成的。兴办这些项目，村民是受益的。对于这些债务，许多地方坚持做到“老债不还清，新事不兴办”，经群众讨论决定，将“一事一议”筹资或一定数量的“两工”按规定的工价折成现金，用于化解村级债务。

五、其他有代表性的化解乡村债务经验

（一）清理核实，明确责任，“挤掉”水分

安徽省合肥市自 2003 年 3 月以来，由市纪委牵头，财政、监察、审计、农委等部门参加，按照“摸清情况，分别对待，立足教育，着眼防范，自

查自纠从宽，被查被纠从严，组织处理从宽，经济处理从严”的要求，在全市开展了乡镇财务清理工作。财务清理的重点是白条发票、基建工程项目款和票据。主要内容包括：乡镇财政收支情况及其真实性、合法性、合规性；债权债务情况；财务票据的使用与管理；资金“收支两条线”、账务零户统管制度的执行情况；乡镇长“一支笔”审批；专项资金和各种集资款的使用；资产管理和干部借用公款公物；截留、挤占村级资金和农民所得款项；乡镇兴办已停产、倒闭企业的财务收支及债权债务；乡镇干部挪用、贪污公款及其他违纪违法等十个方面的情况。通过清理核实乡镇财务，进一步弄清了乡镇债权债务情况，挤干了“水分”，规范了债权债务的管理。全市共清理百元以上白条发票14多万张，涉及金额7.7亿元，核销近3亿元不实债务，占债务总额的30%。该市肥西县烟墩乡原有债务899.9万元，经过清理核实，只有51.8万元，核减94.3%。事实证明，清理乡镇财务，对于挤掉乡镇债务“水分”是行之有效的办法，是化解乡村债务的基础和前提，不但不会影响基层政府的正常工作和农村稳定的大局，而且还通过群众参与、民主评议、财务公开、规范管理等工作，促进乡镇各项工作的开展。

（二）回收债权减债

吉林省前郭县制订了《化解村级债务暂行办法》，对村级债权的回收区分不同情况采取不同的办法：债务人生活确实困难，无能力一次还清的，可制订还款计划，按计划还款；债务人有能力偿还但拒不偿还的，必须依法清收；债务人一次还清欠款的，可减免上一年利息。通过上述措施，该县两年清收乡级债权200多万元，村级债权600多万元，用于偿还债务。

重庆市一些区县针对不同的债权，区别不同情况组织追收。一是对机关、事业单位干部职工的欠款，采取工资抵扣和行政纪律约束等措施，要求一次性全额回收，对长期占用单位、集体资金不还的，视为挪用公款，依法依纪处理；二是对其他个人和单位欠款，运用法律手段依法追收；三是对农户的欠款，属于农村税费改革前的税费尾欠，按照国家统一规定，采取先挂账，暂停清收，以后再处理的办法；四是设置专门账户，专项管理回收欠款，镇级资金存入镇财政专户，村级资金存入村集体资金专户，专门用于偿还乡村债务。

（三）降息减债和豁免减债

为解决高利贷问题，一些地方，如重庆市荣昌县在制止新的高息借款的同时，采取有效措施，将现有借款利息降低到银行同期贷款利息水平。严禁利滚利，对已按利滚利计算而未结算的要予以剔除；已经结算的抵顶欠款本金，相应减少债务数额。村办企业向银行、信用社贷款形成的不良债务，可按照国家有关法律、法规的规定，向有关金融机构申请办理停息挂账或核销。银行、信用社按照政策规定，积极帮助村级组织化解债务。福建省福鼎市到2001年底，乡村两级向社会个人高息借款形成的债务达1 821.75万元。该市要求各乡村一律按照国家有关金融政策的规定，限制高利贷，明确要求借款利息不得转为本金，不得重复计息，欠职工的款项不得支付利息。经过两年多的努力，乡村的高息借债已全部还清。黑龙江省对村级借用的财政周转金，确无能力偿还的，按有关规定申请豁免。2004年以来，采取豁免财政周转金的办法化解乡级债务1.4亿元。

（四）节约开支偿债，冲转化债

湖南省长沙县将全县494个村调整为238个，因此减少村级行政支出100万元，减少村干部报酬及人员经费500万元。重庆市通过调整行政区划和村社建制，减少乡镇249个，减少村3 011个，精简乡镇人员28 551人，减少村社干部29 579人，并实行了村级财务委托代理制，加强村集体经济监督管理，实行村级订阅报刊费用“限额制”，有效控制了非生产性开支。

内蒙古自治区兴安盟在2001年的乡镇机构改革中，全盟共撤并12个苏木乡镇，分流乡镇党政机关干部369人，事业单位干部1 051人，每年可减少财政支出494.5万元。该盟突泉县对三角债、多角债，采取“个人自愿，各方到场，干部带头，当面转账，完善手续”的办法，经双方履约签字后，互相冲转抵账、化解债务266.4万元。同时，按照“谁举债、谁偿还，谁受益、谁负担”的原则，重新核定债务承担主体，剥离不该由村集体和乡镇政府承担的债务17.3万元。

湖北省老河口市进行乡镇领导干部职务消费货币化改革试点，对乡镇领导干部的职务消费核定项目、总量和个人标准，将通讯费、交通费、差旅费、接待费等费用量化到人，实行货币化发放，包干使用。2004年老河口市10个乡镇办领导干部职务消费总额352万元，比改革前3年平均支出减少了199万元，减幅达37%。

（五）盘活资产，发展经济化债

通过对长期闲置和经营不善的资产进行开发利用、租赁拍卖，并通过发展经济、增加收入偿还债务。如吉林省前郭县通过拍卖资源性资产的使用权，偿还债务2 000多万元，拍卖生产性资产偿还债务1 000多万元。该县长龙乡将村里的机电井、果园等公开拍卖、竞价承包，所得收入 143.2 万元全部用于偿还债务。重庆市九龙坡区华岩镇石堰村将综合厂、灰粉厂等企业转卖后筹得近 2 000 万元偿债资金。荣昌县 2004 年通过发展经济增收化解乡镇债务 513 万元。

河南省温县杨垒镇西留石村螺钉厂倒闭多年，拖欠焦作市资产评估公司 14 万元债务，经充分协商，用股权抵债务，债权方接受后，及时注入了资金，使该厂恢复了生产。该镇杨垒村将已停产的村办轴瓦厂的库存产品抵顶群众集资和工人工资 10 万元，并将机器设备公开向社会拍卖，将拍卖收入 22.3 万元用于偿还群众集资，并利用轴瓦厂闲置场地引进了电动车生产线，不仅化解了乡村债务，而且将一个倒闭企业转化为两个新厂。

（六）从源头和机制上制止新债

北京市通过加大公共财政投入等多种方式，防止产生新的乡村债务。2005 年市级政府投资中，投向远郊区县的比例达到 50.1%，农村基础设施和公共事业更多地纳入各级财政的支持范围，设立了村级公益事业专项补助资金，特别是坚决防止在推进新农村建设中盲目攀比、大拆大建，财政支持农村公共事业的长效机制逐步确立，对防止产生新债起到了积极作用。

黑龙江省为严格防止乡镇新债发生，制定了“十不准”制度。湖北省在全省范围内推行村级资金、账户委托乡镇“双代管”制度，从体制上堵住了新增债务的漏洞。湖南省将债务增减情况列入干部政绩考核范围，对不按规定决策、脱离实际、盲目举债的乡镇干部，严肃追究责任。重庆市确定荣昌、九龙坡、云阳三个区县作为乡村债务监测试点区县，实行定期（按季度）报表和重大问题随时报告制度，及时掌握不良债务变化情况和原因，探索防范和化解债务的对策措施。

内蒙古自治区兴安盟从创新管理体制入手，筑牢乡村产生新债的防线。一是实行“村财民理乡代管”的管理体制，取消村社会计，由当地乡镇政府面向社会招聘并实行跨村委派会计。仅此一项，全盟精简村会计 815 人，每年减少村级支出 201.9 万元。二是实行“乡财县管”财政管理方式。从年初起，取消乡级金库，建立健全了“预算共编、账户统设、集中收付、采购统办、票据统管、人员统派、工资统发”的管理制度，对乡镇财政实行集中统一管理和监督，并采取“统一票据，现场确认，乡镇法人代表、财务清理业务负责人、债权债务人三方签字”的办法，对乡镇债权债务进行核定，规范文书档案，统一纳入旗县市财政局微机控管。三是建立了建设项目和财务审批责任制。各乡镇举债建项目须经县级批准，否则一律按“谁批准、谁负责，谁举债、谁偿还”的原则追究责任，从源头上预防和杜绝了各乡镇新的债务发生。

六、清理化解乡村债务的几点经验

各地在清理化解乡村债务的实践中，不断探索，大胆尝试，改革创新，积累了许多经验，值得总结。

（一）领导重视是关键

1. 各级党政领导重视是关键，充分认识到不良债务对经济社会健康发展产生的危害与隐患，树立制止新债，偿还旧债也是政绩的观念，摈弃新官不理旧账的思想，实行领导负责制。同时，县乡政府要树立过紧日子的思想，不等不靠，立足自己消赤减债。

2. 相关部门认识上要统一，将清理化债工作列入议事日程，在政策措施上出实招，工作上精心组织，建立分工合作、运转协调、行之有效的工作机制。

（二）制止新债是前提

解决乡村债务的当务之急是控制新债。

1. 防止新农村建设产生大量新债务。在推进新农村建设中，要突出农民的主体地位，注重实效，把化解乡村债务工作与新农村建设结合起来。

2. 防止进行城镇建设、修路建桥等公益事业中产生大量新的债务。应规范政府行为，防止前任“政绩”变为后任包袱，没有资金来源的项目不准开工，对新建项目在资金预算上足额安排，不搞“钓鱼”工程。

3. 加强政府借债管理，保证项目实施效益和还本付息能力，防范政府债务风险。

（三）创新体制是根本

实践证明，造成乡村大量负债的一个重要原因是乡村财政财务缺少有效的监管机制，一些非正常支出导致财政拮据和产生大量债务。要有效制止新债，逐步偿还旧债，就必须创新体制，改革和完善乡镇财政和村级财务管理制度，规范乡镇政府和村级组织利益主体和政策主体行为，建立制止乡村新债和化解旧债的长效机制。

（四）摸清底数是基础

化解乡村债务必须清理债权债务，包括历年拖欠工程款、农业税、乡统筹和村提留尾欠等。债权、债务要逐笔核实，审计确认，挤掉“水分”，落实到债权、债务主体。通过经济、行政、法律等手段清收债权，坚决清理行政机关、事业单位干部职工拖欠的公款。

（五）实行奖补是动力

对义务教育、交通、水利等公共财政范畴的政府性、公益性债务，应明确地方政府是责任主体，实行政府分级负担偿还资金的办法，制定化债时间表，分批处理，逐年消化。应建立奖励约束机制，上级政府对基层化解债务给予奖励或补助，以调动基层化解债务的积极性。

（六）确定程序是关键

乡村债务规模巨大，化解工作不可能一蹴而就，必须分清轻重缓急，确立化解乡村债务项目的优先顺序，抓住重点，用几年或更长时间逐步化解。首先从公益性特征明显、群众最关心、对社会影响较大、政策较清楚、已经成为历史的债务项目入手。如义务教育负债涉及千家万户的利益，关系基本国策的执行，同时教育负债是由于国家政策原因造成的，政策界限比较清晰，应优先解决。

第六节 处理乡村债务的基本原则和思路

乡村债务是一个历史遗留问题，是长期以来城乡发展不协调、各种矛盾和问题积累的结果，其数额大、范围广、形成原因复杂，已成为当前农村经济社会生活中的一个突出矛盾和难点问题，也是引发农民负担反弹、影响农村社会稳定和经济健康发展的重大隐患。处理不当，势必引发社会不稳定，破坏农村和谐社会建设，阻碍农村经济发展，影响社会主义新农村建设和小康社会建设的进程。因此，应高度重视，妥善处理。

中央十分重视乡村债务问题。在《国务院关于做好2004年深化农村税费改革试点工作的通知》中，对解决乡村债务问题提出了原则要求，即制止新债，摸清底数，明确责任，分类处理，逐步化解。2005年对制止发生新的乡村债务提出了“约法三章”和“两项制度”，即各地一律不得对乡镇下达招商引资的指标，乡镇政府一律不得举债搞建设，乡镇政府一律不得为经济活动提供担保，实行新债责任追究制度和乡村干部离任审计制度。

树立正确的政绩观，改革基层干部考核体系，把制止新债和化解旧债作为考核乡村干部任期目标和工作实绩的主要内容；纠正乡镇经济管理中的不规范行为，从源头上防止新的乡村债务发生。2006年进一步提出，各地要对乡村债务进行清理核实，选择部分县（市）开展化解乡村债务试点。清理化解乡村债务工作的总体思路是：全面贯彻落实科学发展观，树立正确的政绩观，建立健全管理规章制度，完善公共财政管理体制和农村金融管理体制，坚决制止发生新的乡村债务；强化审计和监督检查，在全面清理的基础上，逐步建立偿债专项资金和化解旧债激励机制，根据债务来源和用途，分别采取不同的处理办法，积极稳妥地开展化解乡村债务工作。

一、积极开展试点，总结化债经验

乡村债务成因非常复杂，既有历史原因，又有现实原因；既有政策原因，又有管理原因；既有体制因素，也有机制弊端。乡村债务问题不可能在短期内采取一两项措施就能够完全解决，需要一个较长的过程。因此，目前处理乡村债务问题的重点应是在调研的基础上积极开展清理化解试点，创造积累经验。制止新债、清理化解旧债是当前农村工作的一项重要任务。债是地方基层借的，化解责任也主要在地方。应充分认识制止新债、清理化解旧债的重要性和紧迫性，高度重视，把制止新债、化解旧债作为落实科学发展观、树立正确政绩观的重要内容，摆上重要议事日程。建立领导责任制和部门分工负责制，主要领导要亲自抓、负总责。目前，从各地职能部门管理分工来看，乡级债务管理主要是财政部门负责，村级债务管理主要由农业部门负责。在清理债务的过程中，除财政、农业部门外，金融、税务、审计、人事、组织、监察等有关部门也要参加，各司其职，各负其责。要明确专门机构、职责和人员，负责组织开展乡村债务的清理化解工作。综合运用法律、经济和行政手段，把清理化解乡村债务工作与推进新农村建设、和谐社会建设、加强农村基层组织建设、推进农村基层民主，以及实行政务公开、村务公开结合起来，制订方案，综合治理。积极探索清理化解乡村债务的措施和办法，为全面清理化解乡村债务工作探索路子，积累经验。

二、严格要求，坚决制止发生新的不良债务

（一）纠正乡镇行政主体经济管理中的不规范行为

纠正乡镇行政主体经济管理活动中的不规范行为，从源头上防止新的乡

村债务发生。在政策主体层面，国家应作出更严厉的规定。

1. 不得以任何名义向金融机构申请贷款弥补收支缺口，金融机构也不得随意向基层政府提供贷款，否则损失自负。

2. 不得为企业贷款提供担保或抵押，凡以政府部门担保的，金融机构一律不予放贷。

3. 不得采取由施工企业垫付资金等方式搞建设项目，否则企业自负责任。

4. 不得举债兴建工程，凡建设资金不落实，上级主管部门不批准建设项目计划。

5. 明令取消安排基础设施建设项目，从中央到地方层层配套资金的政策规定。

6. 不得滞留、挪用对村级组织的补助资金，一经发现以违反财经纪律论处。

7. 不得举债发放公职人员工资、津贴、补贴及解决办公经费不足。

8. 严肃财经纪律，对随意增加非经常性支出的，坚决查处，以儆效尤。

9. 乡镇政府之间不得“买税卖税”、虚增或隐瞒财政收入。

（二）加强和完善村务管理

村级组织即村民委员会是依据我国《宪法》和《村民委员会组织法》的规定，由农民通过直接民主选举产生的村民自治组织，以适应农村交通、信息、管理、服务等新的形势变化，努力提高管理和服务能力，管理好村内公共事务，办好村内公益事业。为避免村级组织负债运转，应采取以下措施：

1. 精简人员，压缩开支。按照村面积、人员等指标确定村组干部职数，精兵简政，严格按照村级干部定额补贴标准控制支出，压缩一切不合理开支。

2. 村委会不得以任何名义从金融机构贷款或为集体企业提供担保，严禁借（贷）款垫付各种税费和用于村级支出。

3. 加强村级财务管理和村务公开、民主理财制度，完善村民议事制度，重点抓好民主管理和财务公开、债权债务管理、资产台账等制度建设。

4. 完善村内公益事业建设“一事一议”制度和村民筹资筹劳财政奖补制度，促进村内生产、公益事业的发展。兴办公益事业应坚持量入为出的原则，有多少钱办多少事，严格按规定程序办事，不得超出“一事一议”上限控制标准，不能借债兴办公益事业。

（三）加大财政支持力度，减轻基层负担

1. 改革和完善乡镇财政管理体制，加大上级政府对乡镇的财政转移支付力度，切实保障乡镇机构运转和人员工资发放。

2. 对县级以上地方各级人民政府及其有关部门安排的涉及乡村基础设施建设和农业生产开发项目，必须足额安排资金，不留有缺口，不应要求乡镇政府和村级组织安排项目配套资金；取消要求乡村和农民出钱出物的达标升级和检查评比验收活动；取消对乡镇下达不切实际的财政收入指令性计划；不对乡镇下达招商引资指标，不纳入干部政绩考核范围；不以调整农业结构等名义强令村级组织完成种养计划和技术推广任务；不允许有关方面向村级组织摊派报刊、书籍征订任务。

三、核实底数，锁定旧债

农村税费改革后，随着减轻农民负担一系列政策措施的落实，乡级政府和村级组织原有的一些违规还债渠道逐步被堵死，乡村债务问题愈发严重。全国究竟有多少乡村债务，尚没有进行过全国范围的乡村债务清理统计，没有一个准确的数据，以至于社会上有多个不同的数据。全国乡村债务的规模、结构等情况有待进一步清理核实。因此，各地应对历年债务加强审计，逐笔核实，严格确认。对虚假债务应全部剔除，挤掉水分，锁定旧债。在清理旧债的基础上，根据债务用途、来源和形成原因界定性质，划分类别（财政部科研所课题组，2004）。适时在全国范围内全面清理乡村债务，以摸清底数，落实债权债务主体，界定性质，分清责任，研究提出分类处理的政策建议。

四、明确责任，分类处理

从政府与债权人关系的角度分类，可以将乡村负债区分为直接负债和或有负债两大类。前者的负债主体直接就是政府，后者的负债主体是国有机构，但政府负连带责任。因此，从债务最终归宿角度看，这两类债务没有根本区别。如果我们把乡村企业的脆弱性考虑进来的话，可以说或有负债转化为直接负债的概率是相当大的。过去，乡镇企业负债就有相当部分在企业改制过程中转变成为乡镇政府债务。把乡村债务区分为直接负债和或有负债两类的现实政策意义在于界定政府偿付债务的先后顺序和政府承担责任的大小。

在全面清理核实的基础上，首先界定性质，明确责任，确定化解次序。一般来说，应优先解决个人债务，特别是涉农债务，如义务教育债务、乡村干部垫缴农业税等公益性债务；先解决机构正常运转赤字，再解决建设负债问题。其次，通过盘活现有资产和发展经济等途径，自我消化，化解部分债务。再次，根据乡村债务的来源、用途、性质和形成原因，研究提出分类处理的办法。具体措施如下：

（一）多策并举，化解乡村债务

1. 清欠还债。通过宣传教育、干部带头等方式，加大欠款清收力度，用于偿还债务。

2. 节支还债。严格财务审批程序，重点控制报刊费、电话费、招待费、购车费、出差补贴等非生产性支出，节约资金用于还债。

3. 盘活资产还债。乡镇机构改革过程中撤并乡村，对闲置的土地、房产等国有资产和集体资产，能够变现或实行经营租赁的，积极盘活闲置资产变现还债。

4. 通过发展还债。农村债务的最终化解，最根本的还是要靠农村经济的发展。应加大政策倾斜和财政投入力度，支持基层因地制宜地发展特色经济，组织动员农户推进农业规模化生产和产业化经营，大力发展农村经济，用新增收入来偿债，逐步解决村级债务问题。

（二）按照债务的不同来源，制订相应的化解措施

1. 个人借款。债权人和债务人应从实际出发，协商解决借款归还问题。对高息集资借款超过法定利息的部分，应依法予以削减；对规定范围以内的，也可以采取协商免息、停息等办法处理。在村级债务中，可用村集体与个人之间债权债务相互冲抵。

2. 金融机构借款。采取市场化方式，严格遵守《商业银行法》、《担保法》和《票据法》等有关法律规定，明确债权债务的截止日期，按国家利息政策规定确定利息债务。订立归还计划，明确归还资金来源。对于乡镇政府和村级组织的贷款、担保和抵押等形成债务的处理，应依法合规，维护社会诚信，防止任何变相的逃债行为。对于以乡村干部个人名义承贷用于乡村公益事业建设的银行、信用社贷款，应确认乡镇政府或村民委员会承担的责任。对贷款中涉及农民负担的债务，应统筹考虑，既要让确实贷了款的农户承担应尽的还款责任，又要防止把不该分摊的债务分摊给农民。

3. 农村合作基金会借款。对农村合作基金会的债权清收，应逐笔明确

到责任人。对有能力还款而拒不还款的，运用法律手段回收；对暂无还款能力的，经金融部门批准，可签订还款计划分期还款或延期 3～5 年偿还。

4. 财政周转金借款。应按照 1998 年财政部《关于财政周转金呆账处理规定》，研究适当延长还款期限，制订还款计划，分期逐步偿还，对确实不能收回的财政周转金及时开展核销工作，列入呆账处理。

（三）按照债务的不同用途，研究相应的化解办法

1. 兴办企业形成的债务。按照《商业银行法》、《担保法》及其他有关法律、法规的规定，按照"谁举债、谁偿还"的原则落实偿还责任。乡镇政府和村委会直接或间接开办的企业，按照有关规定尽快脱钩。所办企业倒闭形成的债务，不能转嫁给农民。积极推进农村产权制度改革，盘活企业存量资产，所得收入按法律规定偿还债务。面临倒闭的企业，应依法申请破产，按《企业破产法》的有关规定，进行清产核资、破产清算，清偿债务。切实防止企业借破产倒闭之机逃避金融机构债务。

2. 农村教育"普六"、"普九"形成的债务。在认真清理核实的基础上，可考虑统一划转教育部门，由教育部门统一负责化解，制订相应的还款计划。地方各级政府安排资金，中央建立奖励约束机制，对地方给予补助，调动地方化债积极性。

3. 乡村举办公益事业形成的债务。应区分责任主体，乡镇举债办公益事业形成的债务，乡镇政府要制订分期偿还计划，分批归还。对村级举办公益事业形成的债务，应认真摸清底数，区别情况，分清性质，研究采取不同的化解措施。

4. 农村税费尾欠形成的债务。由于各地具体情况复杂，形成原因各异，不宜全国统一组织清理，应将是否清理尾欠的权限放到省级人民政府，由其根据当地实际情况，制订相应的化解措施。原则上对农村税费改革前发生的农村税费尾欠登记造册，不再清收，据此核销相应债务。对农村税费改革后新发生的农业税尾欠，应看其是否符合减免政策规定，不符合减免条件的应制订还款计划，依法逐步清收。

（四）通过体制创新和机制创新化解债务

1. 建立清理化解乡村债务的激励机制。为了调动基层化解乡村债务的积极性，应建立化债激励约束机制，中央和省级财政根据基层清理化解乡村债务情况，通过"奖励补助"的方式，对清理化解乡村债务成效明显的县给予适当奖励，激励和支持地方清理化解乡村债务工作，重点支持地方化解公益性债务。

2. 建立偿债基金。为筹集化解乡村债务资金，使其有一个相对稳定的资金来源，在坚持“谁举债、谁偿还”原则、明确基层偿债责任的前提下，应允许具备条件的地方，在每年一般性财政转移支付资金和自有财力中划出一定比例资金建立偿债基金，逐年清偿乡村债务。

五、建立健全债务监督长效机制，确保乡村债务不反弹

（一）改革基层干部考核体系

不同的干部考核激励机制，会对干部产生不同的导向作用。乡村债务大量出现并呈不断增长趋势，与干部考核指标设计不科学不合理有很大关系。乡村干部应树立科学发展观和正确政绩观。衡量乡村干部政绩，应主要看党和国家的方针政策是否得到全面贯彻落实，当地社会是否进步并保持稳定，公共服务是否到位，老百姓基本生活是否得到保障并逐年提高，农民合法权益是否得到保护等，不宜一味考核当地的GDP和财政收入增长。树立不借新债、减少旧债也是政绩的观念，把制止新债、化解旧债作为考核乡镇干部任期目标和工作成绩的重要内容。合理设置乡村机构，适当精简县乡村机构和人员。应该由县级直接管理的职能上收到县，乡镇及其站所承担的社会化服务职能可交给中介组织承办，或者把相关站所直接改为中介组织或者行业协会。通过重新设计县乡行政管理体制，精简机构和人员，相应减少县乡财政支出。

（二）改革和完善县乡财政管理体制

我国《预算法》规定，一级政府一级财政。明确各级政府财政体制的关键是划分政府事权，赋予与事权相适应的财权。世界上许多国家试图逐步从关注收入分配转向关注政府支出事权的划分，使政府间支出事权划分与财政收入的划分相匹配，做到事权与财权相匹配。一方面，有利于防止各级政府在财政支出责任上相互推诿扯皮，导致政府主导政策难以真正付诸实施；另一方面，避免基层政府承担过多事务，而缺乏有效的财力保障。近年来，我国也在努力划分各级政府事权与财力，以保证宏观决策的科学性。在地方财政体制改革过程中，按照“缺口留在县以上，财力向下倾斜”的原则，改革和完善县乡财政管理体制。积极稳妥地推行“省直管县”财政管理体制改革和“乡财县管乡用”财政管理方式改革。对于经济欠发达、财政收入规模较小的乡镇，财政支出可由县级财政统筹安排。进一步明确县乡财政职能和支出范围，优化支出结构，将农村义务教育、计划生育、优抚和乡级

道路建设等农村公益事业经费，列入县乡财政支出范围，增加农村教育、卫生、社保、文化、水利、农业技术推广等投入。村级组织因取消“乡统筹村提留费”减少的收入，乡镇以上财政应给予必要补助，保证村级正常运转经费需要。各级政府负责提供辖区内的地方公共物品是我国政府间划分事权的基本原则，这需解决好两个问题：一是各级政府事权应具体化，不宜笼而统之，减少由各级政府共担的事权，尽量不重复交叉，避免由多级政府共担事权而引起事权下移、财权上移问题的产生。这也是国际经验之一。二是事权属地化与相应财力的提供。在划分各级政府的事权时，需比较完整、精确计算履行事权的成本。这是一个复杂的问题，特别是像我国这样有五级政府的大国，要严格划分各级政府间的事权和财权是件很难的事情，有关部门曾经努力为之，但均没有一个满意的结果。作为最基层的政府，乡镇要把基本国策（教育、计划生育、环境保护等）落到实处，提供治安、区内道路、公共卫生、社会保障等多种公共物品，有时甚至还要兼顾上级政府的各项事权（如国防、外交），但履行这么多事权，究竟需要多少资金，似乎没有人从标准化角度进行过计算。很显然，在这种事权与财权不对称的条件下，乡镇政府履行事权只能想方设法举债。由于这也是体制机制造成的，导致基层借债而长期不还债，最终把事权事实上推给上级政府，负债后可迫使上级政府加大财政转移支付（白景明等，2004），造成中央与地方政府以及地方政府之间权力和利益上的博弈。所以，应增加信息对称性，在提高财政透明度的基础上，综合考虑所在县的人均可用财力、农民人均纯收入、人均农村义务教育基本公用经费标准等因素，按因素法核定对县市财政转移支付总量，从而减少乡镇政府借债数量。

（三）建立健全村级财务制度，规范资金管理

一些地区实行“乡财县管”财政管理方式改革后，乡镇财政逐步丧失其作为一级财政，或者说不是一级完整的财政的职能。在国家行政管理体制未调整之前，财政体制改革可以说是先行一步，“乡财县管乡用”可作为一种过渡模式来处理乡镇财政与县级财政之间的关系。如果把乡镇政府改为县级政府派出机构，并不意味着原乡村政府功能的大幅度削弱，相反可以在精简机构、转变职能、提高效能等方面迈出实质性步伐，改革后乡村干部依然要承担起管理公共事务的职责，只是行为方式和本地政策的确定要在县级政府的统一部署下进行。这种改革是消除乡村过度负债的根本性制度措施，可以因地制宜地加快预算管理制度和财政收支制度的改革创新。积极创新农村

财务管理和会计任用制度，实行村财乡代管、支出审批、限额管理、离任审计等制度。对会计人员实行公开招聘、统一委派、统一管理，使农村财务管理工作逐步制度化、规范化。在中短期内，建立完善的乡镇政府债务管理和审批制度。多头审批、多头举债一直是造成乡村债务不清、控制不力的主要原因。因此，控制债务必须抓制度建设，建立和完善乡村债务控制和审批制度。一是明确县乡财政部门作为乡村债务主管部门，对乡村借贷行为实行"上管一级、扎口管理"，即村级借债报乡镇财政审批，乡镇借债报县级财政部门审批。二是所有的乡村举债都必须经过县乡财政部门审查登记，报政府办公会议批准后实施。举债的同时，需要考虑还债渠道和资金来源，做到有借有还。三是将乡村债务控制和减债目标纳入对乡村领导干部的政绩考核范围，增强债务风险意识和责任意识。

（四）建立乡村举借债务的法律制度

按照建立公共财政体制的要求，财政收入的方式和数量、财政支出的去向和规模都必须以法制为基础。政府预算应该保持透明和公开化，不允许有不受监督、游离于预算之外的政府收支。财政税务部门应该总揽政府收支（高培勇，2003）。《中共中央关于完善社会主义市场经济体制若干问题的决定》已经明确了预算管理制度和财政收支制度的改革方向。近年来，地方在规范政府收支行为、清理和规范行政事业性收费、实行综合预算或全口径预算管理、国库集中收付、强化预算全程监管的制衡机制建设等方面，也进行了积极的改革探索。应适时修订《预算法》及实施细则，对地方政府举借债务作出规定，建立正常的举债审批和登记备案制度，严格控制新增债务，并将政府债务作为向同级人民代表大会报告的一个重要内容，形成必要的监督机制。

（五）严肃查处涉及乡村债务的违纪违法行为

目前，为了有效控制乡村债务的恶性膨胀，国家建立了乡村新债责任追究和领导干部离任债务审计制度。对乡村干部在任期内违反规定发生新债的，要追究乡村主要负责人的责任，视情节轻重和数额大小，给予相应的纪律处分，并依法追究其经济和行政责任。在所借债务未化解之前，乡镇主要负责人不得被提拔重用，不得异地任职；对在规定期限内不能化解新债的负责人，要予以免职或责令辞职。对以举债为名从中牟利的乡村干部，要责令其将所得款项全部退回，并视情节轻重给予相应的纪律处分，构成犯罪的，移送司法机关处理。这些制度的实施，规范了政府行为，对干部随意举债形成有力的约束。

（六）建立债务监控体系，跟踪掌握乡村债务动态

研究建立乡镇政府债务警戒线，监控和评估乡镇政府负债及其总体风险，增强乡镇政府的债务风险意识，建立科学的乡镇债务控制制度。

1. 建立乡镇债务风险评价体系。控制乡镇债务风险，必须建立一个相对合理的乡镇债务监控评价体系。根据乡镇经济发展水平和现实的偿债能力，按照乡镇债务与可用财力的比值由低到高划分为无风险、低风险、高风险、超高风险四个等级，作为乡镇债务评价和控制的依据。

2. 建立债务预警机制和风险控制制度。建立乡镇债务预警机制，乡镇财政部门应当定期通报乡镇债务状况，当债务接近高风险指标时，应及时通报政府和有关部门。建立县乡财政风险披露制度，应该包括三方面内容：政府各部门向政府财政部门的披露，下级政府向上级政府的披露，以及政府财政部门向人大的定期披露。县乡财政风险披露要与财政收入规模的比较结合起来，以便完整地反映县乡财政风险的程度。根据乡镇债务的风险等级，采取相应的债务控制政策和措施：对无风险乡镇实行正常债务登记审批管理；对低风险乡镇实行适当从紧的债务控制管理；对债务指标达到高风险或超高风险标准的乡镇，应当提高其审批级次，实行黄牌警告，限其在一定期限内不得举债。

第五章 关于我国农村公共产品供给机制问题研究

中共十七届三中全会通过的《决定》指出，要切实保障农民权益，始终把实现好、维护好、发展好广大农民的根本利益作为农村一切工作的出发点和落脚点。促进城乡统筹发展，加快解决“三农”问题，创新农村公共产品供给机制是新时期统筹城乡协调发展的重要举措，这既是一个收入分配问题，也是一个社会管理问题。随着经济社会的发展，需要通过改革完善收入分配和社会管理制度，规范分配行为，化解社会矛盾，维护农民权益，促进社会公平正义。本专题从农村公共产品理论、农村公共产品的特殊性、当前供给的状况和问题、地方的探索实践等方面，对我国农村公共产品供给进行研究分析，提出创新我国农村公共产品供给机制的政策建议。

第一节 农村公共产品供给理论分析

一、农村公共产品的一般理论

（一）农村公共产品的概念

界定农村公共产品的概念，有利于我们确定农村不同产品的性质，进而明确其不同的供给主体及责任。农村公共产品是公共产品的重要组成部分，相对于农村私人产品而言，具有公共产品非竞争性和非排他性两个重要特性（布茂勇和魏庆山，2005）。它是指在农村地域范围内由农村居民公共消费和享用的公共物品或公共服务，涉及农村公共设施、公共事业、公共福利等各个领域，主要包括农村义务教育、计划生育、优抚救济、社会保障、社会治安、文化、卫生防疫、体育等社会事业，供水、供电、道路、环卫等公共基础设施，生态环境建设、防灾减灾、气象、科技与服务、病虫害防治、行政、法律和社区服务等。

（二）农村公共产品的分类

农村公共产品可以从不同的角度进行分类。

1. 按照农村公共产品的性质来分，可分为农村纯公共产品和准公共产品。在现实生活中，一些农村产品是介于纯公共产品与私人产品之间，很难严格区分其属性，它们以混合公共产品的形式存在，具有不完全的非竞争性与非排他性。

2. 按照需求的层次分类，可分为为农民提供基本生存需要的公共产品和农民维持简单再生产和基本发展所需要的公共产品。为农民提供基本生存需要的公共产品，如就业服务和社会保障等基本民生性公共产品、农民生产生活所需要的公益性基础设施和生态环境等公益基础性公共产品。农民维持简单再生产和基本发展所需要的公共产品，如义务教育、公共卫生、基本医疗和公共文化等公共事业性公共产品，以及生产安全、消费安全、社会安全、食品安全、国防安全等公共安全性公共产品。

3. 按农村公共产品受益的范围分类，可分为全国性公共产品和地方性公共产品。全国性农村公共产品受益范围覆盖到全国，如全国性的水土保持，长江、黄河等大江大河大湖的治理，全国性的禽流感防治等疫病防控。地方性农村公共产品受益范围局限于某一区域，可细分为省、市、县以及乡村级公共产品，如湖南、湖北、江西等省血吸虫病防治等。

（三）农村公共产品的供给理论简述

一般来说，涉及农村公共产品供给有关的理论主要包括公共选择理论、公平供给理论和基层优先供给理论。

1. 公共选择理论。公共产品顾名思义是公众大家享用的物品，公共产品的供给责任主体是政府。政府要履行职责，为公众提供其需要的公共产品，就应该充分尊重大众的需求，听取公众的意见，由公众来共同选择确定，把决策权交给民众。从农村来讲，政府首先必须知道农民、农村、农业究竟需要什么样的公共产品、需要多少、成本费用及其如何分摊等，这就需要将千差万别的个人偏好集中为统一的社会偏好，集中的过程亦即公共选择的过程。公共选择一般通过投票的方式进行，采取全体制或代表制。具体有两种方式，即一致同意规则和多数同意规则。实践中运用较多的是多数同意规则，即一个方案必须获得约定多数票的赞同才能通过。我国有乡村人口9亿多，2.5亿个农户，不同地区、每个农民对公共需要的意愿各不一样，如何建立一个能够反映广大农民意愿诉求（偏好）的表达和决策机制，成为完善农村公共产品供给体制的迫切要求。

2. 农村公共产品公平供给原则。公共产品最优供给理论认为，所有的居民包括农民和其他公民，只要是纳税人，都应享有大致平等的公共产品，不允许区别对待，厚此薄彼，在公共产品供给上，城乡之间、地区之间、不同群体之间出现过大差别。

3. 农村公共产品由基层政府或公共组织优先提供的原则。即公共产品的提供应主要由地方政府，特别是与民众最接近的政府来完成，同时还要积极发挥非政府组织的作用，发挥他们的优势，以优化资源配置，提高运行效率，降低办事成本。

二、我国农村公共产品的特殊性

（一）农业生产的特殊性使其具有明显的公共性

农业是我国国民经济的基础，是一个特殊的产业。农业提供粮食、蔬菜、油料、果类等人类赖以生存与发展最基本的、无可取代的必需品，并为二、三产业提供原材料。随着农业劳动生产率的提高，农业还为其他非农部门提供最基本的、不可缺少的劳动力资源。但由于农业是弱质产业，面临自然和市场双重风险，客观上要求社会予以弥补和照顾。从本质上看，这并不是非农社会对于农业生产予以额外的恩赐，而是非农社会为了维持本身的存在和发展，不得不付出的必要成本，这种成本具有一定的公共产品性质。从经济社会发展的一般规律来看，往往在发展初期，都是靠农业进行原始积累支持工业发展，当工业发展到一定阶段，国民经济体系基本确立，国家经济实力达到一定水平后，再用工业发展成果来反哺农业，用城市发展成果来支持农村。我国也不例外地走着这样一条发展道路。新中国成立初期，国民经济频于崩溃边沿，为了尽快摆脱当时敌对国的封锁，优先发展工业，特别是重工业，其建设资源主要来自农业，为此农民作出了重大牺牲。因此，进入新世纪新阶段后，我国经济实力不断增强，适时实施“工业反哺农业、城市支持农村”的政策，在理论上是讲得通的，在实践上也是必要的。

（二）我国特有的经营方式使得农民对公共产品具有较强的依赖性

在社会主义初级阶段，我国农村实行以家庭承包经营为基础、统分结合的双层经营体制。由于历史和自然的原因，以一家一户作为生产基本单位，生产经营分散、规模小、组织化程度低，很难像发达市场经济国家那样，可以利用市场集中度和规模化生产将新技术推广，生产条件改善，农产品储存、加工、运输、销售等某些公共事务内部化，因而我国农民对政府提供公共产品有着强烈的依赖（黄志冲，2000）。比如，农业基础设施具有公共物品的属性，无法通过市场方式来供应，必须由政府提供；农业新技术、新品种的研发、运用、推广，在工业中完全可以表现为企业行为，但在我国农村，农业新技术、新品种推广之初，由于大多数农民文化水平较低，对技术信任度低，造成需求不足，推广者面临市场风险，导致推广困难。这些事务如果没有政府的扶持而让私人来承办，就办不起来，所以在一定程度上成为公共产品，需要政府来提供，或者由政府给予政策扶持，由其他法人和社会组织来承担。

（三）农民支付公共品成本能力的弱势性

一般来说，私人财富和收入效应影响着公共产品的属性和公共性的程度。在我国，农民收入总体水平偏低，与城市居民收入相差较大。2008 年、2009 年全国农民人均纯收入分别为 4 761 元、5 153 元，城镇居民人均收入分别为 15 781 元、17 175 元，城乡居民收入比分别为 1∶3. 32 和 1∶3. 33。并且，近年来城乡居民的收入差距呈扩大趋势（见表 5 – 1）。

表 5 – 1　城乡居民家庭人均收入对比表

年份	农村居民人均纯收入（元）	城镇居民人均可支配收入（元）	城乡居民收入比
1978	133. 6	343. 4	2. 57∶1
1980	191. 3	477. 6	2. 5∶1
1985	397. 6	739. 1	1. 86∶1
1989	601. 5	1 373. 9	2. 28∶1
1990	686. 3	1 510. 2	2. 2∶1
1991	708. 6	1 700. 6	2. 4∶1
1992	784	2 026. 6	2. 58∶1
1993	921. 6	2 577. 4	2. 8∶1
1994	1 221	3 496. 2	2. 86∶1

续表

年份	农村居民人均纯收入（元）	城镇居民人均可支配收入（元）	城乡居民收入比
1995	1 577.7	4 283	2.71:1
1996	1 926.1	4 838.9	2.51:1
1997	2 090.1	5 160.3	2.47:1
1998	2 162	5 425.1	2.51:1
1999	2 210.3	5 854	2.65:1
2000	2 253.4	6 280	2.79:1
2001	2 366.4	6 859.6	2.9:1
2002	2 475.6	7 703	3.11:1
2003	2 622.2	8 472	3.23:1
2004	2 936.4	9 422	3.21:1
2005	3 254.9	10 493	3.22:1
2006	3 587	11 759.5	3.28:1
2007	4 140.4	13 786	3.33:1
2008	4 760.6	15 781	3.31:1
2009	5 153	17 175	3.33:1

注：本表数据来源于国家统计局各年统计年鉴，中国统计出版社出版。

我国村民委员会属于村民自治组织，过去的村集体经济组织名存实亡，大部分地区农村集体经济组织没有或很少有收入来源，大部分村都是“空壳村”，难以为本组织成员提供公共产品和服务，在收入水平的制约下，农民处于弱势地位，支付能力低，很难完全承担所需公共产品或公益产品的成本，农村公共产品或公益产品的需求较为短缺，政府满足农村公共产品供给需求任重道远。

（四）打破城乡二元结构，统筹城乡公共产品供给压力大

我国长期形成的城乡二元经济社会结构，不仅影响了农村发展和农民增收，还对农村公共产品供给制度产生了重大影响，使得城乡公共产品供给范围和保障水平差距较大。目前，受传统观念影响和体制机制惯性作用，城乡二元结构并未完全打破，国民收入分配向农村、向民生倾斜的大政方针定了，但具体措施并未真正落到实处，突出表现在劳动力、金融、土地等农村要素资源市场体系不健全，农村发展缺乏动力和活力。同时，农村公共产品

历史欠账多，基础设施和公益事业发展滞后，所需投入很大，故推进农村改革、创新农村公共产品供给机制、均衡城乡公共产品的压力较大。

第二节

我国农村公共产品供给的现状和问题

党和政府历来十分重视“三农”工作，将其作为全党工作的重中之重。2004～2010年中央连续出台7个1号文件，着力解决“三农”问题。各级财政不断加大投入力度，据财政部有关统计资料显示，2003～2008年，中央财政用于“三农”的支出累计为2.2万亿元，2009年财政“三农”支出达到7 253亿元，比上年增长21.8%。支出内容覆盖农村基础设施、农业生产、农业技术、农村教育、卫生、文化、社会保障、生态补偿等领域（见表5－2）。

表5－2　　2009年中央财政“三农”支出情况

	数额（亿元）	增长（%）
中央财政“三农”支出合计	7 253.1	21.8
支持农业生产	2 679.2	17.7
产粮大县	175	6.1
生猪调出大县奖励资金	21	
小型病险水库专项治理资金	80	25
小型农田水利设施建设补助资金	47.3	53.6
农业保险保费补助资金	59.7	－1.3
农业综合开发	165	29.9
财政扶贫资金	197.3	17.9
退耕还林补助	141	
现代农业发展资金	65	20.4
畜禽良种补贴	9.9	65
测土配方施肥补助	15	25
农业技术推广资金	14	70.7
农民专业合作组织补助	5	66.7

续表

	数额（亿元）	增长（%）
农业科技成果转让资金	4	33.3
渔民转产及渔业资源保护补助	3	114.3
村级公益事业一事一议奖补资金	10	
农业科技补助	57	21.3
森林生态效益补偿基金	52.5	50
农村节能减排补助	10	
中西部重点中小河流治理补助经费	20	
汽车下乡补助	50	
农民培训补助	19	18.8
农业农村基本建设等支出	1 458.5	9.8
对农民补贴	1 274.5	23.7
粮食直补	151	
农资综合直补	795	11
农机购置补贴	130	225
农作物良种推广补贴	198.5	60.9
支持农村社会事业发展	2 723.2	31.4
农村教育	888.7	17.5
农村文化	43	17.5
农村医疗卫生	433.5	34.5
农民生活最低生活保障补助	216	130.8
新型农村社会养老保险补助	30	
农村救济支出	105	69.4
农村危房改造补助经费	25	
家电下乡经费	200	900
农村税费改革支出	782	
农产品价格补贴等支出	576.2	

注：本表数据来源于财政部统计资料。

政府对“三农”投入保持了较快增长势头，农村公共产品供给有了较快发展，突出表现为：

1. 农村交通条件得到改善。2003～2007年国家投入大量资金进行农村公路建设，国家征收车辆购置税中投入农村公路建设的资金1 022.4亿元、国债资金303亿元，带动地方共计完成农村公路建设投资6 486亿元。全国新改建农村公路130万公里，其中，沥青（水泥）路88.7万公里，是建国头53年建成沥青（水泥）路的2.7倍。2 512个乡（镇）、8.6万个建制村通了公路；5 801个乡（镇）、16.5万个建制村通了沥青和水泥路。

2. 农村水利建设步伐加快。1997～2008年，全国累计投入农田水利基本建设资金476亿元，其中，中央投资268亿元，地方各级投入208亿元。全国有效灌溉面积达到57 078千公顷，30万亩以上大型灌区285处，有效灌溉面积14 612千公顷。节水工程灌溉面积达到22 426千公顷，其中，渠道防渗节灌面积9 594千公顷，低压管灌溉面积为5 264千公顷，喷滴灌和渗灌面积3 578千公顷，集雨节灌等其他工程节水灌溉面积3 990千公顷。

3. 农村信息基础设施建设进一步强化。目前，全国97%的乡镇具备互联网接入条件，92%的乡镇开通宽带，全国各类涉农网站超过6 000个。整合电话网、电视网、电脑网优势而形成的“三电合一”综合信息服务平台已扩展到100多个县，为农民提供了有效的生产生活信息，初步解决了农民看书难、看戏难、看电影难的问题，丰富了群众业余文化生活。

4. 农村沼气得到发展。2003～2007年，国家安排55亿元国债资金在4.8万个村建设573万户沼气，安排9 285万元建设98处大中型沼气工程。在国债项目的带动下，农村沼气由示范推广进入加快普及阶段，呈现出良好的发展局面。

5. 农村教育得到发展。2005年国家启动了农村义务教育经费保障机制改革，将农村义务教育全面纳入公共财政保障范围，逐步建立中央和地方分项目、按比例分担的农村义务教育经费保障机制，从而结束了过去农村教育农民办的历史。

6. 农村医疗保障和服务得到改善。新型农村合作医疗制度已基本覆盖全国农村，农民参合率达到95%以上，受益农民超过8亿人；覆盖县乡村三级医疗卫生服务网络和疾病预防控制体系基本建立健全；农村医疗救助制度得到发展。

7. 农村社会保障制度取得突破。2008年，全国10%的县建立农村新型社会保障制度；2010年，23%以上县实行了这项制度；2011年达到40%，甚至更高比例。按照中央统一部署，2020年的目标是覆盖到全国农村，如果条件具备，可能提前实现。截至目前，农村最低生活保障制度和五保人员供养制度已全面建立，失地农民和进城农民工社会保障工作也取得明显进展。

与此同时也要看到，目前我国农村公共产品供给还存在总量短缺、质量不高、体制不顺、决策机制不科学、供给结构不合理、供求矛盾突出等问题。农村日益增长的公共产品需求同供应严重不足已成为当前农村经济社会发展中面临的一个主要矛盾。其主要表现为：

1. 公共财政的覆盖范围和力度不够。农业生产基础设施仍然薄弱，突出表现为农田水利设施建设和维护严重滞后，农业科技支撑不足，动植物疫病防控体系不健全等；农民生活设施落后，突出表现为农村一些地方饮水安全问题突出，农民行路难，中西部地区的电力设施还比较落后，农民生产用水价格过高；农村义务教育办学条件差，突出表现为目前城乡义务教育发展不平衡、受教育机会不平等问题仍很突出；基本医疗服务城乡差距过大，突出表现为农村卫生事业发展依然滞后，农民医疗保障水平较低，一些地方看病难、看病贵没有得到根本缓解，一些贫困家庭仍然存在无钱就医，小病扛、大病拖、重病等死的现象；农村社会安全网络建设滞后，突出表现为农村养老保险覆盖面较低，进城务工和被征地农民就业和再就业困难，面临诸多社会风险。

2. 农村公共产品的有效供给机制尚未完全形成。一方面，各级政府之间以及政府和市场主体之间在农村公共产品供给责任上划分不尽合理，农民缺乏表达公共产品需求的畅通渠道和有效机制。在广大农村地区，各种合作专业服务组织缺乏，规范化程度低，社会参与力弱。过去长期以来形成的农村公共基础设施建设供给“自上而下”的决策机制，对分散耕作的农民来说，缺乏有效表达实际需求的通道，往往是上面说了算。

3. 农村公共产品的长效投入保障机制尚不健全。突出表现为农村公共产品投入缺乏稳定渠道，地区间经济发展差异大，省市县乡财力不均衡。在实际运行过程中，各地省以下财政体制不一，存在着收入向上集中、事权向下转移的现象，基层政府，尤其是中西部地区基层政府提供基本公共产品能力较弱，导致不同地区公共产品保障水平参差不齐。

4. 农村公共产品投入决策机制不科学。受计划经济管理机制惯性的影响，国家有关部门在安排农村公共产品建设项目时，一般都采取自上而下的分配办法，即从中央到地方层层确定建设项目，再由地方从下到上层层申请建设项目。导致需求与供给之间信息不对称，政府提供的不一定是农民需要的或者至少不是急需的，农民急需的政府又没有安排。这种项目决策机制不科学，导致建设项目安排脱离实际，造成跑上级要钱、“跑部钱进”等现象，导致资金浪费，甚至滋生腐败。

5. 城乡二元结构尚未完全打破，进一步导致农村公共产品供给不足。由于历史原因，当前城乡二元结构造成的深层次矛盾仍十分突出，比如城乡分割的户籍制度、医疗保障制度、社会福利制度等。彻底打破城乡二元结构、实现城乡基本公共产品和公共服务均等化还有相当长的路要走。

第三节

各地创新农村公共产品供给机制的做法和经验

一、海南省构建农业科技110服务体系

针对农民科技服务供需矛盾大的问题，海南省发挥政府主导作用，建设系统服务网络，调动农业、科技、公安、教育、电信等各方力量，应用先进服务手段，建立农业110社会服务体系，有效地解决了农民农业生产难题，深受农民欢迎。据调查了解，截至2008年9月，海南农业110服务体系已建成省市县指挥中心23个，服务站171个，服务点439个，覆盖全省80%以上乡镇。2008年上半年，全省农业110系统受理农民求助28.7万多人次，举办业务培训班2 237期，培训技术人员和农民近20万人次，举办科技下乡915场次，参与群众41.2万人次，发放技术资料68.4万册（份），受益农民96万多人。

二、湖北省实行农村公共产品供给“以钱养事”机制

近年来，湖北省为了有效提供农村公共服务品，建立了农村公益性服务“以钱养事”新机制，即创新乡镇事业单位管理体制和运行机制，在单位转变性质、人员转变身份、全员参加养老保险的前提下，加大财政投入力度，实行“政府采购、花钱买服务”。比如，过去农村打防疫针，每年财政将费用拨付给有关部门就完了，至于防疫针是否打了、打了多少、效果怎样，没有人跟踪问效。实行“以钱养事”新机制后，财政用于公益性服务的经费

实行“资金随着项目走”，变过去“养人办事”为“办事养人”，防疫部门为牲畜打完防疫针后，老百姓签字认可并作出评价，财政部门审核后拨付资金，将绩效挂钩。同时，防疫部门不按行政区划设置，可跨乡镇设置，不划定服务区域，可跨乡镇服务，形成竞争态势，拓宽了公益性服务空间，使社会资源得到优化配置，有效提高了服务质量，一批新型的涉农服务组织应运而生，焕发出生机和活力。

三、建立农村便民服务中心

为了加强基层政权组织建设，提高乡镇行政效能和为民服务水平，方便群众办事，近几年来，江西、内蒙古、江苏、安徽、陕西等省份通过整合行政资源，在不增加编制和人员的情况下，以乡镇为单位或跨乡镇按区域设置为民服务中心，将县乡一些与民生有关的行政审批事项、证照办理、税费缴纳、领取款项等事务集中在中心办理，有关部门如公安、工商、税务、财政、计生、国土、农技、水利、林业、社保、畜牧兽医等在中心设置办公窗口，实行集中办公、一站式服务。即时能办的当时办，当日不能办的限时办，乡镇中心能办的就地办，需报县级办的代理办。让老百姓在一个地方、一定时间把想办的事情办完。解决过去老百姓办事“门难进、脸难看、事难办”的问题，方便了百姓，密切了干群关系。

四、统筹城乡发展，建设农村新社区

河南、山东等省在推进统筹城乡发展和建设社会主义新农村过程中，积极探索农村新社区建设。综合考虑土地利用、城乡建设、产业布局、人口分布，编制中心城市、小城镇、产业集聚区、农村新社区几个层级的城乡空间布局规划，统筹城乡发展规划、产业布局、基础设施、公共服务、劳动就业、社会管理，通过加快人口、产业、生产要素聚集，推动公共资源向农村覆盖，逐步实现农民居住环境、公共服务、劳动就业、消费方式等城市化。比如，河南新乡市在一些具备条件的地区，通过规划撤并行政村，整理改造村庄，建立农村新社区，政府投入支持其基础设施和公共服务配套设施建设，每个社区投入1 000万元。启动新社区建设须经村民大会或代表会议2/3以上成员或代表同意，充分考虑农民承受能力，尊重农民意愿，靠政策引导，不搞强迫命令。在政策上主要有两方面的优惠：一是给自愿到新社区入住的农户办理居住地城镇户口并享受养老保险和城市低保，劳动力优先安

排到产业聚集区就业，代缴3年农村医保个人应缴部分保险费，免收住房建设各类收费；二是对在新区建房的农户免费提供住宅户型图样，帮助联系3~5万元银行贷款并给予贴息，补助10~25吨水泥等。由于条件优厚，老百姓一般只需投入7~8万元即可在新区建房。建新拆旧，旧宅复垦，不仅减少了农村过去存在的一户多宅，超标准甚至滥占耕地建房问题，节约了土地，而且减轻了农民建房负担，改善了农民居住条件和生活环境。同时，在新社区修建各种生活服务设施，农业社会化服务体系也日益健全，规模化、机械化生产水平提高，加之新区建设与农产品加工、农村商业服务发展相结合，农户入住新区从事二、三产业的人数增多，家庭收入结构和生产状况得到明显改善。农村社区化成为今后新农村建设的一种重要形式。

五、开展村级公益事业“一事一议”财政奖补试点

农村税费改革前，村级公益事业建设主要依靠向农民收取村提留和“两工”解决，农村税费改革取消村提留和“两工”后，村级公益事业建设由农民通过一事一议筹资筹劳解决。但由于这是项新制度，乡村干部和广大农民群众都有一个适应的过程，需要相互磨合，加之相关配套措施不完善，没有发挥应有的作用，工作缺乏推动力，农民积极性调动不起来，出现“事难议、议难决、决难行”的现象，村级公益事业建设投入总体上呈下滑趋势。据测算，近年来，农民在村内公益事业建设项目筹资筹劳上减少约100亿个工日，如果一个工日按10元计算，共减少投入1 000亿元左右。针对这一问题，自2004年开始，黑龙江率先开展农村公益事业建设“一事一议”财政奖补试点。在总结地方经验的基础上，2008年中央决定在黑龙江、河北、云南三省和其他省份部分地区开展村级公益事业建设“一事一议”筹资筹劳财政奖补试点工作，建立以政府财政资金为引导、以农民筹资筹劳为基础、以社会捐资赞助为补充的村级公益事业建设新机制，取得了较好的成效。调动了地方政府和农民的积极性，带动了农村投入，改善了农民生产生活条件，扩大了农村内需，增强了基层民主管理能力，受到社会各方面的好评。

这项制度实施的成功原因在于，运用决策机制理论，对政府在农村公益事业建设项目决策过程进行了根本改革，即将过去“由上而下”决策变为“由下而上决策”，农民由被动接受变为主动申请，从而调动了他们的积极性、主动性和建设热情。具体决策程序见图5-1（第一阶段：项目建设申请）和图5-2（第二阶段：财政奖补申请）。

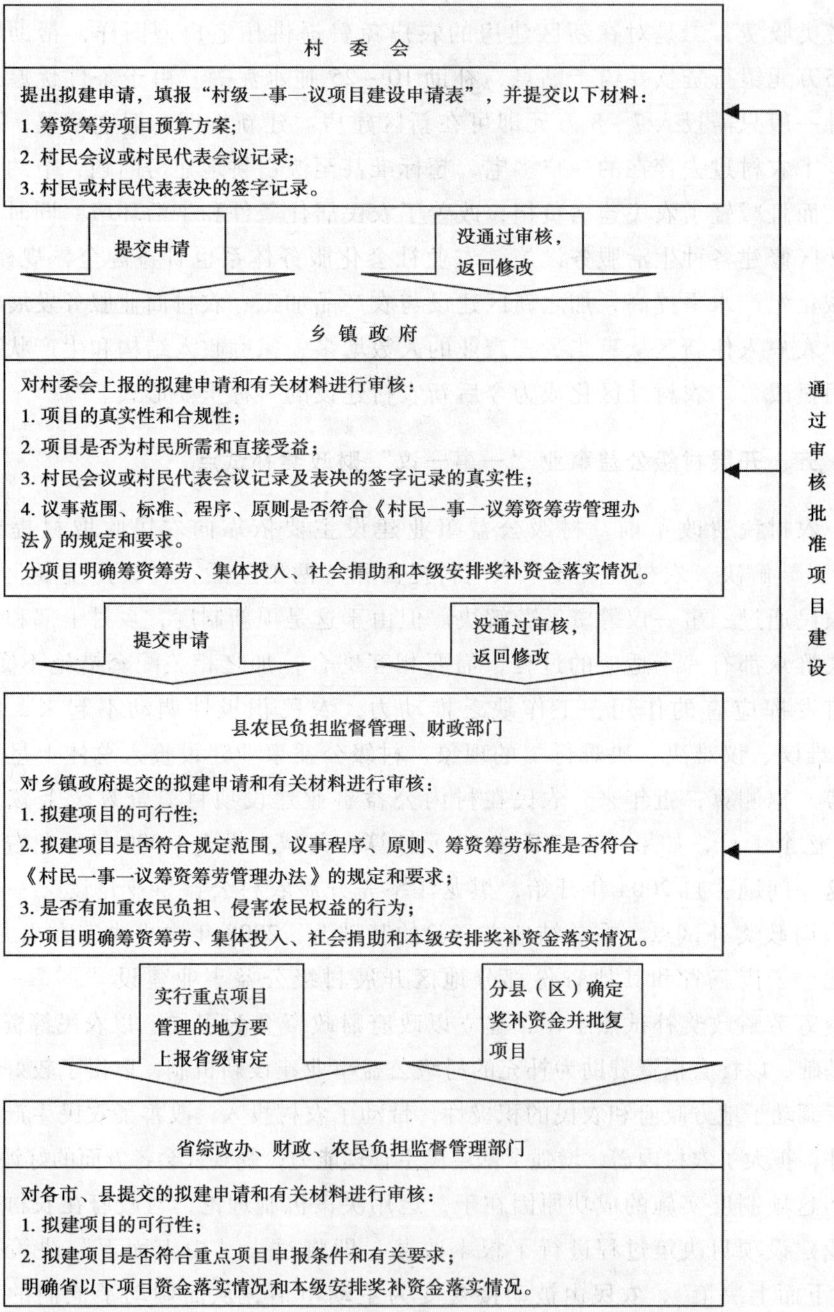

图 5－1 村级“一事一议”财政奖补项目决策程序流程图——第一阶段

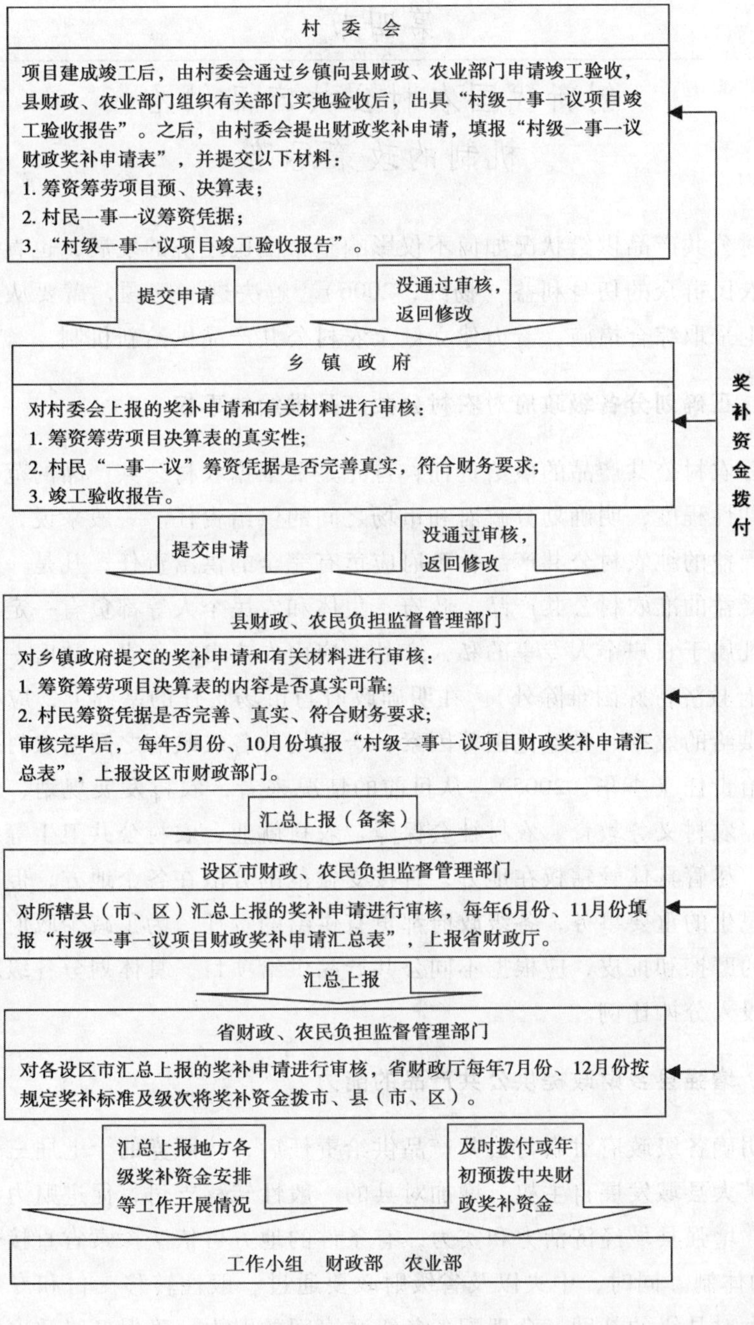

图5－2　村级“一事一议”财政奖补项目决策程序流程图——第二阶段

第四节

创新我国农村公共产品供给机制的政策思路

农村公共产品供给状况如何不仅影响整个国民经济的发展，也直接关系到广大农民群众的切身利益（杨红，2006）。解决这一问题，需要从上层制度设计上采取综合措施，着力建立健全农村公共产品供给新机制。

一、正确划分各级政府对农村公共产品供给的事权

划分农村公共产品的供给责任，首先是要根据农村公共产品的范围、种类和公共性程度，明确划分政府和市场之间的供给责任。一般来说，凡是全体农民受益的纯农村公共产品，政府应负有完全的供给责任；凡是一定范围内农民受益的准农村公共产品，政府、集体和农民个人等都负有一定的供给责任；凡属于农户个人专享的私人产品，应由农户自行负责，政府一般不介入（政府救济特殊困难除外）。在明确政府与市场责任的基础上，应根据公共产品供给的效率、受益范围等因素，合理划分各级政府之间对农村公共产品的供给责任（李华，2005）。从目前的情况来看，农村发展规划、农业基础设施、农村义务教育、农村社会保障、农村就业、农村公共卫生等农村公共产品，尽管具体管辖权在地方，直接受益范围分散在各个地方，但都是关系国计民生的重要事务，各级政府都负有供给的责任。为了减少政府间事权划分上的磨擦和扯皮，应根据不同公共产品供给项目，具体划分各级政府的责任和投入分摊比例。

二、增强县乡财政提供公共产品的能力

在明确各级政府对农村公共产品供给责任后，按照党的十七届三中全会精神，扩大县域发展自主权，增加对县的一般性转移支付，促进财力与事权相匹配，增强县域经济活力和实力，有条件的地方可依法探索省直接管理县（市）的体制。同时，中央以及省级财政要通过一般性转移支付和专项转移支付加大对县级的补助，合理配备各级政府间的财力，确保各级政府都有提供公共产品供给的财力，有效履行职能。地方政府事权和支出责任确定后，

其为实现事权需要的资金来源可以是多级的，可以是本级收入，也可以与上级政府转移支付共同投入。在目前情况下，我国大部分农村公共产品由县乡基层财政负责提供，这从理论上讲是可行的、经济的，但由于基层财政普遍困难，造成农村公共产品供给总体不足，因此，需要建立县级基本财力保障机制，加大中央和省级财政对县乡财政转移支付和对村级组织补助的力度，增强基层政府提供公共产品的能力。

三、加快以民生为重点的农村公共产品供给

科学发展观要求以人为本，着力维护好、发展好、实现好最广大人民群众的切身利益。因此，创新农村公共产品供给机制需要突出重点，着重解决关系广大农民群众切身利益的民生问题。具体来说，要通过着力改革和完善体制，加大财政投入，加快改善农村道路、农田水利等基础设施状况，提高农民教育、医疗、社保、文化等社会事业发展水平，以及完善农业科技推广、农产品质量检验、动植物疫病防控等为农服务体系（陈朋，2006）。今后一个时期，以扩大内需为主将是我国经济发展的战略选择，农村市场前景广阔，扩大内需、拉动投资和消费潜力在农村，投资的重点和难点也在农村。因此，应以此为契机，调整投资结构，完善政策制度，加快以民生为重点的农村公共产品供给机制建设。

四、构建农村公共产品多元主体供给制度

通过创新农村公共产品供给机制，吸引更多的社会资金投入农村，构建农村公共产品的多元主体供给制度。

（一）坚持纯农村公共产品由政府投入

通过调整国民收入分配结构，政府在再分配环节发挥主导作用，合理调整分配地方各级政府之间的事权和财力，增强县乡两级政府自主支配财力，分阶段、分步骤实现纯农村公共产品政府供给，逐步实现城乡统筹发展、区域协调发展、农村地区内部平衡发展。

（二）准农村公共产品实施混合供给制度

在供给模式上积极创新，出台放宽价格管制、动用财政补贴、贷款贴息等优惠政策，鼓励营利性组织和私人参与农村准公共产品的供给。比如，引入社会中介组织开展准公共产品供给的设计论证、工程监理和绩效评估等。

（三）积极探索农村公共产品的供给模式

无论是纯农村公共产品还是准农村公共产品，都可以在政府主导或政策引导下，充分利用各种社会组织，采取单一或混合的供给方式，优化农村公共产品的配置，以保证供给的有效和节约。比如，对一些农村公共产品供给，可尝试采用 BOT（建设—经营—转让）、PPP（公共—私人—伙伴）等多种经营模式，引导社会力量提供农村公共产品，降低政府供给成本，减小政府不必要的工作量。

五、完善财政支农资金管理使用方式

目前，农村公共产品供给既存在总量不足的问题，也存在使用效益不高的问题，需要采取有针对性的措施加以解决。

（一）继续深化支农资金整合改革

对现有农村政府性资金，应按照"存量优化、增量整合"的原则进行整合。所谓"存量优化"，是指对现有的支农资金，在管理主体、投入渠道不变的情况下，优化使用和管理，提高资金使用效益。所谓"增量整合"，是指对新增支农资金，应根据新的形势要求，打破部门切块管理、各自为政的做法，由政府统筹安排。坚持以县为主进行整合，创新财政管理方式。从制度设计上促进形成县级支农资金整合的内在机制和动力，切实改变支农资金管理分散、使用效益低下的状况。

（二）创新支农资金使用方式

应打破过去计划经济时期形成的由政府部门统一安排项目，层层申请，政府大包大揽的做法。通过政府以奖代补、民办公助、政府贴息等方式，形成制度平台和工作机制，调动社会投入的积极性，发挥财政资金四两拨千斤的功效，吸引信贷资金、工商资本、民间资本投入农村。

（三）建立中央与地方支农投入分担机制

这是创新财政支农投入机制的重要内容。应抓紧探索建立支农资金分级投入和管理机制，明确各级政府投入责任，逐步实现支农事权与财力的统一。比如，村级公益事业建设与农民生产生活直接相关，受益面广，具有较强的公益性，属于准公共产品，政府、村集体经济组织和农民都有建设的责任。建立农村公益事业建设财政奖补制度，政府对农民筹资投劳搞公益项目给予一定比例的奖励补助，由中央和地方各级财政进行分担。同时，鼓励企业、社会捐资赞助，有效调动中央与地方、国家与农民、政府与社会各方面的积极性。这种投入模式符合中国农村实际，受到了广大农民群众的衷心拥护，得到基层政府的普遍认同，赢得社会的一致好评。

六、改革农村公共产品供给决策机制

决策机制的正确与否直接关系到政策的效果。长期以来，受计划经济体制的影响，我国公共产品供给决策始终没有摆脱“从上到下、项目决策、下达指标、逐级申请、层层审批”的阴影。这种机制造成上下信息不对称，上面安排的不一定是下面需要的，下面需要的上面不一定安排，决策失灵失效，政策缺乏透明度。农村公共产品供给决策机制也不例外，实践证明，这种决策机制已经不能适应农村发展的需要和农民的要求，必须加以改革完善。改革的核心是将决策权下放，中央管理大政方针、管原则要求、管投入总盘子、管项目申报范围、管监督检查。将项目审批权下放，一般项目的审批由县级人民政府负责，重大项目的审批由省级人民政府负责，具体搞什么项目，由基层去决策，交由老百姓去民主决定（黄丽华，2008）。发挥基层接近民众、了解民情的优势作用，体现民主决策、民主管理、民主监督的要求，让农民有充分的话语权、知情权。涉及村级的项目，由村民大会或者村民代表大会讨论决定，通过乡镇审核上报县级人民政府批准；涉及乡镇的项目，由乡镇根据发展规划和实际需要，提出项目计划报县级审批，重大项目（一定数额投资规模以上项目）报省级人民政府审批。这样，把项目决策由过去从中央到地方政府部门层层决定，变为由基层政府或村民集体在一定额度内自主决策，层层上报上级批复拨款，减少项目决策失误，增强项目投入的有效性。

第六章 关于农村行政管理体制改革问题研究

农民、农村、农业即“三农”问题，是我国经济社会发展的基本问题，也是建设社会主义新农村、全面建设小康社会必须解决的首要问题。2000年以来进行的农村税费改革，对于解放农村社会生产力、促进农民减负增收、刺激农村经济社会发展、缓解社会收入分配过分悬殊等，起到了直接而巨大的推动作用。从历史角度看，这是我们中华民族有史以来最直接、最普遍、最受农民欢迎的民生大政。2006 年在全国范围取消农业税，使农村税费改革进入到农村综合改革的新阶段。随着农村社会发展形势的不断变化，现行农村行政管理体制的弊端日益显现，已经成为进一步解决“三农”问题的障碍，必须对当前的地方行政管理体制，特别是县乡行政管理体制进行改革，以建立适应社会主义市场经济发展要求的农村行政管理体制（李文良等，2003）。

为了巩固农村税费改革成果，防止农民负担反弹，这一次的改革必须突破两个怪圈，即在农民负担方面，突破“黄宗羲定律”的怪圈，避免出现历史上农民税赋减免改革最后演变成农民负担增加的结果；在机构改革方面，突破“帕金森定律”的怪圈，防止机构改革“精简—膨胀—再精简—再膨胀”的情况发生（贾康，2004）。因此，如何以科学发展观为指导，结合具体的国情，适应取消农业税改革新形势，提出我国农村行政管理体制改革方案，建立与社会主义市场经济相适应的农村行政管理体制，为建设社会主义新农村提供体制保障，是解决“三农”问题的重要环节，也是本专题研究的基本出发点。

第一节

我国县乡行政管理体制的现状与问题

我国的农村一般来讲指县及其以下管辖区域，县、乡两级政府是我国现行行政管理体制的基础层级，因而也称基层政府。我国是一个政府主导型的市场经济国家，政府对经济社会的发展具有重大宏观决策影响力（黄维健和隋丽，2010）。县乡基层政府是政府管理农村的窗口，与老百姓联系最紧密，利益关系最直接，因而历史上把县官称为父母官。随着国家工业化、城镇化、现代化的不断发展，社会转型不断推进和改革发展的不断深入，农村行政管理体制也需要与时俱进，根据新的形势变化进行相应的改革。政府机构的设置和职能定位，直接关系政策主体和利益主体之间的行为规范，反映政府执政能力和行政运行效果。

一、当前我国政府机构行政层级设置状况

我国的行政管理体制为典型的层级制。国家行政设置为五层制，即政府机构设置从中央到地方为五级：中央人民政府（国务院）为第一级；省（自治区、直辖市）为第二级；省辖市、地区行政公署（省的派出机构）、自治州（盟）为第三级；县、县级市（市辖区、自治旗）为第四级；乡（自治乡）、镇为第五级。一般将五个政府层级简称为中央、省、地、县、乡。据《民政部2004年民政事业发展统计报告》，截至2004年年底，全国有省级行政区34个，其中，23个省，5个自治区，4个直辖市，2个特别行政区；337个地市级行政区，其中，50个地区（州、盟），287个地级市；县级行政区2 862个，其中，1636个县（自治县、旗、自治旗、特区和林区），县级市374个，市辖县级区852个；乡镇级行政区37 334个，其中，镇19 883个，乡17 451个。

（一）我国县乡政府设置情况

我国县域范围内聚集着10.8亿人口，占全国人口的83%。县域经济总量占全国的比重超过50%。县乡基层政权在推动经济发展、维持社会稳定和促进社会进步方面担负着重要使命。我国现行县乡政府机构设置是按照计

划经济时代“包罗万象”、“无限责任”的政府职能要求设计的，政治、经济、文化、社会发展管理职能与机构一应俱全。

目前，我国2 862个县级政府，每个县内设管理机构平均60个。县级均设置党委、政府、人大、纪检、政协五大班子。除县级外，县级机构一般下设发展改革、财政、经贸、人事、宣传、教育、文化、体育、卫生、科技、县志、国资、工商、税务、劳动、物价、审计、统计、市政、国土、建设、政法、计生、广电、老干、档案、工业、农业、粮食、畜牧、林业、农机、水利、交通、烟草、工会、团委、妇联等，可以说是党、政、军、民、学，工、农、商、学、兵全面覆盖，一应俱全。改革开放以来的历次机构改革中，也进行了一些精简和撤并，但从政府机构设置和职能设计方面看，县级政府职责的全能性、无限性色彩仍然没有根本改变。

乡镇政府设置的情况也与县级政府相类似。乡镇除未设置政协机构外，所有的乡镇都设有党委、政府、人大、纪检四大班子。多数党委序列的机构一般设有纪检委、党委办公室、组织科、宣传科、社会综合治理办公室、团委、妇联、工会。政府序列设有政府办公室等若干个综合机构，对经济、财政、计划生育、文化、教育、卫生、乡村建设等进行综合管理。在乡镇一般都设有县直机关管辖的公安派出所、法庭、司法所、邮电所、税务所、民政所、粮管所、工商所、土管所等，俗称“七站八所”。2007年公布的中国乡镇发展报告对我国1 020个有代表性乡镇的抽样调查结果显示，平均每个乡镇党政内设机构16个，行政管理人员平均为58人，普遍超过了正常行政编制。

（二）农村行政管理体制存在的主要问题

我国县乡现行的行政管理体制是在计划经济条件下产生并逐步形成的，这与当时的三个因素紧密相关：一是传统的农村自然经济，农业以人畜耕种为主，机械化水平很低；二是与计划经济紧密相联的政府包罗万象的管理职权和政府承担的无限责任；三是农村交通落后、信息技术不发达。改革开放以来，我国工业化飞速发展，中国已经成为一个新兴的工业化国家，“贫穷落后的农业中国”已经成为历史，计划经济转型已基本完成，社会主义市场经济体制框架已经基本确立，经济发展和科技进步使交通条件大为改观，信息技术的发展使社会生产方式、生活方式和信息传播方式已经发生了革命性变革。当初与农村行政体制安排密切相关的三个条件都改变了。然而，我们的行政管理体制没有与时俱进，不能适应已经变化了的条件，及时跟上历史发展潮流，体现时代的特征和要求。

1. 县乡规划不合理，管理区域偏小，行政效率较低。与当前市场经济体制基本建立、发达的交通和通讯比较起来，我国现行的县乡行政管理区划过小。在我国历史上，汉代一个郡（相当于今天的地市级行政层次）管辖10～20个县，而2002年全国平均每个地级层次只管理8.6个县（区）。有的省份如安徽省每个地级层次只管6.1个县（区）。全国平均每县管理15.6个乡镇。很多县（如河北省的一些县）只辖几个乡镇。全国有不少乡镇人口不足2万人，有的乡镇只辖十几个村，不到1万人。县乡行政区划过小，其弊端和负面影响是显而易见的。一是造成大量重复建设，增加管理成本。每个县乡都要设立相应的行政机关和事业性机构，形成低水平重复建设，行政成本高，造成土地、资金等资源严重浪费。二是严重制约社会事业的发展。由于机构设置分散重复，资金投入相对不足，资源利用率低，农村公共产品难以提供，即便是提供了也难以形成规范化服务。三是条块分割，限制了行政效率的发挥。现行县乡两级政府实行分灶吃饭的财政体制，这种安排在改革开放初期对于调动县乡两级发展经济的积极性、促进乡镇企业发展起到过重要作用，但随着社会主义市场经济体制的逐步完善，特别是实行农村税费改革后，这一体制暴露的问题越来越多，已经成为农村改革发展的障碍。

2. 县乡政府职能不适应社会主义市场经济发展要求，责权不统一，运转不协调。其主要表现为以下几点：

（1）政府行政行为错位，与市场经济体制要求不适应。在市场经济条件下，正确的政府角色定位应当是市场规则的制定者、市场活动的裁判者、经济波动的调节者、社会稳定的维护者。政府公共财政收入主要是以超经济手段推动经济发展为条件，通过征收税收来实现。但在现行县乡政府行政过程中，很多地方的财政收入不是通过创造经济环境、培养税源、增加税收的方式来实现，而是把政府作为市场主体，通过直接参与经济活动来实现。政府既当运动员又当裁判员，直接参与市场竞争，上项目、铺摊子、直接投资、封锁市场、经营房地产等，已经成为不少地方政府的生财之道。有的地方甚至大搞政绩工程、形象工程、钓鱼工程，如2002年全国各级各类开发区数量高达6 000多个，其中经中央批准的只有232家，经省级政府批准的有1 019家，其余都是越权兴办的。这些开发区一半以上是开而不发，造成了土地资源的极大浪费。政府直接参与经济投资活动，带来一系列问题。一是将有限的财政资金用于直接经济投资，减少了民生性公共产品的供给，使得社会必须的公共产品和服务，如公共基础设施、社会保障、文化教育、公共卫生等方面供给不足或无力供应，农村社会事业发展受到极大影响。世界卫生组织公布的2000年医疗卫生服务报告披露，在191个国家和地区的医疗卫生资源分配公正指数中，中国排在188位。九年制义务教育从1986年六届全国人大四次会议立法推行，到现在已经有20多年，但在农村还没有得到充分供应和完全普及。二是扰乱了市场经济秩序和正常的社会秩序。政府花大量精力直接参与经济活动的直接后果，首先是政府掌握大量社会资源，实行市场垄断，处于明显的竞争优势，限制公平竞争，从根本上扼制了市场经济的活力；其次是政府该管的事管不了或管不好，客观上造成政府角色错位，带来社会治安、道德精神、社会公正方面的诸多问题。三是不利于清除腐败。政府直接参与经济活动，会为权力寻租、权钱交易、权色交易提供机会，成为滋生腐败的温床。

（2）县级政府机构责权不统一，运转不协调。县级政府作为基层政府，理应是一个功能齐全、相对独立、承上启下、责权统一、运转协调的管理层次。但实际情况是，中央和省对县级政府有关机构条条管理的部门过多，削弱了县级政府的调配能力。如税务、工商、银行、电信、国土等部门都实行自上而下的部门系统条条管理，地方难以协调。这些与各县国民经济紧密相关而又不受地方领导的部门，不适当地干预县级事务的现象时有发生，不利于县级政府在遵循中央政令的前提下，对所辖区内事务进行统一管理。与县级政府权力被上收相对应的，县级政府仿照其将乡镇政府的权限上收，将政府管理责任下放到乡镇，导致乡镇成为虚置的政府层级，最终形成乡镇有责无权。另一方面，县级政府机构众多，各部门之间关系不顺，责权事权划分不清，职能配置不够科学合理，工作难免交叉重复、相互掣肘、运转不灵。

（3）乡镇职能定位不科学，机构设置多而散。职能定位是农村行政管理体制、县乡财政体制、农村义务教育体制改革的基础。这个问题不解决，其他相关改革都无从谈起。农村税费改革后，乡镇的许多职能应该与时俱进，进行相应调整，重新定位。现阶段乡镇政府的职责主要应该是加强社会管理和提供公共服务，为经济发展创造良好的外部环境，做好计划生育工作、环境保护等。但目前乡镇在职能转变方面明显滞后。乡镇机构设置、人员配备都主要集中在抓经济、上项目、搞建设上面，对提供公共产品和服务则显得明显不足。不应该政府做的事情兴趣高昂，而必须做的事情却等闲视之，政府职能扭曲（宋洪远，2009）。

3. 县乡财政供养人口膨胀，财政普遍困难。我国财政供养人员与总人口之比，以2003年为例，全国平均水平大体为1:28。具体到各地，这一比例有高有低，陕西为1:34；河北为1:40；河南为1:41；山西为1:27；宁夏为1:24；青海为1:22。有的地方比例更低，如在山西32个发不出基本工资的县中，有8个县的比例是1:20，即20个人养1个吃皇粮的。县乡财政供养人口1998年约为2 800万人，以后逐年增加，至2001年突破3 000万人，2002年接近3 200万人，占全国财政供养人口的比例约为65%，年均递增率超过6%，高于县乡财政增长速度。按人均年支出1万元计算，仅此一项，全国县乡财政每年就要增加约200亿元开支。同时，近几年国家连续出台长工资政策，也使人员经费支出高幅增长。2002年，国家审计署组织对中西部10个省、市的49个县（市）财政收支状况审计发现，1994年以来，49个县（市）总人口增长4.6%，财政供养人员却增长了22%。1994～2000年，全国县乡人员经费（包括基本工资、补助工资、福利费等）由1 597亿元增加到3 699亿元，年均增长15.2%。许多县乡每年新增财政收入的大部分都用于人头费支出。由于财政供养人员膨胀，县级财政面临巨大的支出压力。而一些财力匮乏的县，连基本的“吃饭”都保证不了。除东部少数发达地区外，县级“财政赤字”已经成为普遍现象。20世纪90年代中期以来，我国县级财政赤字面一度高达40%以上，1998年和1999年仍分别高达31.8%和35.5%。2001年全国县级财政支出中，工资支出高达61%，有1 080个县发不出工资来，拖欠工资的县占全国县总数的18.7%。为保证农村政权能够正常运转和履行基本职能，县级政府常常不得不挪用社保资金、专项基金、项目专款，这样的案例时常会见诸新闻报刊。近些年，国家采取缓解县乡财政困难政策措施，加大上级财政转移支付扶持力度，整体状况有所好转，但根本问题尚未解决。

乡镇财政状况更不容乐观。2002年全国乡镇财政供养人员为1 280万人（不包括编制外人员）。每个乡镇财政供养人口约300多人，大概70个农民供养一个乡镇工作人员。在职人员中，党政干部约140万人，平均每一乡镇近35人；乡村教师近700万人，占总数的65%以上；其余200万人为事业单位人员。全国乡镇每年需要工资性支出1 280亿元以上。按每个乡镇20个内设部门，平均每个部门年运转3万元计算，需要支出300多亿元。仅仅养人和运转两笔支出，就需要1 600亿元以上。由于乡镇机构膨胀，向农民收取的费用大多用于养人和日常开支，极少用于当地社会经济发展。2001年全国拖欠工资的乡占全国乡总数的27.1%。农业部在湖北监利县的调查显示，1999年该县棋盘乡可支配财力为155.5万元，但全年的人员工资和事业费支出就需要300多万元，收支严重倒挂，靠借债过日子。

二、农村行政管理体制改革的重要性和必要性

通过对现行农村行政管理体制的客观分析，可以清楚地看到，积极推动农村行政管理体制改革既重要又必要。其重要性主要体现在以下三个方面：

（一）维护农村社会稳定，是国家稳定的基础

中国是农业大国，13亿人口中有9亿人是农民。自古以来，农村稳则天下稳，农民富则国家富。"三农"问题的核心是农民问题，稳定了农民，就稳定了农村，稳定了农村，就稳定了中国。农民无论过去和现在都是最大的社会群体。这是中国现代化历史进程中最基本的国情。就中国社会稳定问题而言，农村发挥着关键性的"钟摆"作用。基础不牢，地动山摇。农村不稳定，中国社会的稳定就没有基础。农业现代化不解决，中国的现代化只能是空谈。党的十六大以来，中央把解决"三农"作为党和政府工作的重中之重来抓，充分表明了新一届政府对"三农"问题高度重视，以及解决"三农"问题的信心和决心。从提出突破"黄宗羲定律"的怪圈，到强调保护进城务工农民的合法权益，从政府为农民工讨工资到全国取消农业税，从科学发展观的提出到确立建立社会主义和谐社会的目标，都说明了我们的党和政府把尊重农民权利、保护农民利益提到了空前的高度。从根本上讲，要把"三农"问题的解决落到实处，为农村稳定打下坚实制度基础，关键还是要建立起科学合理、符合实际的农村行政管理体制，并在制度层面固定下来，长期发挥作用。显然，根据形势的变化和要求，改革现行农村行政体制是从根本上解决"三农"问题，确保农村稳定的制度条件。

（二）农村行政管理体制改革是全面建设小康社会的重要前提

在中国漫长的农业社会发展过程中，政府的作用一直显得非常重要。今天的中国社会主义市场经济体制也必然是一个政府主导型的市场经济体制。这是客观的中国特色，也是中华文化的重要体现。中国"三农"问题要解决，农业要发展，农村要进步，农民要富裕，不仅需要农民主动积极的努力，而且还需要农村社会与政府的良性互动。从某种意义上讲，"三农"问题的解决，除了上述所说的农业、农民、农村问题外，还应有一个"农政"

问题。所谓“农政”，就是本书所指的农村行政管理体制。农村行政管理体制的问题不解决，“三农”问题的解决就没有制度前提。农政与“三农”问题唇齿相依，密不可分。无论从现实还是从逻辑角度看，解决农政问题，即深化农村行政管理体制改革，都是解决“三农”问题的前提。如果说解决“三农”问题是全面建设小康社会的基本内容的话，那么，深化农村行政管理体制改革无疑是全面建设小康社会的重要前提。

（三）农村行政管理体制改革是深化政府机构改革的重要内容

解决温饱问题，实现小康，达到中等发达国家水平，是现代化“三步走”的战略目标，而实现这一目标的关键要靠农民，他们是现代化进程中的关键因素和依靠力量。农民是现代化建设的价值主体。农民、农村、农业问题，是现代化建设的关键问题，能否使农民分享现代化建设和改革开放带来的成果，能否使农村发展与全社会的发展相协调，事关国家事业发展大局，占我国人口大多数的农民群众不能被排除在外，必须促进以农民群众为主体的农村社会的全面发展。因此，按照科学发展观要求，统筹城乡发展，推进以农村行政管理体制为载体的农村社会发展，是中国全面建设小康社会的重要内容。在我国政治经济生活中，政府职能的定位，行政效率的高低，对国民经济发展的质量和速度有极为重要的影响。按照精简、统一、效能的原则和决策、执行、监督相协调的要求，科学界定政府职能，优化政府组织结构，减少行政层级，理顺职责分工，提高工作效率，降低行政成本，建立经济型、法治型、服务型、节约型、效率型政府，是建立社会主义市场经济体制的内在要求。在我国的政府体系建设中，农村特别是乡镇政府建设是最为薄弱的一环。基层政府管理体制不科学，行政效率不高，对整个政府系统的体制建设和工作效率具有重大影响。党的十六届五中全会明确指出，要加快乡镇政府的改革步伐。随着全国取消农业税政策的落实以及农村村民自治建设的进一步深入，一方面乡镇政府原有的一些职能和机构，如负责征收农业税和“三提五统”的职能不复存在，相应机构面临职能转变；另一方面农村公共服务和农村社会管理仍然相当落后，迫切需要对农村行政体制进行改革和调整，使之与变化了的新形势相适应。

农村行政管理体制改革的必要性主要表现在如下两个方面：

第一，改革农村行政管理体制是巩固农村税费改革成果的必然要求。全国取消农业税是我国有史以来的惠民大政。取消农业税的重要意义，不仅在于全国范围内减少了农民负担 200 多亿元（2005 年为 220 亿元），而且还在于取消了久治不愈的捆绑在农业税上的各种收费和摊派，斩断了农村“三乱”的根基，更重要的是从政治层面强调了我国对农民政治地位的充分尊重以及对农民利益的保护。农业税的取消，打开了解决中国“三农”问题的突破口。然而，对于以农业税为重要财政支撑的农村政府，特别是乡镇政府而言，是一个始料不及的挑战。由于各种各样的复杂原因，我国的县乡政府特别是农业地区和落后地区的县乡政府事实上还附加有养人的功能。乡镇政府人员普遍超编，就是这一“附加功能”的直接证据。在中国社会现行国民收入分配总格局中，一方水土养一方人，一方农民养一方政府，农民养干部是一个现实的存在。农业税取消了，并不意味着农民的负担问题就彻底解决了，只要乡镇政府人员精简不下来，向农民收费养人的负担就不可能甩掉，因为基层政府还会有五花八门的招数把农民减掉的农业税以其他形式拿回来。只要体制机制不改，收钱的驱动力存在，加重农民负担的可能性就存在。要知道，我们大多数的乡镇政府都直接参与经济活动，既是运动员又是裁判员，从逻辑上讲，他们有无穷多种方式和手段可以从农民那里获取利益。由于信息不对称，政策主体与利益主体合二为一，明的农业税取消了，暗的农民负担是很难取消的。因此，要切实减轻农民负担，必须对现行农村行政体制进行大刀阔斧的改革。如果不改革，或者是改革进行得不彻底，农民负担反弹只是迟早的事。

第二，改革农村行政管理体制是贯彻落实科学发展观，统筹城乡协调发展的内在要求。我国经济总量上去了，人均 GDP 突破了 1 000 美元，但收入分配悬殊在扩大；社会整体发展了，城市化率从改革之初的 18% 提高到了 2009 年的 46%，但城乡发展特别是中西部地区城乡发展的不平衡性在增加；人们的物质生活资料丰富了，但资源环境破坏越来越严重。这可以说是我们为赢得持续 20 多年平均 9.5% 的经济高速增长不得不付出的沉重代价。改革开放之初，城乡居民人均收入比例为 1.5∶1，2009 年城乡居民人均显性收入比例是 3.33∶1，如加上隐性收入和福利，这个比例的落差还要大得多。联合国开发计划署的数据显示，中国目前的基尼系数达到了 0.45（国际公认的基尼系数警戒线是 0.4），贫富悬殊已经突破合理的限度。中国人民在改革开放以来不足 30 年的时间里创造的生产力，远远超过了历史上一切时代所创造的生产力，但中国发展中带来的环境污染、贫富差距过大等问题也是不容忽视的。新千年特别是党的十六大以后，第四代中央领导集体根据政治、经济、资源、环境等方面的形势，提出了科学发展观的新思想，即坚持以人为本，全面、协调、可持续的发展观。2006年，中央提出了“建设社会主义新农村”的战略部署，其目标是“生产发展、生活宽裕、乡风文明、村容整洁、管理民主”。农村改革发展对基层政府的要求越来越高，现行农村行政管理体制不改革，就会阻碍农村生产力的发展。

三、中国农村行政管理体制的历史考察

农村行政管理体制改革是一个极为复杂的系统工程，对农村经济社会发展有极为重要而深刻的影响。为了提高改革的效果，有必要对中国基层行政管理体制进行必要的考察和分析。

（一）古代地方政府层级结构的形成及演变

从秦代到清末，地方政府层级结构形成及其演变的总体过程是由二级制经准三级制演进到三级制。二级制是中国古代早期的地方政府层级结构，形成于公元前221年，以秦始皇实行郡县制为完成标志。其时，分天下为36郡，每郡统辖若干县。隋朝也曾出现过短暂的二级制，即州、县二级制。准三级制是地方政府层级结构发展演变的过渡形式，始于汉武帝时期。这期间，汉武帝在郡县两级地方政府之上设置州刺史，对郡按部巡察。其后唐、宋在沿袭隋代州县两级制的基础上设置监察区或行政分治区——道、路，又出现了准三级制。三级制曾在东汉末年至南北朝时期出现过，即州、郡、县三级制。其后，省、府（州）、县三级制成为中国古代后期地方政府层级结构的主导模式。

（二）乡里制度的产生及沿革

我国的乡里制度源远流长，作为行政单位大约产生于西周时期。此后，从秦统一到清王朝灭亡的2 000余年间，我国县以下的基层政权组织基本上保持了乡亭里制度和保甲制度。从秦王朝到北宋前期，在县以下实行乡、亭、里制度。在这种制度下，基层组织的构建基本按照“五家为伍、二伍为什、十什为里、十里为亭、十亭为乡”的原则设置，其职责主要是维持地方治安秩序、征收赋税以及分配役力等，其官员也皆有俸禄。北宋王安石变法以后，在县以下实行了保甲制度。在这种制度下，“十家为一保、五十家为一大保、五百家为一都保”，保长由选举产生，分别负责本保的事务；同时，以税户三十家为一甲，设甲长一人，负责征收赋税。明清时期多沿袭了这种制度。从秦汉时的乡、亭、里制度变为宋以后的保甲制度，最大的变化是乡级政府已由基层政权变成非政权了，其乡官也由政府委派变成村民自

选了。如汉代大乡的乡官由郡委派，小乡的乡官由县委派。王安石变法后，保长、甲长均由选举产生，乡民自理乡村公共事务。关于乡级机构的职责，根据历代各王朝的规定，主要职责有三个方面：一是掌教化，即对本乡居民进行思想道德教育；二是征收赋税，分配差役，主持公正等；三是维护社会治安。总之，这种千年一贯、相对稳定的乡里制度，只是到了20世纪初才开始发生根本性的变革。与现在的乡镇体制相比，古代乡里制度的最大特点在于：不是一级国家政权，不理经济事务，是自治组织。

（三）借鉴与启示

我国古代地方层级结构的演变与进化，是与我国农业社会的生产方式及其发展状况相辅相成的。避开阶级性而言，这种政府组织形式曾经是世界上最完善的政治治理结构，具有相当的理性和效率。以史为鉴，鉴往知来，从中可以得出如下借鉴与启示：

1. 政府不直接参与经济活动。中国古代是一个小农经济的汪洋大海，生产的社会化程度不高，计划性不强，因而政府从来不直接参与经济活动，而是把精力集中在社会的政治管理、治安管理、税收管理方面。当前，我国已进入生产的高度社会化和工业化发展阶段，国际间的交流合作普遍，在这样一个全新的历史发展阶段，国家应具有调控国民经济发展的经济职能，但国家的经济职能是着眼于宏观调控的经济职能，而不是政府直接参与具体的经济活动。经济管理绝不是经济参与，政府不直接参与经济活动，把自己该办的事办好，不办不该办的事，这是一条意义深刻的历史经验。

2. 政府职责分工明确。从唐朝县级组织机构、官吏构成、职责定位上看，我国古代基层政府的职责分工是相当明确的，一个钉子一个眼，职责之间没有交叉重复。中国历史上的政府组织都比较有效率，一个基本原因是职能清楚、分工明确。社会分工是社会进步的动力。政府组织的分工、协调与制约是非常重要的。一个分工不明确，职能交叉重复的政府，是谈不上效率的。

3. 县作为基层的政权组织，县以下不另设一级政权。县以上实行中央集权直接领导，县以下的乡级机构由县里委派，承担各种行政事务，但不作为一级政权而存在。村一级的管理以自治为主。新中国的成立意味着中国封建统治的终结，人民当家做主，不再是被压迫被剥削的对象。推进村民自治，淡化政府对村民直接的行政管理色彩，是挡不住的发展趋势。

4. 政府组织机构的设置要适应社会发展的需要。我国古代地方政府设置由二级制发展为准三级制，又由准三级制发展到三级制，其原因不是统治者的心血来潮，而是农业社会经济发展的需要所致。我们今天考虑县乡行政管理体制改革，也必须以现行社会发展的实际需要为出发点。

5. 精兵简政，政府不养闲人。纵观中国封建历史，很少有哪个王朝会养闲人。政府机构臃肿，人浮于事，不仅会增加财政负担，降低行政效率，更重要的是造成管理混乱，干扰管理秩序，偏移管理目标。无论是古代政府还是现代政府，只要出现机构臃肿、人浮于事这种现象，这样的政府就一定不是健康、有效的政府。政府不养闲人，其中的科学蕴意，不是政府养不起闲人，而是一个政府要成为真正健康有效的政府，就养不得闲人。人浮于事，必生是非。

第二节

改革开放前的农村行政管理体制

1840 年，鸦片战争爆发，西方列强用坚船利炮轰开了中国闭关锁国的封建大门，中国由此进入半封建半殖民地的历史灾难之中。此后的中国政权建设，形式上保留了历史的模式，但因国家处于水深火热之中而没有进一步的发展。1949 年，中国人民在中国共产党的领导下，经过浴血奋战的武装斗争，取得了新民主主义革命的胜利，建立了新中国。新中国的建立，结束了中国 2 000 多年漫长的封建统治，中国人民在政治上翻身解放成为国家的主人。但由于历史的局限性以及生产力发展的内在规律，中国人在政治上虽然推翻了三座大山，但在经济上还不得不接受农业社会贫穷落后的现实(汪玉凯，1998)。由于种种复杂的政治历史原因，我国在新中国成立之初直至改革开放前，整个政权和国家建设都处在以“阶级斗争为纲”的大环境下。当时的县乡行政体制主要是围绕“阶级斗争为纲”和“农业社会管理”这两条主线来安排设计的。

一、政府层级结构的变化

1952 年以前，地方政府层级结构的组合形式主要有三种：大行政区—省—县—乡四级制，大行政区—省—行政区（自治区）—县—乡五级制，大行政区—省—县—区—乡五级制，以及大行政区—直辖市二级制，其中以四级制为主。1954 年，第一部《中华人民共和国宪法》（以下简称《宪法》）颁布后，地方政府层级结构的组合形式主要有三种：人口较多、面积较大的省份实行省（自治区）—地级市（自治州）—县（自治县）—乡（镇）四级制，多数省份实行省（自治区）—县（自治县）—乡（镇）三级制，以及直辖市—市辖区二级制。同时，在这一时期，市领导县的体制开始出现，并迅速推广。最早可追溯至 1958 年，当时一些大中城市为了保证城市的蔬菜副食品供应，管辖周围一些县，可见带有明显的计划经济色彩。1966 年“文化大革命”开始后，由 1954 年《宪法》所确认的各级地方政府组织遭到了破坏，省、市、县等各级政府机关基本上处于瘫痪状态。随着“文化大革命”的结束和新《宪法》的颁布，地方政府层级结构由省（自治区）—县（自治县）—乡（镇）为主导的三级制向省（自治区）—地级市（自治州）—县（自治区、县级市、市辖区）—乡（镇）为主导的四级制转变。1982 年，为发挥城市对农村的经济带动作用，进一步确立市管县体制。

二、乡镇政权的发展变化

新中国成立至改革开放前近 30 年的历史中，我国县乡政权的演变大致经过两个发展变化阶段：

（一）建国初期建立和巩固基层政权阶段

新中国成立后，各地普遍建立了乡政权。乡人民政府的主要负责执行上级政府命令，领导和检查乡人民政府各部门工作等。这一时期，我国农村基层政权为适应社会经济发展的需要，作了几次较大规模的调整。首先是撤销了县辖区公所。县辖区公所原是县的派出机关，新中国成立后的几年中，它担负了县、乡之间许多行政任务，起了一定作用。后来，随着乡领导力量的加强，县直接领导乡的条件逐渐具备，因而在扩大乡的同时撤销了区的设置。其次是几次调整乡政权。第一次是在经济恢复时期，为深入发动群众、巩固革命成果，把解放区原来的大乡划小，将抗战时期的行政村改为乡建制。第二次是在 1955 年农业合作化高潮到来以后，乡的工作中心转到了组建农业合作社、发展农业生产上来。为适应这种形势，各地采取了并乡等措施来扩大乡的范围，乡政权的建设也进一步加强，下设了各种工作委员会，分别负责生产合作、文教卫生、治安保卫、人民武装、民政、财粮、调解等工作。与乡人民政府并立的还有镇人民政权，镇不设各种工作委员会，而根据镇的工作需要，按民政、生产合作、财政、建设、文教、卫生等业务设专职干部。

（二）人民公社时期的撤乡建社阶段

1958 年，全国农村普遍建立了人民公社，取消了乡政府建制，实行了人民公社政社合一的体制。人民公社成为我国农村基层政权的组织形式，一直延续到 1982 年新《宪法》公布以前。人民公社实行政社合一，实际上是工农商学兵相结合的基层单位，同时又是政权组织的基层单位。1966 年以后“文化大革命”期间，地方政权工作陷于停顿状态，地方各级革命委员会成了各级人民代表大会的常设机关，同时又是地方各级人民政府。“文化大革命”结束后，这种政社合一的体制仍然存在，到 1982 年，全国有 5.4 万多个人民公社。

第三节

改革开放以来农村行政管理体制改革探索与实践

一、取消人民公社，实行乡镇重建

1978 年党的十一届三中全会召开，新中国结束了“以阶级斗争为纲”的历史，进入到以经济建设为中心、实行改革开放的历史发展新阶段。带有浓烈政治色彩的人民公社制已经不适应新的历史发展需要，必须采用新的政权形式取而代之。1982 年的新《宪法》规定：“省（直辖市）、县（市辖区）、乡（民族乡、镇）设立人民代表大会和人民政府。”1983 年《中共中央 国务院关于政社分开建立乡政府的通知》发出后，政社分开，建立乡政府的工作陆续在全国全面展开，到 1985 年撤社建乡工作基本完成。全国 5.4 万多个人民公社改建为 9.15 万个乡、镇人民政府，同时取消了原人民公社下设的生产大队、生产小队等组织形式，在乡镇政权层级管辖范围内建立村民委员会，相当于原来的生产大队；下分若干个村民小组，相当于原来的生产小队。此后，随着改革开放的不断发展，经过几次撤乡并镇后，1988 年 12 月全国乡镇数目减少到 4.5 万多个，乡镇以下行政村 84.5 万个。2000 年进行农村税费改革的同时，推进了乡镇机构改革，到 2004 年，乡镇数目进一步减少为 37 334 个，其中镇 19 883 个，乡 17 451 个，行政村减少到 67 万个。2006 年进行农村综合改革时，又继续推进乡镇机构改革，2008 年乡镇个数精简到 3.3 万个，行政村减少到 63 万个。乡镇人民政府成为最基层一级政权组织，村民委员会成为村民自治组织。

二、农村行政管理体制改革探索

建立社会主义市场经济体制的改革目标确立以来，各级政府就开始着手农村行政体制改革。经过实践探索，改革的形式多种多样，经验也很丰富。尽管根本的问题没有全面触及，但改革成效是显著的。实事求是地讲，现在的县乡政府效率比以前有明显提高，干部精神面貌有大的改观。在推进农村行政体制改革进程中，浙江省的改革工作力度大、比较全面和具有代表性。在此以浙江省为例，对这一时期的农村行政管理体制改革进行分析阐述。

（一）在财政体制上实行省直接管到县。随着经济市场化、政治民主化进程的推进，行政区域间的关系实质上是一种空间格局上的竞争关系上下级政府之间的关系实质上是一种行政主体之间的博弈关系。在这种关系中，起决定作用的是各行政主体的自身利益。市、州一级人民政府是从过去地区行政公署演变来的，是省级政府的派出机构，不是独立的一级政府。设立市级政府并实行市管县，其初衷是市带县，目的是加快农村发展，缩小城乡差别。但实际结果不是市带县，而是市“刮”县，对县来说只是多了一个婆婆，势必产生“雁过拔毛”现象，经济欠发达县得不到应有的补助，因而解决不了财政困难的问题。可以说多一级政府，多一层扯皮。浙江省自实行省管县体制以来，财政收入连年增长，从国民经济发展“七五”规划到“九五”规划的 15 年中，财政总收入年均递增 17.6%。这充分证明了浙江实行省管县体制是成功的、行之有效的。

（二）适当扩大县（市）经济管理权限，增强县域经济发展活力。县域经济比较发达是浙江经济发展中的一大特点和优势。2002 年该省有 23 个县（市）进入全国百强县（市），总数超过江苏，居全国首位。经济强县（市）已经成为浙江省经济发展的重要支柱。为促进县域经济发展，浙江曾先后两次出台扩大经济强县（市）的经济管理权限的政策。1992 年，出台了扩大萧山等 13 个县（市）部分经济管理权限的政策，主要是扩大基本建设和技术改造项目审批权、扩大外商投资项目审批权、简化相应的审批手续等。

（三）精简县乡机构，分流人员，逐步减轻乡镇财政支出压力。随着农村改革进一步推进，基层政府运行成本高、乡镇财政支出压力大的矛盾越来越突出，进行撤乡并镇，合理调整行政区划，推进乡镇机构改革，降低基层政府运行成本已势在必行（周天勇，2003）。到 2002 年年底，浙江全省已从 1986 年的 3 198 个乡镇撤并为 1 298 个乡镇，撤并了 1 900 个乡镇，精简了 46.38%。财政供养人员也大幅减少。比如，乡镇财政征收人员就从 1986 年的 5 108 人减少到 2002 年的 4 179 人，减少了 929 人，减少了 18.16%。这在一定程度上缓解了乡镇财政支出的压力，降低了基层政府运行成本。

（四）公共财政逐步向农村延伸。浙江从实际出发，在继续加大对农村义务教育、农业、农村公共卫生等公共事业投入的同时，以农村税费改革为契机，采取各种措施加快公共财政向农村延伸。一是规范农村分配关系。严格涉农收费管理，原来向农民收取的农村义务教育等“五项统筹费”列入县乡财政预算，不再由农民负担。二是加快农村社会保障体系建设，逐步缩小城乡差别，实行城乡一体化。浙江已初步建立了农村最低社会保障制度、农村养老保险制度、农村新型合作医疗制度、“五保户”集中供养制度和失业农民基本生活保障制度等农村社会保障体系。三是加大农村基础设施和环境保护投入。推进新农村建设，以开展“千村示范、万村整治”为突破口，逐步改善农村环境和基础设施。

第四节　发达国家基层行政管理体制简介

为了科学合理地推进县乡行政管理体制改革，有必要对国外基层管理体制进行深入研究。在西方发达国家中，各国的管理体制既有许多共同点，又各具特色，各有千秋。笔者曾于 2005 年对丹麦的行政管理体制进行过考察，认为丹麦的地方行政管理体制比较完整、系统，具有借鉴意义。这里主要以丹麦为例进行阐述。

一、政府层级结构

在政府层级结构设置上，发达国家一般都实行中央（联邦）、州、市（镇）三级政府行政管理体制。市镇以下的设置突出社区自治。州是联系中央与基层的中间层级，有独立的立法权，各州都有根据自己的法律设置地方政府机构和职能的权力。因此在发达国家，地方政府没有全国统一的建制。2005 年，丹麦有 13 个州（郡），271 个市（镇）。中央政府由 19 个部委组成，各级政府任期均为 4 年。在丹麦等发达国家，已没有传统意义上的农村，一般都实行城乡一体化的行政管理体制。

二、确定政府职责的基本原则

一般来说，地方政府职责设定的重要原则有四个：一是不折不扣的公共服务原则。对社会提供完善的公共服务是发达国家设定地方政府职能的第一原则。为了使公共服务更贴近社会需要，“谁最贴近居民生活，谁最了解居民需要，谁最方便提供高效服务，就由谁负责提供服务”自然而然地成为政府设定机构与职责必须遵守的首要原则。这条原则是建立在长期经验积累和明确不变的“为社会提供公共服务”的执政理念基础之上的。二是地方决策原则。即地方政府在法定权限内可以自由确定内部机构设置，制订实现地方政府施政目标的工作方案。三是广泛的地方政治独立性原则。即为组织完成地方政府各项职能，必须尊重地方政府在法律框架内的政治独立性。因此，从某种意义上讲，各层级的政府之间的相互关系主要是法律关系，而不是“领导”关系。四是权责相结合的原则。即决策权限和财政责任同时归于经选举产生的地方政府。

按照不折不扣的公共服务原则，丹麦地方政府承担了大部分与民众有直接关系的社会事务管理和公共产品供给，主要包括：提供大量的社会福利服务，如社会安全保障、社会救助、学校、医疗服务、儿童牙科服务、家庭健康服务、儿童保育、养老院等；初等教育、公共图书馆和体育设施等；地方性的基础设施和基础公共服务；环境保护和公共交通网的建设和维护等。实际上，几乎所有社会公益事务都是由地方政府具体实施的。某些社会公益事务，如老人退休金由国家统一供给，但仍然由地方政府负责发放。公共服务事务交给地方处理取得了最佳效果，在 2005 年通过的改革计划中，丹麦政府决定到 2007 年将州政府的大部分职能转交给地方政府，合并后的州政府仅保留医疗保障等职能。

三、行政管理体制基本轮廓

以丹麦为例，发达国家行政管理体制有如下主要特点：

（一）中央主导，地方自治

地方政府在社会管理和公共服务中拥有相当大的自主权。在一定范围内，丹麦地方政府可以自主决定向民众提供公共产品种类、质量和方式。其好处是：地方管理机构是距离公民最近，个体公民经常向之求助的公众政府，让地方政府自主承担公共治理和服务，可以使政府的公共服务更接近公众的需要，也便于明确地方政府的责任。地方政府的行政行为，须服从于国家立法权力机关的意志，活动必须接受上级政府的监督，并非“国中之国”。丹麦议会和政府通过立法、行政命令、调整法定的财政框架等手段对下级政府进行管理监督。中央主导与地方自治是有机统一的。中央政府可以把主要精力放在宏观经济指导上，并通过法定手段对地区政府加以制约，提高了国家宏观经济调控能力，中央政府的权威也得到了加强。

（二）各级政府责任明确，权责对称

政府间公共财政职责划分清晰明确，属于中央事权范围的事务，由中央财政负责支出保障；属于地方事权范围的事务，由地方财政负担，中央与地方之间不重叠、不交叉，很少存在多级共管的公共支出项目。三级政府的事权划分是：中央政府主要负责外交、国防、警察和法庭、高等教育、国家公路建设和远程通信、铁路、制定政策法规和长期规划、对欧盟的承诺及发展援助等事务；州政府主要负责养老、高中教育、医疗保健、公共牙医服务、区域公路和通信、环境监察、制定规划等等事务；地方政府最重要的服务领域是社会管理、儿童保育、初中小学教育、老年人服务等。政府间职责互不交叉、不重复，上级办的事，下级不办，反之，下级的事，上级也不参与。各级政府事权划分清楚、责任明确，为民众和上级政府进行监督创造了条件，也为政府间财权的划分提供了有效的标准。

（三）适时调整行政区划，提高公共服务效率

丹麦政府的行政管理体制始终如一地坚持提供最有效的公共服务这一基本原则，因此，政府行政管理体制和机制也是与时俱进地根据公共服务的需求变化进行必要的调整。丹麦于 1970 年进行了大规模的政府改革。改革取得了三方面成效：一是将全国原有的州（郡）由 25 个调减到 14 个，市（镇）由 1 388 个减少到 275 个，提高了基层政府的行政能力和工作效率。二是确定各级政府的职能分工。加强地方政府的行政自治权，将行政管理的具体计划和事务处理权下放给地方政府，建立起高效率的基层行政体系。三是实施中央与地方财政制度改革。改革的重点放在制定责任原则上。根据这

一原则，处理特定事务的地方政府也应当承担相关的财政责任，这意味着国家在宏观上控制财政支出、紧缩预算，地方政府有开征或调整地方税收政策的权利，并通过一些其他收入来满足开支需要。丹麦地方管理机构之间长期保持着相互合作的传统，合作方式较多，比如交流知识和经验，合用设备和人员，发展地方政府合作性组织、公共机构的联合业务行动等。这种合作有利于改进地方管理机构的工作方法，节约使用资源。1970 年改革之后，丹麦又根据实际情况将州政府调减到目前的 13 个，市（镇）政府调减到 271 个。2005～2007 年，丹麦政府又进行了新一轮的行政区划改革，使政府设置更加适应经济社会发展的需要。总的改革趋势是扩大各级政府行政区划，缩小中层政府的职责，相应扩大基层政府的职责。

（四）公众参与公共事务管理，发挥社会中介组织的作用

公众参与和发挥中介机构的作用是发达国家社会管理的重要经验。在欧美发达国家，包括各种行业协会在内的中介组织基本上都类似于行政组织，成为代行政府职能的非政府组织。这些非政府组织提供的服务，往往比政府机构提供的服务更具体、更有效率、更节省财政开支。丹麦十分重视各类社会组织建设，为充分调动公众参与社会事务的积极性，除决定机密事项的会议外，议会会议向公众开放，并向公众公布会议的时间、地点和议程。

丹麦遍布全国的 110 多个农业协会和多种类型的农业行业组织，对丹麦农业的长期稳定发展起着不可替代的积极作用。如有的农场主因生病或外出旅游度假需要离开农场时，农协可以指派有经验的专家暂时替代农场主从事生产经营活动。这种服务是政府难以提供的，而农业合作组织却能够做到这一点。除此之外，地方农业合作组织还承担着一些农村社会、行政组织职能，在农业技术教育、文化体育活动等方面发挥重要作用。

（五）注重农业立法，确保农业高品质发展

高品质被视为丹麦农业的生命，全面、系统和完善的农业法规确保了丹麦农业的高品质发展。例如，丹麦的农业法保护以家庭为基础的农业并且维持土壤的品质，同时要求农场主必须居住在农场内才允许耕种，以使他们将主要精力放在农业生产上。丹麦食品立法的基本原则是生产者对于他们的产品安全要全权负责，实行产品标识和质量追溯制度。丹麦环保法要求农场主必须在冬季时种植至少 65% 的农地，以降低氮的渗透量。丹麦的环保规章规定动物的数量必须和农场主所拥有的土地面积大小保持合理比例，等等。值得一提的是，丹麦法律规定，经营 30 公顷以上土地的农民必须持有“绿

色教育证书”，持证上岗。通常情况下，需有42个月农业知识学习和农场实习的经历，方可获得技术农民的资格，如果再有24个月的学习和实习经历，就可获得“绿色教育证书”。由于在受教育阶段就存在技能分工，农场主往往专注于养奶牛、猪、家禽中的一两种，或者从事农田耕种，也因而成为其工作领域的专家。

四、经验借鉴

发达国家在行政管理等有关方面的做法，对我国正在进行的农村行政管理体制改革具有一定的参考价值，值得借鉴。其要有如下几个方面：

（一）明确政府间职责划分，转变基层政府职能

明确各级政府事权，该做什么，不该做什么，这是政府行使职能的基本要求和前提。目前我国政府间职能划分仍然较为模糊，很多事权由多级政府共同分担，形成“你中有我我中有你，谁都管谁都不管，谁都负责谁都不负责”的局面，缺位与越位并存，导致该做的事没做好，不该做的事却仍在做。根据丹麦等发达国家的政府管理经验，基层政府作为最接近民众和私人企业的一级政府，其职能主要定位在社会管理和公共服务方面。我国农村行政管理体制改革应按照事权与财权相统一的原则，明确各级政府之间的职责范围划分，一个方面的事情或一件事情明确由一级政府或一个部门负责。在决定农村基层政府做什么的问题上，应充分尊重农村基层和民众意愿，扩大民众的发言权，切实转变县乡政府职能，逐步向服务型、法制型政府转变。

（二）调整乡镇区划和村级规模，鼓励地方政府间业务合作

在现代信息、交通、科技和管理手段不断改善的情况下，政府服务半径和范围应进一步拓展。为进一步降低行政成本，提高行政效率，增强政府服务功能，应该对现有县乡两级行政区划进行适度调整，并在尊重民族习惯，考虑区域特点和历史沿革等因素的前提下，适当调整扩大行政村规模，充分发挥政府社会管理和公共服务的效益，提高政府管理和服务水平。同时，由于各地情况和发展水平各异，全国性的调整总是原则的且具有滞后性，可以鼓励地方政府间进行合作，充分利用社会资源，提高社会管理和公共服务能力。

（三）坚持依法行政，进一步规范乡镇政府和部门的行政行为

乡镇政府及部门直接为群众服务，直接与群众打交道，其行为是否规

范，直接影响党和政府的形象，影响党群干群关系，也影响到政府的公信力。过去农民负担过重，中央三令五申不准加重农民负担，而农民负担不但失控或减轻了又出现反弹，其中一个重要原因就是一些地方政府和部门行为不规范，不依法依规办事，随意向群众乱伸手，甚至违规采取强制措施向农民收费摊派。丹麦一部《地方政府法》规定了地方政府的职责，也明确界定了地方政府的行为方式。我国在农村行政体制改革过程中，应该把规范乡镇政府和部门行政行为作为一项重要内容，明确哪些可为、哪些不可为，并规定对应该为之而不为或不能为之而为者，将负什么责任，受到何种处罚等，确保乡镇政府和部门在法律法规及政策许可的范围内活动。

（四）完善地方政府财税体系，加大对基层政府的财力支持

丹麦按照现行各级政府之间的职能划分，财政支出在中央、省和基层政府之间的分配比例大体为44%、12%和44%，呈现出两头大中间小的特点，属于典型的“亚铃型”结构。基层政府有很大的财政自主权，不仅可以自主决定有关税种的税率，安排预算，而且贫困地方可以从上级政府得到大量的转移支付。丹麦的经验表明，要想使基层政府发挥更大的作用，应继续深化改革，加大对基层政府的财力支持。一是健全地方税体系，培植基层政府的主体税种，使其具有稳定的税源。二是按照“财政转移支付资金下移、基层改革资金缺口上移”的要求，积极开展财政管理体制和管理方式改革，加大对基层财政转移支付的力度，提高财政资金的使用效率，保证基层政权组织的正常运转。

（五）完善农业服务体系，重视发挥社会组织的作用

农村行政管理体制改革是农村综合改革的重要内容，在进行乡镇事业单位改革、撤并乡镇“七站八所”后，怎样构建高效的农业服务体系成为一个关键问题。从丹麦的经验看，积极发展农业专业合作组织等民间组织不失为一种好的选择。农业专业合作组织可以较好地发挥其贴近农村、服务农民的优势，加强对农民的培训和技术指导，培养造就有文化、懂技术、会经营的新型农民，更好地将政府的各项政策落实到位。合作组织负责人由会员大会民主选举产生，可以更好地实行民主监督。合作组织收入来源主要是农民上缴会费和提供服务收费，促使合作组织更多地向农民负责，提供更多灵活有效的服务。政府应从农业发展的宏观角度出发，制定农业合作组织发展规划，对农业合作组织进行规范、扶持和引导。

第五节

推进我国农村行政管理体制改革的原则与模式选择

通过对古今中外农村行政管理体制的考察分析，以及对农村行政管理体制重要性和必要性的认识，从我国农村行政管理体制的现状和存在的问题出发（陶勇，2005），依据“精简、效能、协调”相统一的原则，体现“以人为本”的精神和构建和谐社会的目标要求，有规划、有步骤、循序渐进而又坚定不移地推进农村行政体制改革，是巩固农村税费改革成果、推进农村综合改革、实现农村体制机制创新的必然选择。

一、当前推进农村行政管理体制改革面临的形势

当前，推进农村行政管理体制改革既迎来了难得的历史机遇和有利条件，又面临着许多挑战和不利因素。

（一）有利因素

当前推动县乡行政管理体制改革的有利因素主要有以下几个方面：

1. 农村税费改革取得了巨大的成功。全国取消农业税，在中国历史上是第一次。取消农业税和政府性收费，不仅能使每个中国农村人口每年减少开支近140元人民币，更重要的是取消了各种附加在农业税上的各种收费、摊派，“皮之不存，毛之焉附”，从根本上斩断了来自政府部门的农民负担，从保护农民利益的角度切实提高了农民的政治地位。这意味着以农业税收入和乡统筹费为重要经费依托的农村基层政府要寻求新的财力保障、新的运行体制，换句话说，是形成了进行农村行政管理体制改革的倒逼机制。

2. 解决“三农”问题被强调到了空前的历史高度。我国13亿人口中9亿人是农民。“三农”即农业、农村、农民问题，是中国最基本的政治经济问题。这9亿人的现代化问题不解决，国家现代化只能是一纸空谈。中国“三农”问题的基本现实是农业弱、农村穷、农民苦。这个问题历史上就存在，而且一直沿袭至今。改革开放以来，党和政府一直高度重视“三农”问题，以中央名义下发的1号文件中，绝大多数都是有关“三农”问题的。在新千年特别是党的十六大以后，“三农”问题成为全党工作的重中之重，

总书记胡锦涛同志提出了在工业化国家的发展进程中，工业化发展初期，依靠农业积累支持工业发展是一种普遍趋向；当工业化发展到一定程度，工业支持农业，实行工业和农业协调发展也是一种普遍趋向，即“两个趋向”的重要论断。政府把解决“三农”问题提高到空前的高度，并在全社会形成广泛共识。解决“三农”问题不是靠农民自己解决，也不是农村自身能够解决的，而需要跳出“三农”来解决“三农”问题。农村行政管理体制是关系农村长远发展的根本问题，需要通过农村行政体制改革为农村长远发展提供体制保障。

3. 科学发展观的提出。改革开放以来，中国人民在中国共产党和人民政府的领导下，依靠改革和开放两只翅膀实现了历史上前所未有的腾飞，创造了当今的世界奇迹。对这个奇迹，理论界是这样形容的：如果说西方资本主义制度当初曾经创造了“100 年超过所有历史”的神话的话，那么中国人民在中国共产党的领导下，在改革开放以来短短的 30 多年时间里，创造了超过过去所有历史积累的生产力。如果说新中国的成立标志着中国人民在政治上站起来了的话，改革开放 30 多年后我们今天的成就，标志着中国人民在经济上昂首。国家综合实力显著增强，人民生活水平大大提高，国际地位日益提升并令世人瞩目，中华民族值得为此骄傲。但事物都是一分为二的，在奇迹的背后，也要清醒地看到，进入新千年以来，我国资源、环境和社会矛盾问题越来越突出，社会可持续发展的条件越来越艰难。从计划经济向市场经济转型中，城乡经济发展了，城乡之间的差距却越来越大；从乡村社会向都市社会转型中，农村劳动力向城市转移了，贫富悬殊却越来越明显了，社会结构裂痕出现了，为富不仁、仇富现象严重了；在从农业社会向工业社会转型中，经济总量增加了，人民生活改善了，自然环境却破坏了；从传统社会向现代社会转型中，新的思想和先进文化引进了，民族文化和传统道德却丢掉了。针对这些在发展过程中出现的新情况和新问题，中央提出了坚持以人为本，全面、协调、可持续的发展观，即众所周知的科学发展观。科学发展观是新时期政治经济社会发展的总纲。党的十六大以来我们充分注意到，国家的政治经济生活正在发生着一系列变化：从抗击“非典”到从严治政，从废止收容遣送条例到强调“以人为本”，从落实民工权益保护到发布劳动保护监察条例，从中央政治局组织集体学习宪法到提出建立法治政府，从承诺突破“黄宗羲定律”到全国取消农业税，从控制高耗能产业发展到转变经济发展方式，从应对气候变化到实施节能减排，从提出科学发展观到确立构建和谐社会目标，等等。这些变化充分说明，我国社会已经进入到“以人为本，科学发展、和平共赢”的崭新历史新时代。这是解决中国经济社会问题千载难逢的重大历史机遇，也是推动农村行政体制改革的最佳时期（阎坤，2004）。

4. 基层政府具备了改革的承受能力。农村行政管理体制改革过程中，政府机构无论是精简还是撤销，都涉及分流安置富余人员、解决他们就业和再就业的问题，这就必然牵扯钱从哪儿来，人往哪儿去的问题。这个问题是必须面对而不能回避的。近些年来，国家财政收入较快增长，公共财政覆盖农村的步伐明显加快，中央政府对基层政府的财政转移支付能力显著增强。2008年以来，在应对国际金融和世界经济危机中，经济发展企稳向好，财政收入止跌回升，财政经济保持良好发展势头；我国人均GDP突破了1 000美元，经济的发展扩大了就业机会，使政府机构改革中的富余人员可以实现再就业；全国政府机构改革进行了多年，国家公务员队伍建设取得了相当的经验，基层政府工作人员对行政机构改革的心理承受力日益成熟，有利于减少改革阻力；国家社会保障制度涵盖范围越来越广，社会各方面的承受能力增强，可以避免改革引发的人员生计矛盾；等等。所有这些，都为推进农村行政管理体制改革创造了比较宽松的环境。

5. 农民群众的承受力不断提高。村民自治是农村行政管理体制改革的重要内容。农民群众当家做主，实现真正意义上的村民自治，达到自我管理、自我发展的水平，需要具备一定条件。这其中有两个最基本的条件：一为经济收入条件，一为文化素质条件，这两个条件是相辅相成的。改革开放以来，从实行农村土地家庭承包制开始，农民的境况就开始好转并走上坡路。随着人们物质生活水平的提高，受教育的程度也在提高，农民群众的民主意识和法制意识得到增强。尽管在发展过程中还存在城乡不平等、不协调问题，但农民的绝对收入是递增的，农民的素质也随着经济条件的不断改善而不断提高。

6. 建设社会主义新农村战略目标的提出，为农村行政体制改革指明了方向。党的十六届五中全会把“建设社会主义新农村”作为未来一个时期农村发展的基本目标，并强调推进城镇化和新农村建设“两轮驱动”。靠工业带动农业、城市支持农村，最终实现“生产发展、生活宽裕、乡风文明、村容整洁、管理民主”的愿景。5句话20个字是一个有机的整体，要求协调推进农村经济建设、政治建设、文化建设、社会建设和党的建设。建设社会主义新农村的目标和要求，既明确了当前和今后相当长一段时期农村工作的基本内容，又为农村行政体制改革指明了方向。这就是改革要有利于促进农村的发展，提高农民的收入水平，改善农村的生产生活环境，改变农民的精神面貌，加强农村民主政治建设。

（二）不利因素

在看到推进农村行政管理体制改革的有利因素、增强改革信心的同时，也要清醒地认识到，我国“三农”问题是历史长期积累下来的，错综复杂，“冰冻三尺，非一日之寒”，推进农村行政管理体制改革也面临着一些不利因素。

1. 农业落后问题。目前，中国农业依然是国民经济发展的薄弱环节，面临气候变化、自然灾害、市场风险等多种不确定因素的考验，投入不足、基础脆弱的状况并没有改变，粮食增产、农民增收的长效机制并没有完全建立，制约农业和农村发展的深层次矛盾并没有消除，农村经济社会发展明显滞后的局面并没有根本改观，农村改革和发展仍然处在艰难的爬坡和攻坚阶段，保持农村发展好势头的任务非常艰巨。农业落后，从根本上限制了农民素质的提高和农村社会的发展。

2. 农村财政问题。随着农村税费改革各项政策落实到位，县乡财政运行中的很多困难和问题全面显现出来。农业税取消前，乡镇财政收入主要是工商税、农业四税（农业税、农业特产税、牧业税、屠宰税）和乡统筹费。农村税费改革后，农村的乱收费、乱集资、乱摊派得到了有效制止，农民负担减轻了，但县乡财政收入同时大幅度减少。这对于经济欠发达和以农业为主要产业的县乡来说，失去了赖以生存的支柱收入，财政压力相当大。上级财政转移支付补助有限，不少县乡靠借债过日子。据有关统计资料显示，目前我国县乡债务非常严重，平均每县债务约2 000万元，每乡债务约400万元。

3. 政府机构改革滞后问题。农村行政体制改革，从根本上讲必须服从于整个政府机构改革的大局。政府机构的改革属于上层建筑的变革，是各方利益关系的重大调整，利益主体多元、利益矛盾深刻、利益关系复杂，推进的难度比经济体制改革要大得多。我国政治体制改革尽管已经取得了相当的成就，但离经济体制改革以及社会发展的历史要求还有相当的差距。受政府机构改革以及政治体制改革滞后的影响，农村行政管理体制改革不可能一蹴而就，毕其功于一役，改革步子是渐进的，改革成效也必然是有限的。因此，从客观角度来看，农村行政管理体制改革必然是一个长期的、艰巨的社会系统工程。

二、当前社会各界对农村行政管理体制改革的观点综述

目前，关于农村行政管理体制改革的观点很多，众说纷纭，各有千秋，以下主要列举四种具有代表性的观点加以介绍。

（一）精简地级、乡镇级两个政府层级，改现行五个行政层级为中央、省、县三个行政层级，实现扁平化改革目标

这种观点认为，总结西方发达国家的经验，从公共管理的角度来看，政府管理一般设置三个层级较佳，具体讲就是设中央、省、县三级政府。中央整体决策，省级中间协调，县级直接操作。如果超过三层，增加中间协调的层次，效率就会下降。建议将现行五级政府中的地级、乡镇级两个政府层级砍掉，或者将其作为上一级政府的派出机构，实行中央、省、县三级政府管理。

（二）撤销地市级政府，变五级行政层级为四级行政管理

这种观点认为，现在世界发达国家大都实行三级政府，我国的政府层级是五级，应该砍掉一级，需要被砍掉的政府层级为地级。我国地级市大多数都是从原来的地区行署转化而来的。地级市的设立曾在密切城乡关系、加强城乡合作、促进城乡一体化等方面起到过积极的作用，但随着改革开放的不断推进，其缺点和不足不断暴露出来。设“市”一级的初衷是“市带县”，执行结果是“市卡县”、“市刮县”，事与愿违。现在科技发达，交通便利，信息传递可以直接到县，地市级政府行政层级已经变成多余。因此，应削减政府层级，首先应该削地市一级。具体做法是将地级市变为省的派出机构，并在时机成熟时逐步撤销。

（三）撤销乡镇一级政府，设置四级政府

其理由是：减少权力的中间环节，有利于民主建设。这种观点认为，在农村实行乡镇自治，是解决我国“三农”问题的重要步骤。在我国，乡镇自治具有深远的历史渊源。从公元前221年秦王朝建立后实行“郡县制”开始，我国地方的国家权力体系发展已经历了两千多年的历史。自古“皇权不下县”，乡村自治是历史传统。从新中国成立后的乡镇管理实践看，设置乡镇政府存在太多弊端。

（四）撤销地市一级政府，继续保留乡镇政府层级

主张撤销地市级政府的理由与第一、二种观点相同。持保留乡镇一级政府的理由如下：一是认为目前取消乡镇政府是一种过于激进的主张，因为这样做忽视了中国是“后发外生型现代化国家”的特征，并认为在这个国家特征条件下，乡镇政府的作用无可替代。所谓“后发外生型现代化国家”，是指国家的现代化不是按照社会发展的成长机理逐步发育形成的，而是搭发达国家现代化的历史便车，在外部力量的支持下生拉硬扯拼凑起来的现代化。这种国家现代化的实现，是发展指标的现代化，而社会的实质内容并没有现代化。在正常发育的国家现代化过程中，生产力的现代化、生产方式的现代化、公民素质的现代化、国家治理结构和形式的现代化、国家社会生活法治化等等都是同步推进的；而“后发外生型现代化国家”，只意味着一些社会发展的主要指标，如第三产业比例指标、人均 GDP 指标等达到现代化的要求了，但生产力、生产方式、公民素质、国家治理结构、国家法治等国家现代化的实质内容并没有现代化。因此，“后发外生型现代化国家”必然存在大量的社会问题。持这种观点的学者进而认为，中国农村社会在客观上还存在许许多多与现代化国家要求格格不入的困难和问题，而且这些问题的解决离不开乡镇政府。二是尽管中国城市化水平在不断提高，但中国人口中70%的人口将难以离开农村，拥有庞大农村人口的社会管理将会越来越复杂，越来越困难，因此乡镇政府不能取消。中国接近9亿人的中国农民由于本身素质所决定，其中绝大多数无法在二、三产业获得稳定就业。如果不加快城镇化进程，大量转移农村人口，庞大的人口规模重压在中国农村极为贫乏有限的土地上，就注定了中国农村经济社会不可能进入良性的发展轨道。在这种情况下，单纯强调村民自治并力图通过村民自治来解决中国农村社会稳定和发展问题，近乎是空想。因此，不能撤销乡镇政府。三是尽管乡镇政府在农村社会发展过程中的作用有限，在依法行政过程中甚至存在非常严重的问题，一些干部以权谋私、欺压民众等已经近乎公开化，但乡镇政府在维护农村社会稳定过程中具有任何其他组织无法取代的作用，因而不能取消。四是乡镇政府是《宪法》法定的基层政府，其地位不能动摇。如果要取消乡镇建制就必须先修改《宪法》，需严格履行修宪司法程序，应由专门的权力机关和人员发动。

以上四种观点，尽管着力点、侧重点不同，但都有共同之处、共识之处，这就是需要朝着扁平化方向进行政府机构改革，减少行政层级，压缩行

政成本，提高行政效率，所以可以作为我们研究农村行政管理体制改革的重要参考。

三、推进我国农村行政体制改革必须遵循的原则

根据我国现阶段的形势和具体国情，农村行政体制改革应遵循以下五个原则：

（一）必须有助于巩固农村税费改革的成果

“三农”问题的核心是农民问题，农民问题的本质是利益问题，归根结底是人的问题。科学发展观中的“以人为本”，主要是针对农民和工薪阶层而言的。历史上，国家户籍制度将公民按居住地划分为农村居民和城市居民，城市居民享有许多特殊的福利待遇，而农村居民则没有。农民在政治上、经济上受到的待遇是不公平的。在长达2 000多年的封建社会里，农民从来都是受压迫受剥削的对象。新中国成立以后，农民的政治地位本质上改变了，但实际上仍然存在差别。比如，选举人大代表时，城市人口所占比例低，而人大代表所占的比例高，农民则相反，这种政治上的不平等，导致农民的话语权小，农民的正当诉求得不到正常反映和体现。在经济地位上，农民的利益长期受到侵害，农民的经济状况整体改观不大，农民仍然处于竞争中的不利位置，仍然是弱势社会群体。在计划经济时代，工农业产品的剪刀差，一方面说明农民为支援国家建设作出了贡献、付出了牺牲；另一方面对农民来说是一种经济上的不公平，是国家对农民的欠账。改革开放后附加在农业税上强制收取的各种费用，加上一个时期以来在中国农村公开盛行的“三乱”（乱收费、乱摊派、乱罚款），实质上是对农民利益的侵占。中国农民无论在历史上还是在今天的现实中，都是贡献大于得到、吃亏大于受益。党的十六大以后新一届政府彻底地取消农业税，其意义不仅在于从经济上减轻农民负担，而且明确宣告农民的利益神圣不可侵犯。当然，农民自身的弱势具有其本身的原因，社会由不公平发展到公平也需要一个相当长的历史过程，但政府对保护农民政治权利和经济利益的强调以及为此所采取的相应措施，对维护农民的政治经济权益意义重大而深远。农业税取消了，附加在农业税上的各种费用取消了，农民在经济上得到实惠，心情上感到舒畅。但人们也普遍担心，如果政府行为不规范，不能依法行政，违法不付必要成本，明的税费取消了，暗的负担会不会再出现？税费改革的成果能不能在今后农村改革发展中得到巩固？农民的负担会不会反弹？这些担心不无道理。因

此，农村行政管理体制改革应建立巩固农村税费改革成果的体制机制，用事实回答这些问题。

（二）必须有助于推动“三农”问题的解决

“三农”问题是中国特色的问题。从根本上讲，农业问题是经济问题，农村问题是社会问题，而农民问题则是政治问题。从这个意义上讲，其核心是农民问题，也就是政治问题。农村地区的基层政权建设与“三农”问题有极为紧密的因果关系。因此，一些学者把农业地区的基层政府管理体制称为“农政”问题，并由此把“三农”问题变为“四农”问题，即农业、农村、农民和农政问题。农村行政管理体制改革必须有助于“三农”问题的解决，特别是“农民”问题的解决，亦即农民的全面发展，包括农民收入水平提高、生活质量改善、政治地位提升。这既是改革的原则，也是衡量改革成效的根本标准。如果改了半天，折腾来折腾去，农民的经济地位、政治地位没有根本性改变的话，改革的公信度和政策效果就会大打折扣。

（三）必须服从于政府机构改革的总体要求

政府机构改革总的原则应是：按照社会主义市场经济的要求，转变政府职能，实现政企分开和政事分开；按照精简、统一、效能的原则，调整政府组织结构，实行精兵简政；按照权责一致的原则，调整政府部门的职责权限，明确划分部门之间职责分工，完善行政运行机制；按照依法治国、依法行政的要求，加强行政体系的法制建设。农村行政管理体制改革是国家整个政府机构改革的重要组成部分，必须按照中央总体设计框架和要求进行设计和推进。

（四）必须以保持社会稳定为基本前提

中华民族上下五千年的文明史告诉我们，稳定是最大的政治。离开了社会稳定这一条，所有的改革都没有意义。同时，稳定也是人民最普遍、最基本的利益。历史还告诉我们，人民群众可能不是经济社会发展最大的受益者，但历来是社会不稳定、社会动乱首当其冲的受害者。看不到社会稳定的极端重要性，就是对中国具体国情的不了解，也就是对人民不负责任。农村行政管理体制改革与广大基层干部和人民群众的利益关系直接，对农村社会局势的影响非同小可，牵一发而动全身，搞不好就会出现大问题。因此，必须照顾各方利益诉求，考虑改革承受能力，慎之又慎，周密设计，精心组织，维护社会稳定。

（五）必须实事求是、因地制宜

农村行政管理体制改革，总的讲应该严格贯彻中央的统一政策要求，但在改革实践中，应具体问题具体分析，不能搞一刀切。中国人口众多、幅员辽阔、社会结构复杂、发展很不平衡，改革应在坚持中央精神的前提下，针对不同地区情况区别对待。农村行政管理体制改革不仅仅涉及政府间职责的划分、经济利益的调整、干部格局的变动，更关系到农民群众的切身利益，是一个很复杂、很敏感的问题。各地情况千差万别，东南沿海发达地区、中部欠发达地区、西部落后地区，还有新疆、西藏等少数民族地区、老少边穷地区，经济发展水平、社会发育程度、民族风俗习惯各不相同，简单套用传统的大一统模式肯定是行不通的，应实事求是，具体问题具体分析，因地制宜，区别对待，分类指导。

四、推进农村行政体制改革的三种基本模式

由于我国区域发展很不平衡，因而在改革的模式选择上不可能千篇一律，必须根据不同地区的经济社会发展程度设计出不同的改革模式。从现阶段情况看，按照不同地区的经济社会发展现状，推动农村行政体制改革的区域类型可分为以下三种类型：第一类为东南沿海地区，统称“发达地区”；第二类为中西部一般地区，统称“中西部地区”；第三类为经济落后地区，包括所有的中西部老少边穷地区、民族集中居住地区、政治问题敏感地区，统称“特殊地区”。上述三类地区因具体条件不同，应该分别设计不同的改革模式。具体的模式表述如下：

（一）发达地区模式

取消市管县，实行省直管县体制，同时提升发达镇的行政级别和权限。这一模式改革的特点是实现政府层级的准三级制，改革的重点在县一级。

发达地区经济发展水平高，工业化、城镇化水平较高，经济实力较强，市场发育程度高，人民群众文化素质高，自我管理能力较强，对改革的社会承受力较强。这种地区的政府机构改革可以向国际水平看齐，完全有条件按照发达国家通行的三级政府层级制来进行政府机构改革。实施重点有四个方面：

1. 撤销所有的地市层级政府建制，砍掉影响省县直接联系的中间隔层，减少地市一级利益主体和政策主体，降低行政成本，提高政府办事效率。

2. 适当强化县级政府，按照市场经济和现代政府设置要求，依据中央

关于政府机构改革的总体框架，对县级政府进行重点改革改造，其实质是强化县一级利益主体和政策主体权限，扩大县级的经济社会管理权、环境和生产安全监管权、财力支配权、城镇建设管理权等。

3. 推进小城镇建设，特别是经济发达镇和中心城镇建设。赋予发达镇拥有县一级的权限。扩大经济发达镇的经济社会管理权限，赋予其城市发展功能和财力，根据小城镇的承载能力，有序转移农村劳动力，充分发挥城镇对农村发展的辐射带动作用。

4. 坚定不移地推进农村村民自治。通过村民委员会和农村经济合作组织，依靠村规民约和合作组织章程，对村民行为进行规范，由村民行使村内重大事项的知情权、决策权和监督权，实现真正意义上的村民自治。政府在其中的角色是引导者、协调者。

发达地区政府机构改革模式是全国政府机构改革的先行模式，具有方向性、超前性、探索性、示范性。其他地区的改革，应在选择适合自身特点的改革模式的同时，积极创造条件争取早日实施这一模式。

（二）中西部地区模式

撤销地级市政府层级，保留现有县一级设置，取消乡镇一级政府设置，将其改造为县级政府的派出机构，并大力精简乡镇人员。这一模式改革的重点是乡镇层级。

在中国的广大中西部地区，经济发展速度和社会发展水平都比较有限，推进政府机构深层次改革的条件尚不完全具备，但越是这样的地方，对基层政府特别是乡镇政府实施改革的迫切性越为突出。在这类地区，县乡两级财政普遍困难，乡镇政府难以履行社会管理、推动经济发展的作用，社会矛盾较多，干部与群众关系微妙，乡镇政府所能提供的公共物品不足，农村社会的自治组织能力较弱，无论是乡镇政府的自身管理，还是对社会的治理，均存在着大量而复杂的问题。更为重要的是，这类地区的乡镇政府普遍存在巨额的债务。无论是出于减少政府层级的需要还是政府本身改革的需要，都应取消乡镇这一层级的政府设置。但中西部省份农村大多为欠发达地区，地域面积广，人口居住比较分散，社会管理和公共服务成本相对较高，完全由县级政府管辖似乎有些力不从心。从政府管理的有效性来看，应保留乡镇一级的管理服务功能，将现在乡镇一级政府改为县级政府的派出机构，并适当精简人员，提高服务质量。而对于地级层次，情况也与发达地区一样，没有继续存在的必要，应取消这一层级政府设置。

中西部地区模式改革的重点如下：

1. 坚定不移地撤销地市一级政府设置，原地市所在市或区按县级政府设置和管理。

2. 全部取消现行乡镇一级政府设置，将其改为县级政府的派出机构，名称可定为乡（镇）公所。对中西部地区的特大型经济发达镇，可以按县级设置政府，并享受县级政府经济社会管理权限。乡（镇）公所没有必要按照县级机构设置五大班子，其职能设置主要是提供社会管理、计划生育、义务教育、基础设施建设、医疗卫生、社会保障方面的公共产品服务。

3. 对农村村民自治制度建设加以指导。比如，组织选举村民委员会，组织调解民事纠纷，帮助村级搞好发展规划，指导发展村级公益事业，监督村级落实村务公开、财务公开等。

（三）特殊地区模式

在现行五级政府层级中取消地市层级，将五级政府改为中央、省、县、乡镇四个政府层级。乡镇支出缺口通过上级政府财政转移支付解决。

特殊地区主要是中西部落后地区、老少边穷地区、政治敏感地区。这类地区经济发展和社会发展水平落后，交通信息相对不便，人民群众自我管理能力相对较弱。对这类地区而言，稳定是最大的政治，也是最大的改革。改革的重点是创造改革的条件，而不是实施改革本身。因此，县乡政府可以暂时保留现有设置。而对于地市层级来讲，除少数政治敏感、民族地区保留自治州外，其余地区的地市一级政府仍然没有继续存在的必要，可以将其撤销，理由同前所述。特殊地区模式改革的重点，是落实上级财政对乡镇的转移支付政策，增强社会管理和公共服务能力，增强其造血功能和自我发展能力，从根本上割断基层政府与农民的一切不合法的经济联系，巩固农村税费改革成果，为进一步深化机构改革创造条件。

上述三个不同的模式，虽然具有不同的改革重点和层面，但相互之间不是孤立的，而是相互联系的。就改革的深度而言，是特殊地区模式、中西部地区模式、发达地区模式由低向高排列。特殊地区模式是初级模式；中西部地区模式是中级模式；而发达地区模式则是高级模式。随着经济社会的不断发展，改革的模式逐步由低级向高级过渡、演进，政府职能日趋完善，功能越来越健全。

五、切实转变县乡政府职能

上面讨论了以减少行政层级、提高行政效率为中心的三种推进农村行政管理体制改革的基本模式，这是吸收国际经验、结合中国实际提出来的，应该是农村行政管理体制改革的大趋势。但必须清醒地认识到，我国农村现行行政管理体制的存在具有深刻而复杂的历史和现实原因，改革是一个极为复杂的系统工程，必然有一个历史过程。当务之急，是针对农村税费改革后县乡政府工作面临的新形势新问题，以及不断完善社会主义市场经济体制的总体要求，切实转变县乡政府职能，为进一步推进农村行政管理体制改革创造条件，争取改革的主动性。

（一）总体要求

1. 农村行政管理体制改革必须放在"切实转变县乡政府职能"这个比单纯的政府机构改革更为深入的层面上来部署和推进。政府职能是机构设置和机构改革的重要依据，没有明确的政府职能定位，机构设置和调整就没有着力点。过去，我们常把转变政府职能简单地看成机构的撤并和调整，好像机构减少了，干部数量减少了，政府职能就转变了，这在认识上是片面的，实践上也是行不通的。改革开放以来，我国涉及政府行政管理体制方面较大的改革一共有五次。这五次改革，对我国政治体制改革起到了巨大的推动作用，但由于各种各样的复杂原因，改革内容大多停留在机构撤并调整这个浅层面上，还没有全面触及到转变政府职能这个较为深入的层面，因此改革的成果与建立社会主义市场经济的要求还有一定距离。回顾五次改革，前三次改革是全国性的，主要是针对机构调整和人员精简，分别发生于1983年、1988年和1993年。由于历史的局限性，每次改革的效果都不是很理想。例如1993年那次机构调整，当时精简了一些部门和人员，而几年后人员不仅没有真正减少，反而增加了100多万人，工作效率也未有明显提高。原因在于这三次改革把政府体制改革的关注点主要放在"机构"的调整上，而没有全面触及政府职能转变。1993年的改革，尽管认识和触及到了转变职能、理顺关系等政府体制改革较深层次的问题，并在职能转变与机构改革两个方面作了一些努力，但改革的成果没有形成制度，更没有以法律形式确定下来，由于没有法律保障，改革成果难以巩固，不久就出现反弹。第四次改革是1998年进行的国务院机构改革，这是一次动作比较大的改革，对国务院组成部门机构进行了撤并，工作人员大幅精简，由于更深层次的政治体制改革等方面的原因，客观上在触及政府职能转变方面的力度还不够，加之改革的范围只局限在国务院高层，地方层级特别是农村基层政府相应的改革没有完全推开。第五次改革应该说是由2001年中国加入WTO以及《行政许可法》的颁布实施所推动的。这一次改革按照政府管理体制与国际接轨的要求，从改造行政审批制度和推进政府依法行政两个方面，直接推动了政府职能的转变。这一次改革实行大部制，根据职能设置机构，避免部门职能重复交叉，真正触及了政治体制改革的本质，也是我国政治体制改革的一个重要的里程碑。但由于转变政府职能方面的改革要真正在法律制度上确定下来，客观上还需要实践检验，需要时间总结，因此这一次以转变政府职能为核心的改革还处在进行之中。只有把农村行政管理体制改革放在转变政府职能的层面来部署和安排，才能取得实质性的突破与进展。

2. 必须着力打造有限责任政府。在政府机构改革方面，人们通常会提到“帕金森定律”，即机构改革难以逾越“精简—膨胀—再精简—再膨胀”的定律，越想精简，越是膨胀。我国政府机构改革之所以陷入“帕金森定律”的怪圈，一个重要原因就是我们没有从转变政府职能的角度，进一步说是没有按照现代市场经济的要求减少政府事务，缩小政府政策主体和利益主体的事权，将无限责任政府改造成有限责任政府，而是就机构改革而机构改革，结果是无论机构怎么改来改去，只要政府主体事权不加限制，无限责任这一条不改，政府管理就必然包罗万象。机构改革事实上只起到政府管理权在上下级政府之间，以及政府各部门之间的划分和调整的作用，折腾来折腾去，对于政府管理体制方面的改革没有多大贡献，而且由于只裁并机构，不转变职能，过不了多久，行使原来职能的机构又以老名目或新名义死灰复燃，以致机构恶性膨胀周而复始。

当代的责任政府都是有限的责任政府，实现从“全能政府”向“有限政府”转变，是打造当代责任政府的首要条件，也是推进县级政府机构改革的关键。总的来说，县级政府的职能与省级政府、中央政府有一致性，也有其特殊性。作为贴近基层、贴近群众、侧重执行的县乡政府，其职能与省级政府和中央政府存在明显区别。不能简单地把县级政府职能等同于上级政府职能，县级机构设置也不能简单地套用上级机构设置的模式，实行完全的上下对口。我国已经是世贸组织的成员国，必须树立科学的政府理念，依法行政，按照《行政许可法》的要求，将无限责任政府转变成有限责任政府。有限责任政府的基本特征是服务型、效率型、透明型、法治型政府。

3. 必须明确县乡政府的基本职能。在社会主义市场经济条件下，县乡政府的基本职能是加强社会管理，强化公共服务，定位一定要明确。过去我们有过很多经验教训，一些地方的县乡政府职能定位不准，把政府等同于一般的投资主体，做了许多不该做的事，片面注重招商引资，为企业贷款作担保，负了很多债务，相反在履行政府职责方面却做得不够，在社会管理、公共服务方面做得很少。

在现代市场经济国家中，基层政府的基本职能主要是社会管理和公共服务，简单明了。而直接配置经济资源和介入微观的经济活动则是政府最不该做的事情。如果我们的政府还是市场经济中一个最大的、公权在握的、垄断型的老板的话，是对市场经济的扭曲。普天下的发达国家和真正的市场经济国家，没有哪个国家的政府直接配置经济资源和介入微观经济活动。政府直接配置经济资源和介入微观经济活动，不仅是政府角色的误区，而且是滋生腐败的温床。然而在我国现行的基层政府行为中，直接配置经济资源和介入微观经济活动则是公开的、普遍的，而在履行按市场经济要求的基本政府职能方面，是普遍做得不够的。该做的不做，不该做的做过了头；该管的没管好，不该管的管得过死。这可以说是我国现行基层政府普遍存在的问题。中国的市场经济也因此而带有相当深厚的政府经济、权力经济色彩，国际舆论对此多有批评，国内社会各界，特别是民众颇有微辞。

新一轮的县乡行政管理体制改革，一定要按照建立社会主义市场经济体制的要求，对县乡政府职能进行重新定位，强化政府的社会管理与公共服务职能，紧紧围绕服务群众这个中心，切实发挥基层服务群众、凝聚人心、排忧解难的作用。要保证基层群众依法行使选举权、知情权、参与权、监督权等民主权利。政府能否把基本职能切实转移到“加强社会管理，强化公共服务”上来，是判断县乡行政管理体制改革成败的基本标准。

（二）切实转变县级政府职能

在现代市场经济条件下，地方政府的基本职能是实施社会管理和提供公共服务。地方政府的基本职能是很清楚的。我国实行社会主义市场经济体制，就必须按照市场经济条件下政府职能设置的要求，切实转变政府职能。按照《中华人民共和国地方各级人民代表大会和地方各级人民政府组织法》精神，我国省、地、县三级政府的法定职能口径是基本一致的。其中第五十九条规定，县级以上的地方各级人民政府行使下列职权：“（一）执行本级人民代表大会及其常务委员会的决议，以及上级国家行政机关的决定和命令，规定行政措施，发布决定和命令；（二）领导所属各工作部门和下级人民政府的工作；（三）改变或者撤销所属各工作部门的不适当的命令、指示和下级人民政府的不适当的决定、命令；（四）依照法律的规定任免、培训、考核和奖惩国家行政机关工作人员；（五）执行国民经济和社会发展计划、预算，管理本行政区域内的经济、教育、科学、文化、卫生、体育事业、环境和资源保护、城乡建设事业和财政、民政、公安、民族事务、司法行政、监察、计划生育等行政工作；（六）保护社会主义的全民所有的财产和劳动群众集体所有的财产，保护公民私人所有的合法财产，维护社会秩序，保障公民的人身权利、民主权利和其他权利；（七）保护各种经济组织的合法权益；（八）保障少数民族的权利和尊重少数民族的风俗习惯，帮助本行政区域内各少数民族聚居的地方依照宪法和法律实行区域自治，帮助各少数民族发展政治、经济和文化的建设事业；（九）保障宪法和法律赋予妇女的男女平等、同工同酬和婚姻自由等各项权利；（十）办理上级国家行政机关交办的其他事项。”

从上述法律规定表述可以看出，我国县以上省以下地方政府的职能规定具有四个显著特点：一是不分层级。省、地、县三级政府的职能都出自一款规定，同样的内容，没有根据政府层级分别设置相应的职能。二是内容宽泛。大多是原则性、总体性、抽象性的规定，内容丰富，几乎是包罗万象。三是全能性明显。政府对经济社会的管理是全覆盖的，带有全能政府的色彩。四是职能趋同。各级政府用笼统的、总体的叙述方式来规定条款，表面上看给不同层级的地方政府有很大的职能设置空间，然而由于上下级之间在职能上面没有具体的区别，上下级之间在逻辑上是一体的、内容上是趋同的，因此任何一个层级政府的职能设置都不能单独进行，实际上给地方政府设置职能的空间非常小。地方政府形式上有自行设置职能机构的自主权，但没有可操作性。县以上地方政府职能与中央政府职能相比较，除没有外交权、经济调控权以外，其他方面的职能也大同小异，基本上是上下一般粗。显然，我们对地方政府职能的法律规定与建立社会主义市场经济体制的要求是有距离的，还需要进一步改革完善。

如何转变我国既定的地方政府职能呢？全国第十届、第十一届人大会议《政府工作报告》中强调，要加快政府自身改革和建设步伐。总结近些年来我国政府的机构改革，大致有以下几方面的内容：

1. 深化政府机构改革。要巩固政府机构改革成果，及时解决改革发展中出现的新问题。加快推进乡镇机构改革，重点是合理界定乡镇机构职能，精简机构和减少财政供养人员。积极稳妥地分类推进事业单位改革，依法规范对事业单位的授权行为。

2. 加快转变政府职能。进一步推进政企分开、政事分开、政资分开，坚决把政府不该管的事交给企业、社会组织和中介机构承担。政府应该管的事情一定要管好。在继续抓好经济调节、市场监管的同时，更加注重社会管理和公共服务，把财力物力等公共资源更多地向社会管理和公共服务倾斜，把领导精力更多地放在促进社会事业发展和建设和谐社会上。

3. 改进经济管理方式方法。各级政府抓经济发展，主要是为市场主体服务和创造良好的发展环境，不能包办企业投资决策，不能代替企业招商引资，不能直接干预企业生产经营活动。应增强按市场经济规律领导经济工作的意识和能力，增强按国际通行规则办事的意识和能力，增强主要运用经济、法律手段调节经济运行的意识和能力。

4. 努力建设服务型政府。创新政府管理方式，寓管理于服务之中，更好地为基层、企业和社会公众服务。整合行政资源，降低行政成本，提高行政效率和服务水平。政府各部门要各司其职，加强协调配合。发挥基层民主建设作用，党和政府的政策到哪里，老百姓普遍关心的问题在哪里，政府公共服务就到哪里，农村民主建设就延伸到哪里。健全社会公示、社会听证等制度，让人民群众更广泛地参与公共事务管理。大力推进政务公开，加强电子政务建设，增强政府工作透明度，提高政府公信力。

5. 提高依法行政能力。应认真贯彻依法治国基本方略，全面实施国务院颁布的依法行政纲要，加快建设法治政府，提高依法办事能力。

《政府工作报告》为如何转变地方政府职能指明了方向，与目前农村行政管理体制改革实际相结合。当前转变县级政府职能的内容主要有以下几个重点：

1. 以“加强社会管理，强化公共服务”为县级政府转变职能的基本方向。实施社会管理和提供公共服务是建设现代化国家通行的、公认的政府基本职能，也是市场经济条件下政府职能的科学定位。我国县级政府的基本职能也应该定位于“实施社会管理，强化公共服务”。由于之前我国县级政府的主要工作精力是以市场主体的角色进行经济活动，并没有将重点放在社会管理和公共服务上面，导致了政府角色的部分缺失。因此，必须完善职能定位，依法履行职责，加强社会管理，强化公共服务。这是转变县级政府职能的基本方向。

2. 进一步推进政企分开。计划经济时代的政府是直接管企业的，既是所有者又是经营者，政府的经济职能就是要追求直接的生产效益。在市场经济条件下，政府仍然具有经济职能，但这个经济职能是从整个社会管理者的角度和高度来制定规则，调控经济活动，而把具体生产效益的职能让给企业去完成。这也是随着社会进步和社会分工进一步细化的结果。这需要政府管理经济的范围从直接的生产经营之内跳到之外，在直接的生产经营范围之外，从管理社会的角度和高度行使政府经济职能，其行为方式就是我们常讲的政府宏观调控。所谓宏观调控，就是政府运用经济手段、法律手段和必要的行政手段，即用“看得见的手”纠正国内市场的宏观失控，保持国民经济平衡发展，维护经济秩序，治理经济环境，提高市场效率。政府对企业的管理主要是管好产业方向、外部环境和依法纳税，不再直接干预企业的具体经营行为。企业的具体经营行为通过市场规律，即“看不见的手”去调节。事实上，政企分开的实质不是政府管不管企业的问题。企业作为一个从事生产经营活动的法人，是社会生活的基本单位之一，哪有政府不管企业的呢。政府要管理社会，企业是社会的一个基本单位，没有哪个国家的政府不管企业。但宏观调控对企业的管理，主要是管理企业违不违法、违不违规，而不是直接管理企业的内部事务。即使对国有企业，政府也只能以所有者的身份监督企业经营者的行为，而不能直接干预企业生产经营活动。就犹如股份制企业的董事长与总经理的关系一样，各行其职，各负其责。但由于种种复杂原因，特别是我国法律对物权的保障体系没有建立起来，因此政府在履行宏观调控职能过程中，通过社会管理手段影响企业生产经营甚至决定企业生死存亡的空间基本上是无限的。政府不直接管理企业，但政府影响甚至决定企业命运的能力是巨大的。因此，能不能实现政企分开，不是政府管不管企业的问题，而是政府对于企业的管理是否有法可依、有法必依、违法必究的问题。这是一个相当困难的问题，解决起来需要相当长的时间。目前，在政企分开的问题上需要做的工作，首先是规范约束政府行为，严格执行“行政许可法”等相关法规；其次是加强企业权益的立法保护；最后是严格行政执法监督。这三条做到了，政企分开就有了突破口。

3. 进一步推进政资分开。现代市场经济使政府的经济职能发生了变化，但并没有弱化政府的财政性质。相反，在发达的市场经济国家，政府财政不是削弱了，而是加强了，问题的要害是财政的筹资方式改变了。在计划经济时代，政府直接投资企业、管理企业、直接创收，收入中也无所谓是税还是费。市场经济的效率最主要来自于更精细的社会分工。在市场经济条件下，政府的财政收入不是来自于直接投资的利润，而是来自于经济繁荣所带来的税收。所谓政资分开，是相对于计划经济时代政府既管行政又搞投资而言的，就是政府把投资的事情，或者说把资本交给擅长资本经营的企业去做，集中精力搞好只有政府唯一有资格搞的行政执法，为资本经营创造良好的环境，繁荣经济，开辟税源，扩大税基，调整税率，严格税收征管，让市场活力通过税收转化为财政收入。而政府掌握的必要投资，如关乎国计民生的项目投资，主要目的不是创造财政收入，而是创造社会效益，促进社会公平发展。这才是市场经济条件下的财政创收之道。但目前不少地方政府特别是县级政府，出于各种各样的复杂原因，比如地方政府经济利益等，还在扮演投资者的角色，这是一个重大的行政误区。

4. 进一步推进政事分开。即政府职能与事业单位职能分开，重点是“收权”、“放事”，促进事业单位的社会化进程。将现有事业单位承担的行政职能划归政府，将政府机关承担的一些辅助性、技术性、服务性公益事务交给公益单位承担。改革事业单位的管理体制，取消事业单位名称，对公益性单位实行“政府负担”，由财政全额拨款，不得向服务对象收取费用用于单位经费；对准公益性单位，实行“政府补助”，其从事服务活动依法取得的收入纳入财政预算，支出由财政拨款，实施收支两条线管理；对经营性单位实行“市场主导”，财政“断奶”，作为市场主体推向市场，实行独立核算，自主经营，自负盈亏。

5. 进一步推进政社分开。进一步科学地分解政府机关、中介组织和市场机制的功能，使之各行其是、各负其责。凡是市场和社会可以自行调解和自我管理的，政府不必越俎代庖。应积极培育和规划社会中介组织，将各部门包揽的应由社会自我管理的社会性事务转交社会中介组织去做。会计、咨询、科研、审计、律师、学会、协会等中介机构、研究机构、社会组织应与政府主管部门在职能机构上彻底脱钩，变成为相对独立的法人实体。县级政府应更加注重社会管理和公共服务，把财力、物力等公共资源更多地向社会管理和公共服务倾斜。

6. 进一步深化行政审批制度改革。行政审批在计划经济时期比较盛行，什么事情都要政府部门审批，一直沿袭下来了。行政审批是一把双刃剑，既是行政执法的工具，又是扭曲政府行为的罪魁祸首，同时还是建立社会主义市场经济体制的绊脚石。2000 年特别是我国加入 WTO 以来，为了深化改革，与国际接轨，我国在清理相关政策法规、简化行政审批手续方面做了大量的工作，取得了巨大的成就，但离建立社会主义市场经济体制的要求尚有一定差距。简化审批手续，提高办事效率，是政府职能转变的重点之一。近年来，我国已公布取消了若干批、几千项行政审批事项，仅湖北省就按照“凡是可以下放的权力一律下放，凡是可以取消的收费一律取消，凡是可以精简的审批一律精简”的原则，公布取消、下放、转移行政审批事项1 000多项，减幅达50%以上。同时，对确需设立行政许可的项目，应立法确认，依法办事，规范管理，严格监督。为了防止政府部门不作为或者乱作为，应进一步推进行政审批制度改革，该审批的，一定要审批，严格把关。除了涉及国家保密事项外，必须公布行政审批项目、审批程序、政策要求，做到公开透明、公平公正；不需要行政审批的事项，一律取消。

（三）切实转变乡镇政府职能

乡镇政府是我国五级政府中最基层的一级行政机关，处在农村工作的最前沿，承担着直接面对人民群众的社会管理和公共服务职能。俗话说，“基础不牢，地动山摇”。乡镇政府的职能行为，对地方乃至国家的政权巩固、经济发展、社会安定都起着举足轻重的重要作用。

目前，我国法律对乡镇政府职能作出了明确规定。《中华人民共和国地方人民代表大会和地方人民政府组织法》第六十一条规定了乡、民族乡、镇人民政府的七项职权：“（一）执行本级人民代表大会的决议和上级国家行政机关的决定和命令，发布决定和命令；（二）执行本行政区域内的经济和社会发展计划、预算，管理本行政区域内的经济、教育、科学、文化、卫生、体育事业和财政、民政、公安、司法行政、计划生育等行政工作；（三）保护社会主义的全民所有的财产和劳动群众集体所有的财产，保护公民私人所有的合法财产，维护社会秩序，保障公民的人身权利、民主权利和其他权利；（四）保护各种经济组织的合法权益；（五）保障少数民族的权利和尊重少数民族的风俗习惯；（六）保障宪法和法律赋予妇女的男女平等、同工同酬和婚姻自由等各项权利；（七）办理上级人民政府交办的其他事项。”

从乡镇履行职能的情况来看，存在着很多困难和问题，突出表现在职能界定不够明晰、法定职权缺失、职能行使偏差、公共产品不足、财政相当困难等方面。农村税费改革以后，乡镇工作面临新的变化，如何适应新的形势，按照建立社会主义市场经济体制的要求切实转变乡镇政府职能是一个极为迫切和重要的任务。在转变乡镇职能方面，各地都在积极探索，取得了可喜的成绩，积累了许多宝贵经验。这里选部分具有代表性的事例加以说明。

据调查，浙江省通过探索实践经验，提出了明晰新时期乡镇政府职能定位的思路，将乡镇政府的职能定位具体为八个方面：

1. 执行党和国家的路线、方针、政策。把党和国家的路线、方针、政策及时贯彻落实到农村和广大干部群众，完成上级布置的各项任务。

2. 编制区域经济社会发展和村镇建设等各项规划。通过强化规划编制指导农村经济发展，加强农村社会事业和基础设施建设，抓好村镇建设和村庄整治工作。

3. 提供公共服务。加强公共卫生、疫病防控、义务教育、计划生育、民政优抚、就业保障以及证照办理等方面的服务，营造良好的发展环境。

4. 加强监督管理。通过授权、委托等方式，赋予乡镇政府安全生产、环境保护、食品药品安全、劳动权益保护、国土管理、农药化肥、种子种苗、森林砍伐等方面的行政执法职能。

5. 保护国家、集体财产和公民私有财产。保护社会主义的全民所有财产和劳动集体所有财产，保护公民私人所有的合法财产权。保障农村集体经济组织应有的自主权，保障公民的人身权利、民主权利和其他权利。

6. 完善对村民委员会的指导。指导村民委员会开展工作，帮助制定村民委员会的工作制度，推进村务、财务公开。

7. 维护社会稳定。加强社会治安综合治理，调处民事纠纷，维护社会秩序，办理兵役工作，加强平安建设。

8. 管理乡镇财政。编制乡镇财政预算，协助搞好税收征管，做好财务会计、经济统计和村级财务审计等经济管理工作。

该省嘉善县在界定乡镇政府职能方面，有独到的见地。该县提出乡镇的主要职能是：贯彻党的路线、方针、政策，执行本级党代会、人民代表大会的决议和上级党委、政府的决定和命令，承担促进经济发展、加强社会管理、搞好公共服务、维护社会稳定和巩固基层政权等职能，推动物质文明、政治文明、精神文明协调发展。具体职责为五条：一是促进经济发展。制订实施本乡镇经济发展规划，发展壮大镇村集体经济，大力发展农村个体私营、外商投资企业等非公有制经济，推进农村市场经济体系的建设，鼓励兴办各类协会和中介组织，发展现代农业和二、三产业，促进农民增收。二是加强社会管理。制订实施本乡镇社会发展规划，负责管理教育、科技、文化、卫生、体育等社会事业和计划生育、民政、城镇管理、村镇建设、道路建设、交通秩序等行政执法和管理工作，依法指导和帮助社会民间组织健康发展，配合上级有关部门做好安全生产、土地管理、环境保护和市场监管工作，加强对上级部门派驻机构的协调和监督，强化镇财政、村财务和集体财产的监督管理，建立健全减轻农民负担的监督管理机制，完善农村社会救助和保障体系，建立防灾减灾等区域性、突发性事件的处置工作机制。三是搞好公共服务。加强镇村基础设施建设、农田水利建设和生态环境建设，发展农村社会公共事业和集体公益事业，组织引导农村劳动力转移和就业，加强农村社会化服务体系建设，鼓励和扶持社会力量举办为“三农”服务的公益性机构和经济实体。四是维护社会稳定。加强社会治安综合治理，综合协调平安建设工作，强化信访、调解工作，化解农村社会矛盾，维护社会秩序；抓好法制宣传和普法教育，增强干部群众的法制意识，保护各种经济组织的合法权益和公民的合法财产，保障公民人身权利、民主权利和其他权利。五是巩固基层政权。加强党的思想建设、组织建设、作风建设和制度建设，强化乡镇人大对乡镇政府的监督，切实加强和改进对村级党组织的领导和对村民委员会的指导，扩大和健全农村基层民主，充分发挥工会、共青团、妇联等群众团体的桥梁纽带作用。

在建立权责一致的政府管理体制方面，浙江省也总结出了宝贵的经验。浙江省针对权力上收、责任下放，乡镇政府缺乏行政执法职权而承担行政管理责任的矛盾，按照“重心下移，能放则放”的原则，对农村地区发生频繁，直接面对基层百姓，县级部门看不见、管不了的事项，原则上都要下放给乡镇。赋予乡镇行政执法管理权，并承担相应的责任，建立权责统一的政府管理体制。其具体做法有：一是下放部分行政执法权。据初步统计，涉及县级的行政执法职能共9大类68项，经逐项梳理，可以下放的有16项，即安全生产、劳动保障、国土资源、水政管理、环境保护、文化市场、公共卫生、计划生育、规划管理、质量技术监督、食品药品监管、建筑质量管理、种子种苗、工商管理以及婚姻登记等。二是制定出台授权下放的行政规章。由于县级政府没有授权资格，根据《行政许可法》，授权必须要有法律支撑。由省政府出台一个原则性规章，明确授权下放的内容、程度和责任，把部分县级的行政执法权让渡给乡镇政府，使委托、授权具有法律依据。三是建立规范执法的工作机制。按照实行综合行政执法的要求，适当集中行政执法权限，建立综合执法办公室，由省政府赋予其行政执法主体资格。执法人员必须经主管部门培训取得执法资格。整合行政执法职能，执法人员工作在乡镇，业务上接受主管部门指导。

根据中央关于转变政府职能的方针政策，按照建立社会主义市场经济体制的要求，结合农村税费改革后农村工作面临的新形势，总结归纳各地探索创新的经验，笔者认为，乡镇政府职能总的来讲仍然是实施社会管理和提供公共服务，现阶段的具体职能可以定位在如下五个方面：

1. 严格执行党和国家的路线、方针、政策和上级政府布置的各项任务。乡镇政府是最基层的一级政府，是党和政府直接面对人民群众的窗口。乡镇政府的第一个职能，就是要通过执行上级政府的指令，把党和政府的路线、方针、政策及时贯彻落实到农村和人民群众之中去。同时，将基层干部和群众的要求和呼声及时反映给上级政府部门，成为群众利益诉求的表达主渠道。

2. 加强社会管理。认真做好社会治安、计划生育、民政事务、国土管理、环境保护、城镇管理、村镇管理、道路建设、市场监管、农民负担监察等行政执法和管理工作。加强社会管理是政府最基本的职能，必须履行到位。坚决纠正乡镇政府直接参与经济活动，直接介入市场竞争，忽视社会管理或社会管理缺位的现象，为老百姓生产生活创造一个安全和谐的环境。

3. 强化公共服务。认真抓好教育、科技、文化、卫生、社保、救济等方面的公共事业，加强农村社会化服务体系建设，逐步实现农村公民住有所居、病有所医、学有所教、老有所养。

4. 维护社会稳定。稳定是农村最大的政治，是乡镇政府最重要的职责。乡镇政府要加强社会治安综合治理，综合协调平安建设工作，强化信访、调解工作，化解农村社会矛盾，认真抓好法制宣传和普法教育，增强干部群众的法制意识，保护各种经济组织的合法权益和公司的合法财产，保障公民的人身权利、民主权利和其他权利。

5. 指导村民自治。村民自治是我国乡村治理的基本形式。随着社会主义市场经济体制的不断完善，我国的乡村村民自治建设取得了良好的进展，但由于历史的局限，村民自治在我国还是一个新生事物，还处在培育发展阶段，需要解决的困难和问题还很多。在村民自治的这一发展阶段上，我国正处于乡村治理结构发生深刻变化时期，农村各种民间组织应运而生，政府的指导和帮助是完全必要的。事实也充分证明，离开了乡镇政府的指导和帮助，村民自治很难推动，难以健康发展。

（四）努力推进乡镇机构改革

乡镇机构改革是当前农村行政管理体制改革的重点和前沿。乡镇机构改革能否成功，对基层管理体制改革有决定性的影响。应坚持以转变乡镇政府职能为核心，大力推进乡镇机构改革。这里对乡镇机构改革的有关事项阐述如下：

1. 关于乡镇机构改革方向问题。笔者认为，乡镇机构改革应该向“行政服务规范化，公益服务社会化，经营服务市场化”的方向推进。行政服务规范化，即是将乡镇行政服务机构按照精简、效能、统一的原则集中起来，规定乡镇政府及其部门的职权范围、办事规程、工作程序，实现规范化管理服务，提高行政效率（徐勇，2002）。行政服务是政府提供的最基本的公共服务，是其他组织不能替代的，但必须加以规范，提高办事效率，以适应农村社会形势发展的需要。公益服务社会化，即是将设在乡镇的技术服务站、畜牧兽医站、农业技术推广站等“七站八所”所进行的公益性服务变为非政府组织的中介性服务，将相应的“七站八所”改为提供服务的中介机构。政府出钱购买这些中介机构的定向的、专业化的服务。在欧美发达国家，公益性服务一般都由各种中介组织来承担。这些承担公益服务的组织统称为类行政组织。例如美国，国家不设公证机构，公民经过注册后就可以成为公证员。公证服务的费用也非常低，一般就几个美元。公益服务社会化，是社会管理现代化的大趋势。政府不能包揽过多社会事务，实践证明包不了，也包不好，应该充分发挥社会中介组织的作用。经营服务市场化，即是指乡镇事业单位中直接参与企业经营活动的单位，以及类似种子站、各类农资营销服务中心等直接从事经营性服务的单位，应全面改制，按市场规则运行。

2. 关于乡镇行政机构改革问题。推进乡镇机构改革的具体事项主要有以下几个方面：

（1）规范乡镇行政机构设置。目前，在乡镇行政机构的设置上，各地经过实践，得出了基本相同的思路和模式。一般采取“党政领导交叉任职、行政部门综合设置、减少管理层次、精简机构和人员编制”的方式，改造传统的乡镇机构设置。这种思路和模式具有代表性，应加以推广并在实践中进一步完善。具体做法有两种：第一种做法是将乡镇行政机构合并为若干个综合性的内设机构。实行这种改革方式的地方比较多。例如，黑龙江省大部分试点县设置党政综合办公室，部分试点县将原行政和事业单位整合为平安办、经济办、服务办三个办公室。湖北省将内设机构统一整合为党政综合办、经济发展办和社会事务办，撤销了乡镇与村之间原有的管理区、办事处等中间管理层。江苏省根据职能设置3~5个综合办公室，综合办公室不作为中间层次，负责人由乡镇分管领导兼任，提倡一人多岗、交叉任职。江西省鄱阳县打破原有的行政和事业单位设置格局，把乡镇行政机构和"七站八所"进行有效整合，组建"一办四中心"。"一办"即党政办公室。四中心包括便民全程服务中心，实行办证部门集中公开办公，为农民提供便捷周到的服务；安民保障服务中心，为群众提供政策法规咨询服务，受理民情上访投诉，对困难群众实施社会救助等；助民生产服务中心，为群众发展生产提供市场信息、先进农技、优良品种、病虫害防治、农产品销售等服务；富民经济服务中心，为加快乡村经济发展及推进农业产业化和小城镇建设服务。第二种做法是在乡镇设若干综合岗位。个别贫困地区或人口少的乡镇党政机构不设办公室，按照工作需要只设置若干综合岗位，按照岗位明确权责关系。如黑龙江省和安徽省规定，试点乡镇可选择不设综合性办公室，只设必要的助理员。江苏省新沂市撤销了2001年机构改革时设立的"党政、财经、社会事务、镇村建设、经济"五大办公室，在镇党委、政府综合设置12类股级助理职位。四川省平昌县将文秘、信息调研、综合统计、督察督办、档案、保密、后勤等工作只设一个"文秘"岗位；宣传、科技、体育、广电、旅游等工作只设一个"宣传"岗位。

（2）推进乡镇党政机构配套改革。乡镇机构改革是一个综合改革，需要有关部门协调配合，必须配套进行。主要的配套改革手段包括以下几点：一是严格编制管理，防止人员反弹。湖北、黑龙江、江苏等省实行编制"实名制"。将行政编制和事业编制严格区分，落实到人，并在网上公布，接受群众监督。安徽省将市、县、乡三级党政机关、财政供给事业单位的机构编制审批权一律上收到省编委。二是精简干部职数，党政交叉任职。黑龙江省规定乡镇领导职数按照5个配备，党、政、人大、武装部领导干部实行兼职或交叉任职。湖北省每个乡镇设党委委员7~9名，其中，党委书记兼任乡镇长；党委副书记3名，1名担任人大主席，1名兼任纪委书记、1名兼任常务副乡镇长；其他党委委员兼任副乡镇长、人武部长、组织宣传委员等职务。三是同步推进多项改革，硬化基层政府行为约束。安徽省同步推进了"零户统管、乡财县管"为主要内容的财政管理方式改革，强化了乡镇财政供给的刚性约束。湖北省在精简机构和人员的基础上，压缩行政开支，进行职务消费货币化管理或限额管理改革，控制乡镇领导的通讯费、交通费、接待费、差旅费和培训费等职务消费支出。如襄樊市85个乡镇，改革前平均职务消费一年50多万元，2004年降为28.7万元，减幅43%。

3. 关于乡镇事业单位改革问题。事业单位的社会化、市场化改革是大势所趋。笔者认为，未来事业单位改革，首先应取消“事业单位”概念，将现行事业单位严格划分为公益单位和经营单位两大类。公益性单位经费纳入财政管理，经营性单位走向市场，自负盈亏。但由于各地具体实际不同，可以采取不同的方式和办法来推动这一方面的工作。这里提出四种可供选择的做法。

（1）在基本保留现有乡镇事业站所的条条管理格局的基础上，进行事业站所的条条整合，规范服务，提高效率。如吉林省各乡镇原则上设置农村经济管理和畜禽防疫两个服务中心。农业、农机、林业、水利、计生、文化等站所则按区域布局、系统管理、专业配置的原则设置。湖北省部分试点县由县市职能部门向乡镇派驻人员，签订一定期限的聘用合同，实行“管理在县、服务在基层”。

（2）区分公益性和经营性事业单位，分类合并，允许跨乡镇设置综合服务中心。江苏省对乡镇事业单位进行分类改革，将行政执法职能原则上划归上级行政主管部门，行政管理职能由乡镇政府承担；公益性职能重新整合，综合设置，经费由财政予以保障；生产经营性业务分离出来，走向市场。比如启东县合并农经、农技、水利、农机、畜牧兽医、渔业技术等公益站所，建立农业综合服务中心；撤销企业服务站、劳动和社会保障管理服务所，其职能并入经济发展办公室；将原计生服务站、建设管理站、文化站撤并，其职能划入社会事务办公室。浙江省从各涉农事业服务机构抽调人员，建立乡镇经济发展服务中心，省政府各业务部门核拨给乡镇事业人员的补助经费不再下达到市级业务对口部门，而是由市财政统一下达到乡镇。

（3）分类合并公益性事业单位，事业单位人员全部实行聘任制，竞争上岗。这种模式在事业单位的组建方式上与第二种模式类似，都是将事业单位原有的经营性职能推向市场，对公益性事业单位实行分类合并，成立若干综合服务办公室。但在事业单位人员管理上，打破终身雇用制，全部通过竞争上岗，实行聘任制，从而建立起公益单位人员的竞争约束机制。如江苏省新沂市将现有事业单位在编人员聘用合同和聘用关系一律终止，实行竞聘上岗。全市统一考试，统一分数线，按得分高低和所报考岗位名额确定录用人员。所有录用人员重新办理编制手续，签订人事代理和岗位聘任合同，聘用期为3年。

(4) 事业单位全部改制，政府花钱招标买服务。这种改革模式以湖北省京山县和咸安区为代表。其做法可概括为：一是撤销或转制。除财政所、农村中小学、卫生院外，将乡镇农技、农机、水利、文化、广播、经管、房管、城建、计生服务等事业站所全部撤并，转为公益服务性组织或企业。二是置换身份。用一次性经济补偿并补缴养老保险的办法，把乡镇事业站所人员由“单位人”变为“社会人”，人均置换身份费用约2.5万元。三是资格认证。在全县范围内打破身份和地域限制，凡通过县直有关部门组织考试的人员均可取得服务资质，并可跨乡镇同时参加多个中介服务组织，参与多个区域的承包和服务。四是以钱养事。转制后，政府把原来发给事业人员的人头费变为公益服务购买费，用于公益服务的费用只增不减。为保证公益服务质量，政府向市场公开招标，采取合同管理，并由农民、村委会、乡镇政府或县直部门三方签字后，提供服务一方才能领取报酬。

4. 关于妥善分流人员问题。分流超编人员是乡镇机构改革的难点，也是确保在乡镇机构改革中维护社会稳定的重点。为避免地方制定政策出现偏差，应明确人员分流基本原则，统一规定原乡镇非正式人员一律清退。对于改革前正式人员，坚持“先竞岗，后分流”，按照公开、公平、公正的原则，组织竞争上岗。定岗人员和分流人员都要进行公示，接受群众监督，严禁搞暗箱操作。分流人员必须离岗，不能与在职人员混岗，更不能轮流上岗，严禁搞编制混用和轮岗分流。以河南省新乡市为例，该市按照这一要求，妥善分流人员，取得了明显成效。全市除清退2 126名临时人员外，分流人员8 403名（行政2 018名，事业6 385名）。目前，分流人员已全部签订协议，得到妥善安置并进行公证。该市实行“无情改革、有情操作”，采取多种措施进行分流安置的经验值得总结借鉴。

(1) 疏通“下”的渠道。除河南省明确的辞职、自谋职业、提前退休、组织招录（聘）用外，结合新乡实际，千方百计拓宽分流途径。对行政人员制定了11条分流渠道，包括提前退休、停职领取生活费、停职保退、自谋职业、学历进修、余缺调整、转任教师、双向选择到村和企业、分流到企事业单位、考试招聘、机关后勤；对财政全额预算事业单位人员制定了8条分流渠道，包括提前退休、停职保退、自谋职业、学历进修、转任教师、双向选择到村和企业、考试招聘、转企改制整体分流；对财政差额补助和自收自支单位人员制定了6条分流渠道，包括提前退休、自谋职业、双向选择到村和企业、考试招聘、转企改制整体分流、到新组建公司。全市乡镇分流人员中，具有教师资格证转任教师的258名，停职保退524名，学历培训22名，自主择业602名，转入企业3 290名。

（2）落实优惠政策。在认真执行省里优惠政策的基础上，该市又制定了若干项优惠政策：对符合公务员提前退休条件的，提前办理退休手续；对退出行政编制序列不再安置的，按现有工资70%发放基本生活费；对进修学习的，学习期间保持原工资福利待遇不变，并由财政资助1万~1.5万元学费；对分流到企业的，按1995年以后在乡镇工作年限补建养老保险个人账户，并建立和完善医疗和失业保险等。

5. 关于加强上下联动改革问题。在前面的研究中提到，我国县乡两个行政层级之所以能共同作为基层政权而存在，其最基本的原因是县政府“实设”，而乡政府“虚设”。就人事权而言，乡一级一般没有相对独立的人事权，其人事权主要在县级政府及其部门，而且乡镇各项工作也主要由县级政府和上级部门部署。因此，乡镇政府的改革必须与县级政府机构改革同步进行，实行上下联动改革。如果县级政府不进行机构改革，乡镇机构改革就只能是空谈。而如果县级政府改革不彻底，乡镇政府的改革也不可能彻底，所以必须进行“县乡联动”改革，否则乡镇改革难以有效推动，即使改了，也无法在制度层面固定下来，时间一久，必定会出现反弹。

6. 关于加强对改革工作的组织问题。乡镇机构改革涉及广大基层干部职工切身利益和人员分流、安置问题，是一项精细复杂的社会系统工程，必须加强党和政府对改革工作的领导。在工作的推进过程中，不能主观臆断，更不能作风粗暴、工作简单化，而应具体矛盾具体分析、具体问题具体对待，妥善解决相关问题。应提高对改革的认识，制订周密方案，细化政策措施，做到公平、公正、公开，做好深入细致的思想政治工作，进行换位思考，以人为本，把工作做细做实做好，维护社会稳定，实现改革预定目标。

第六节

推进农村行政管理体制改革的三个配套措施

实践证明，在有效推进农村行政管理体制改革的同时，必须进行相关配套改革，至少需要着重抓好以下三项配套改革：

一、建立行之有效的农村行政运行机制

建立行政运行机制要解决的问题是如何形成科学的决策，决策如何准确地执行，执行如何达到预期的效果。一是按照精简、统一、效能的原则，完成政府机构改革，科学合理设置机构，配备人员。二是理顺政府部门之间的关系。根据大部制改革要求，将相同或相近的职能交由一个部门承担；必须由几个机构共同承担的工作，要明确分工，分清主次。减少职能重复交叉，避免相互推诿扯皮。三是加强干部队伍建设。建设一支政治合格、业务过硬、事业心强、忠于职守的公务员队伍，保证政府机构有效运行。四是加强运行监督，使监督全面落实到政府行政执法过程中。除了加强党内监督、政府内部监察以外，一个重要的方面是如何通过社会舆论、网络等方式进行外部监督，完善监督体系。五是建立科学合理的行政考核机制。对干部应按"德、能、勤、绩、廉"全面考核，以岗设职，以岗定责，真正实现岗位、权力和责任相统一。应改进干部考核方式，坚持组织考核和群众评议相结合、年终考评和平时业绩相结合、任职考核和离任考核相结合、经济指标和社会指标相结合，建立健全体现科学发展观的基层干部评价体系和考核机制。六是推进电子政务建设。实现政府办公自动化，提高政府效率；实现政府管理信息化，促进公平公正；实现政府政务公开化，推进政府廉政建设。

二、推进地方财政管理体制改革

财政管理体制是行政管理体制得以顺利实施的经济保障，素有"财政是庶政之母"之称，必须深入推进地方财政管理体制改革。首先，要减少财政管理层级，完成"省直管县"财政管理体制改革，应将省对县的财政转移支付直接测算管理到县，并采取必要的措施加以保障，保证县级基本财力需要，确保县级政府正常运转。其次，应赋予县级政府相应的财权和财力。在省以下彻底打破按隶属关系划分收入的做法，实行按税种或比例划分收入，赋予县乡政府与其所承担的事权相适应的财权或财力；省以下政府间财政支出责任调整必须有财力作保障；中央和省制定出台相关支出政策时，应充分考虑省以下各级政府的承受能力，体现各级政府间"谁的事权谁拿钱"的原则，避免上级政府向下级政府转嫁负担。再次，优化县级财政支出结构，改革完善公共财政体制。要调整预算支出范围，改变财政支出"越位"与"缺位"并存的分配格局。新增的财力应重点向农村倾斜。最

后，推进多层次农村社会保障体系建设。以农村社会保障、农村最低生活保障、农村新型合作医疗、农村大病医疗救助、失地农民基本生活保障、农民工社会保障以及农村五保对象集中供养制度等改革为重点，进行必要整合，建立健全城乡社会保障转移接续办法，初步形成覆盖面广、项目齐全、标准有别、协调配套的多层次的社会保障体系。

三、加强村级组织建设，推进农村基层民主进程

中国农民最大的特点是“聚村而居”。截至2008年底，全国共有村委会60.4万个，村民小组480.9万个。村级组织成了县乡政府与农村公众之间的桥梁，在维护农村社会稳定和促进农村社会发展方面具有基础性作用。社会上称其具有“半级政府”之说。按照《村民委员会组织法》的有关规定，“十二五”期间，在加强村级组织建设、完善村民自治方面应突出以下特色：第一，村级组织应弱化行政色彩，加强自治建设。村民自治的本质是民主管理，应弱化村民委员会的行政色彩，变行政管理为民主管理，培育依法管理的自治环境。推进农村社区建设，给农民提供便捷有效的服务，方便群众生产生活，改善农村人居环境。第二，村级组织建章立制，规范管理，建立健全村民自治的系列章法。如村委会、村民会议、村民代表会议制度及程序；村内公益事业建设“一事一议”程序，干部述职评议，财务、村务公开，民主监督，村规民约等制度。切实落实村民会议和村民代表会议制度，村委会要负责召集好会议，实事求是地报告工作，认真组织实施好会议决定，自觉接受村民监督。第三，县乡有关部门加强指导与扶持，使村民自治体制正常有效地运转起来，做好跟踪检查指导。对村级自身解决不了、解决不好的重点难点问题，要及时调研，拿出解决办法。依法监督村级组织落实民主自治的进程，重点放在村级组织选举、村务公开和财务公开的落实上。

第七章 关于建立现代农村金融制度问题

金融是现代经济的核心。农村金融是现代农村经济的核心。我国总体已经进入工业反哺农业、城市反哺农村的发展阶段，利用金融手段调配农村资源，促进农村经济和县域经济发展，意义重大。近年来，我国采取多项措施促进农村金融发展，2004～2010年，中央下发的七个1号文件中都对建立农村金融体系、完善农村金融政策提出了明确要求。各地进行了一些探索实践，取得了一定成效，但城乡金融资源配置仍严重不平衡，政策定位不准确，政策支持不到位，难以担负起支持农村经济社会发展的使命。党的十七届三中全会通过《中共中央关于推进农村改革发展若干重大问题的决定》，再次要求建立现代农村金融制度，创新农村金融体制，为各类金融机构积极支持农村改革发展、引导金融资源流向农村提供了新契机。本专题着重分析我国农村金融发展中的深层次矛盾，借鉴国内外实践经验，提出支持现代农村金融制度创新的政策建议。

第一节 我国农村金融服务的基本状况

目前，我国农村金融状况总体并不乐观。受利益驱动，商业金融机构县以下金融网点呈收缩趋势，金融机构脱农化倾向明显，农户、农业企业贷款难、贷款额度小等问题比较突出，金融机构提供的服务比较单一，严重制约了金融机构对农民增收、农村经济发展和农业结构调整的支持作用。目前，农村金融供求状况呈现以下几个特点：

一、金融机构在县域经济内全面收缩

我国四大国有商业银行改制后，全面收缩在县域经济的营业网点，有的甚至完全撤出工商业不发达的县城。据统计，1998 年以来，国有商业银行从农村地区撤并了 3 万家以上的机构网点，造成农村地区金融机构网点、从业人员和信贷资源严重不足。从全国来看，农村金融空白点仍然存在。据有关部门统计，截至 2009 年，全国没有金融服务的乡镇有 700 多个，没有金融机构的乡镇有 2 400 多个。在这些地方，老百姓存、贷款要跑几十里路到县城才能办理，不少人选择了不存款也不贷款，自给自足。远离现代社会，脱离现代金融，如何发展现代农业？又如何实现全面小康？这反映出目前农村金融机构太少，新兴农村信贷机构成立的门槛比较高，缺乏必要的政策扶持，加剧了农村信贷供需矛盾。笔者到广西龙州县调查发现，目前该县仅有农业银行、农业发展银行、农村信用社和新成立的邮政储蓄银行四家金融机构，其中在乡镇设有分支机构的只有农村信用社和邮政储蓄银行。

二、农村金融信贷服务少

在全国大部分地区，县域经济内仅存的几家金融机构中，农业发展银行为政策性银行，从事大型项目融资，与一般百姓无缘；农业银行服务面向的主要是规模以上农业企业，很多在乡镇已无网点，农民望而兴叹；邮政储蓄银行成立时间不长，缺少专业的信贷人员和管理经验，信贷业务发展缓慢，为农户贷款规模很小。如龙州县邮政储蓄银行 2007 年底存款余额 4.5 亿元，为农户贷款仅 12 万元，仍继续扮演农村资金“抽水机”的角色。目前，农村金融机构的支农责任落在了农村信用社身上，但其支农能力有限，贷款规模远远满足不了农村农业发展的需要。另一个值得注意的现象是，作为农村信贷主力军的农村信用社，也因信贷成本利润问题而在计划参与信用联社组织的“银团贷款”，试图向发展城市大企业客户“转型”，可见金融机构的“脱农”倾向非常强烈。

三、农户贷款需求大

改革开放 30 多年来，农村经济得到了长足发展，农民的信用意识不断增强，充分利用银行贷款发展农村经济的愿望十分迫切。虽然贷款条件非常苛刻，贷款额度普遍不大，但农村信用社的农村贷款发放仍很迅速，显示了农户对贷款服务的强大需求。近年来，尽管农村各类金融组织不断增多，村镇银行、农民互助合作银行、小额信贷公司等新兴农村金融机构应运而生，但仍然不能满足农村信贷资金需求。据广西龙州县上龙乡的乡干部介绍，2008年上半年，农村信用社给他们乡的贷款额度只有200万元，3月份就发放完毕，远远无法满足农村贷款需要。目前，在一些地方向亲朋好友借款仍是农户借贷的主要方式。随着农村投资渠道的拓宽以及理财服务的普及，农村资金的时间价值日益体现，农户对金融机构借贷服务的需求将更加旺盛。

四、农户贷款以消费信贷和生产投入为主

农户贷款用途是多方面的，不同地区农户贷款的使用方向各异，但多以购买农业生产资料、农业生产经营、建房等基本消费信贷和生产投入为主。据我们对龙州县民权村20户农户的调查，首先，农户贷款以消费信贷所占比重最大，主要用于建造房屋或子女结婚，其中，建造房屋约占访问贷款户的50%；其次，贷款用于购买农业生产资料、发展养殖业等生产性投入，约占访问贷款户的20%。调查发现，农户一般对贷款进行生产性投入比较谨慎，究其主要原因，一是贷款搞农业生产风险大。如果是简单再生产投入靠自身积蓄就可以了，如果进行扩大生产规模，怕“万一遇到灾害难以偿还贷款，风险太大”。二是贷款程序复杂，难以申请到贷款，容易贻误商机。现在银行信贷机构贷款条件多，担保要求严，程序复杂，不到万不得已，老百姓不去银行贷款，甚至宁愿去借高利贷也不找正规金融机构贷款。对于子女上学、看病就医和一般周转支出需要借款的农户，向亲朋借款的较多，这可能和农户信贷习惯有关，也可能和这类农户家境贫穷，正规金融机构不愿贷款有关。

第二节 农村金融发展中的困难和矛盾

近几年，中央出台了一系列支农惠农政策，要求鼓励发展农村金融。2006年12月20日，中国银监会发布文件，提出按照“低门槛、严监管”的原则，引导各类资本到农村地区投资设立村镇银行、贷款公司和农村资金互助社等新型农村金融机构，鼓励银行业金融机构到农村地区设立分支机

构，并逐步开展新型农村金融机构试点。但目前来看，试点范围仍限于少数县市，农村金融发展滞后的状况未见明显改观，服务“三农”与商业金融之间存在的诸多矛盾尚待克服。

一、农业生产高风险加大了农业信贷风险

农业生产和投资具有社会效益较高，但投资回报期限长、收益比较低等特点。“三农”投入面临的自然和市场双重风险，与商业金融风险控制之间存在矛盾。首先，农产品生产周期长，消费弹性小，加之千家万户小生产与千变万化大市场之间信息不对称、不透明，农户生产预期与市场农产品需求有一定距离，农产品产量的小幅变动都可能带来其价格的较大波动，加大了农业生产经营的市场风险。其次，农业生产是灾害易发产业，包括天气变化、动植物疫病、地质灾害等难以预测的自然灾害，遇到这种情况往往造成收入锐减甚至为零，且一旦发生灾情和疫情易集中连片，对这种系统性风险，银行信贷风险控制体系无能为力，靠普通商业金融模式难以解决，需加快农业保险、农产品期货市场发展，增加农业信贷抵押品等金融产品开发，以减少农业信贷风险。

二、以家庭为单位的小生产加大了农村信贷成本

目前我国土地实行集体所有、农户承包经营的双层经营管理制度。我国农户数已超2亿个，户均耕地面积不足0.5公顷，这在世界上绝无仅有。自给自足的家庭小规模经营与商业金融追求规模效益之间的矛盾，在一定程度上给农村金融发展带来阻碍。一是从供给角度看，以家庭为主的小规模经营加大了农村信贷成本。我国农户个数众多、居住分散、个体需求偏好差异大，单笔贷款规模小，金融信贷成本较大。二是农户缺少固定收入和可靠的抵押物。比如，国家规定农户土地承包经营权、农户住房不能作为抵押物，农户的财产数量少且未进行价格评估，信用级别难评估确定，加大了农村金融机构的放贷风险和难度，金融机构一般不敢随便向农户提供贷款。三是从需求角度看，以家庭联产承包责任制为基础的土地分配制度将大部分农户固定在小块土地上，客观上减少了农村社会分工，农村生产经营合作组织不健全，农户习惯于依靠自我积累进行简单再生产，即使贷款所需资金量较小，一些农户也不愿意向银行贷款。四是小型农户和农村企业往往缺乏技术和管理经验，缺少有效的信息和技术服务，不仅减少了他们的资金需求，也增加

了信贷风险。

三、农村金融供给主体单一，难以满足多样化的金融服务需求

我国农村经济发展具有很强的不平衡性，不同地区农村经济发展的水平、农业生产规模和组织形式都不尽相同，农村经济主体的金融需求也表现出较强的多样性，“三农”客户个性化需求与商业金融标准化管理之间矛盾突出。农业基础设施建设和大型农业项目属于农村公共产品，应该是各级政府的职责范围，需要政策性长期贷款予以支持；农村工商业及各类企业等农村经济主体和从事专业生产的富裕农户生产、投资性的信贷需求，多为扩大再生产的流动性或中长期信贷，贷款规模相对较大，贷款周期相对较长；普通农户需要小额信贷，用于季节性、临时性周转，以满足生产、生活需要；贫穷农户则还包括教育、医疗等信贷需求。这些不同层次的金融需求，需要不同性质的金融机构来满足。

四、农村金融服务需求强劲，远超过农村金融产品供给

农村金融产品的供给与需求之间的矛盾长期形成，也必将长远存在。其原因主要有两个：一是农村税费改革以来，农户收入增加，农业技术服务不断改善，提高了农户搞经济作物种植和养殖业的积极性，扩大再生产投入需求明显增加，小额贷款需求面扩大。二是随着传统农业向现代农业的转变以及农村人口大量流动，农业逐步转向专业化、规模化、集约化经营，并由发展劳动密集型项目向发展资本技术密集型项目转变，如农业机械化、规模化大棚生产、发展乡村旅游、植树造林、开发林下经济、举办农产品加工企业等，需要大量的前期资金投入，单靠经营者自身积累难以满足生产需要。除贷款需求外，农村对其他金融服务项目需求也日益增多，如异地存款、汇兑服务、委托代理、信息咨询、投资理财等。农村金融衍生服务供给不足的矛盾更加突出，对加快我国农村金融服务创新提出了更高要求。

五、政策错位阻碍了农村金融发展

商业金融利益与支持“三农”之间矛盾的不可调和性要求政府发挥积极作用，而政府的支持和监管等相关政策措施不完善，是我国农村金融发展面临的又一个问题。一是对农村金融市场监管和信用平台资源配置不足，缺乏一个有效支持农村金融体系发展所必需的基础政策制度。二是农村信用社

普遍存在着产权不清晰，治理结构不完善的问题，地方政府部门，特别是基层政府部门金融监管人才少，不熟悉市场经济规则，过多行政干预人事任免和经营，导致农村合作金融缺少必要的独立性。三是国家税收优惠、财政扶持、货币政策等相关支持措施力度小，覆盖面窄，且不配套，不成体系，不能有效地配合和支持农村金融改革的进行。四是政府对农村金融的过度管制使得农村金融机构少、商业信贷网点少，减少了农村金融机构之间的竞争，阻碍了农村金融创新，使农村金融产品品种单一，不能适应农村经济主体多元化的金融需求。

第三节

国外支持农村金融和农业保险发展的主要做法

一、一些国家的农村金融简介

（一）日本的农村金融

日本的农村金融体系由政策性金融和合作性金融（农协金融）构成。政策性金融由中央农林渔业金融公库提供，相当于我国的农业发展银行。这个机构为农民现代农业生产经营提供长期低息贷款，用于发展现代农业所需的固定资产投资和基础设施建设。日本最重要的农产品是水稻，种水稻需要进行农田水利基础设施建设，可以向其贷款。农民搞大棚建设、发展现代养殖业等都需要投资，也都可以靠政策性金融来解决。政策性金融贷款期限最长的有 33 年，一般的养殖业等也有 15 年的期限，而且利息非常低，像塑料大棚等的贷款利息不超过商业贷款利息的一半，此外还为农田水利设施建设提供无息贷款。

日本农村金融机构包括农林中央金库、农业协同组合、渔业协同组合等机构。日本民间农林渔业金融机构以合作形式为主体，并得到政府的保护与帮助，分为农业、渔业、林业三个系统，每个系统均有三级组织，单位协同组合为基层组织，协同组合为中层组织，农林中央金库为最高层的中央机构。此外，民间金融机构还包括保险公司、证券公司、融资公司以及互助机构等非存款性金融机构。

（二）荷兰的农村金融

荷兰合作银行集团1972年由两家农村合作社合并而组建，其对外贷款和在国际农业及食品领域的贷款相当活跃，其农业贷款占国内的市场份额一直稳居80%以上，被公认为专注于农业和食品行业的最大的银行集团。该行由地区银行和中央合作银行（集团总行）组成。地区银行是中央合作银行的成员行，成员行具有独立的法人地位，自下而上参股中央合作银行，成员行构成交叉担保关系。农业贷款占总贷款的比例为15%。该行业务以零售银行为主，网点多分布在乡村地区。

（三）法国的农村金融

法国农村金融形成了由法国农业信贷银行、互助信贷联合银行、大众银行和法国土地信贷银行组成的农村金融体系，该体系在政府主导下建立并运行，同时受到政府的管理和控制，属于典型的国家控制型金融模式。法国最大的农村金融机构——农业信贷银行是一个典型的“半官半民”性质的金融组织，采取“上官下民”的组织体系构建。由地方农业信贷互助银行、地区（省）农业信贷互助银行和中央农业信贷银行三个层级组成。该体系是在民间信用合作组织基础上由上而下逐步建立起来的。这种体制的优点是便于管理、合作。

二、一些国家的农业保险简介

（一）日本的农业保险

日本多层次的农业保险组织结构主要由三个层级组成，最基层组织叫农业共济组合，实际上就是保险合作社，由同一地区的农户自愿参加，在市、町、村一级开展业务，全日本有2 000多个这样的共济组合；第二个层次是都、道、府、县的农业共济联合会，为基层共济组合提供分保；最高层级是全国农业保险协会，在全国范围内提供再保险，分散业务风险。日本这种三重风险保障机制从根本上走的是联合共济的道路，互助合作制保险组织既是整个体系有效运行的基石，又是日本农业保障机制的灵魂。

1. 实行强制性保险与自愿保险相结合。日本农业保险采取强制性保险与自愿保险相结合的方式，国家通过立法对主要关系国计民生和对农民收入影响较大的农作物和饲养动物实行法定保险，其他作物和饲养动物实行自愿投保。按照法律规定，凡是生产数量超过规定数额的农民和农场都必须参加保险，实行强制性保险的有水稻、旱稻、麦等农作物种类；桑蚕；牛、马、种猪、肉猪及牛仔等家畜类；橘子、苹果、葡萄、柿子、栗子、樱桃等果树类；其他类如大豆、小豆、甜菜、甘蔗、荞麦、日本茶、园艺设施及设施内的蔬菜等。实行自愿保险的有农户的建筑物、农机、农房及家庭财产等。

2. 政府直接支持农业保险。首先，在日本参加农业保险，不论强制保险或自愿保险都可以享受政府补贴。一般按照保险费率补贴，如水稻为费率的58%，小麦为费率的68%，春蚕茧为费率的57%，牛、马为费率的50%，猪为费率的40%。其次，政府作为农业保险的后盾，接受共济联合会的再保险。通过再保险机制，一旦发生灾害，赔偿的责任根据损失程度将按照法律规定的程度，由农业保险三级组织共同分担。一般情况下承担保险责任的保额比例为：共济组合占10%～20%，联合会占20%～30%，政府占50%～70%，遇有特大灾害，政府承担80%～100%的保险赔款，保证了共济组合经营稳定性。

（二）荷兰的农业保险

荷兰农业保险的主要特点为没有全国统一的农业保险制度和体系，农业保险主要由私营保险公司，部分保险相互会社或保险合作社经营，政府不直接参与农业保险经营。投保为农业生产经营者自愿行为，国家为了减轻参加农作物保险者的保费负担，给予一定的保费补贴和税收等政策优惠。

（三）法国的农业保险

法国农业保险的历史最早可追溯到1840年，当时在法国一个省的农村，几家农民为了联合起来对付火灾，率先成立了农业互助保险社。这一举动起到示范作用，此后，法国各地都相继成立了这样的互助保险社，保险范围也逐渐扩大到农业领域的各个方面。据相关学者研究，法国农业保险采取的是一种商业化运营、政策性扶持的模式，其运作主要是有相互竞争的互助保险社和商业性保险公司承办农业保险，政府不直接参与农业保险的经营，但给农业保险以税收等政策优惠。

（四）以色列的农业保险

以色列实行订单农业，以色列农业生产经营者只管生产不问销售，销售由公司或农业合作社负责。为减少农业生产经营的风险，公司和农业合作社向商业性保险公司购买农业保险，政府承担风险的50%。

第四节

外国农村金融政策借鉴

从国际情况看，西方国家尤其是美国、法国等发达国家，普遍将发展农村金融作为搞活农业经营、促进社会公平的重要手段。他们认为，当融资变得更加容易后，抓住好的投资机会不再主要依靠已有的财富，而主要依靠技能、思想创新和努力工作，这有利于资源的高效配置和穷人摆脱贫困。为此，他们采取了多项措施促进农村金融市场发展。“他山之石，可以攻玉”，了解其他国家农村金融体系的状况和做法，分析其利弊得失，可以为我国创新农村金融体制提供有益借鉴。

一、运用财政政策促进农村金融发展

国际上，财政在破解农村投资风险高、回报低与商业金融的逐利性之间的矛盾中扮演着关键角色，对于促进农村金融发展起着积极的支持作用。首先，各国普遍认为，不管国家经济发达到什么程度，农业始终是国民经济的基础产业，吃饭问题始终是第一件大事，因此政府都非常重视农业发展及其支持政策体系建设，将加大对农业的支持力度作为吸引社会资本投资农业、搞活农村经济的基础。政府的农业补贴除力度较大外，另一个特点是对农业生产者实行直接补贴，提高了补贴资金的投入效率。其次，就财政直接支持农村金融发展而言，普遍的税收优惠政策、对早期农村合作金融组织发展的直接资金支持、对国家重点发展产业的金融需求采取财政贴息等政策，是各国支持农村金融机构普遍选择的政策。

二、发展多层次的农村金融机构

无论是在以市场为导向的美国、日本，在农村合作金融占主体的法国，还是在处于发展中国家的印度，农村金融大都走多渠道的农村资金供应之路，政策性金融、商业金融和合作金融各具特色，各国政府采取有针对性的措施，支持和促进这些金融机构共同发展、相互补充，可以满足农村和农民多层次的信贷资金需求。

（一）农村合作金融机构

农村合作金融机构往往扮演多重角色，提供社员内部融资、农业技术服务、信息咨询、人才培训等灵活多样的特色服务。各国经验表明，合作金融发展最艰难的阶段是创建期，在这一阶段如果没有外部的捐赠、拨款或贷款、担保等支持，合作金融组织将很难持续走下去。

（二）小型商业金融机构

小型商业金融机构按照公共服务供给理论，公共服务由基层组织来提供最有效的原则，小型金融机构由于其地域性和社区性的特征，他们可通过长期与农户和农村中小企业保持密切的近距离接触来获得各种软信息，因而在向信息不透明的农户和农村中小企业发放贷款上具有优势，鼓励和支持农村小型商业金融机构发展可以激活农村金融创新。但需要注意的是，数量众多的小型金融机构对金融监管机构来说是个挑战，尤其是要做好对其高级经理层的监管，防止权力的失控，引发金融风险。在这方面，“只贷不存”的小额贷款公司不会形成蔓延性的挤兑风险，对金融系统风险的影响较小。

（三）大型商业金融机构

大型商业金融机构管理和风险控制链条较长，由于有限的预期收益和较小的客户容量，商业银行在农村地区遍布网点的代价太高，贷款的风险和成本较大。这决定了大型商业银行难以成为直接解决农户信贷资金需求的主体性金融机构。大银行对农业的支持，主要体现在凭借其信息和资本的优势，为大型农业企业（农场、林场）提供贷款和服务。

（四）政策性金融机构

政策性金融机构多为政府主办或政府主导，一般作为其他金融机构的补充，发挥引领、导向作用，以满足农业技术开发、农业基础设施建设和流通性融资等长期融资需求为主，弥补了农业领域长期投资和生产性投资不足的问题。

三、支持农业保险，防范农业系统性风险

为有效化解农业生产风险，分担农村信贷系统性风险，国际上普遍的做法是建立健全农业保险制度。比如，法国政府非常重视农业保险对农业的保护和支持作用，不仅制定了相关的法律来规范农业保险，而且随着形势的变化，法律制度也在不断进行着完善和强化。法国政府于1960年7月通过法律规定实行农业保险，1964年建立了农业损害保障制度，对之前的保险范

围进行了拓展，并由国家农业灾害委员会负责补偿受灾农民的损失。1982年又通过法律强制实行自然灾害保险。法国农业保险体系基本上由私有保险公司组成，政府提供必要的政策支持，有别于一般商业保险。

四、创新风险控制办法，防范信贷风险

保持农村金融的持续发展，控制好信贷风险是关键。国际上小型金融机构针对农村贷款的特点，创造了联保小组贷款、动态激励、分期还款等新型金融风险管理技术，较好地克服了信息不对称障碍，保证95%以上的农业高贷款偿还率。一是成立借贷联保小组。联保小组由借款人自愿组成，小组内成员实行连带责任制，一人违约会导致整个小组的贷款终止。由于村民们对相互之间收入水平、偿债能力、诚信情况等风险状态比较了解，成立联保小组必然会把高风险的潜在借款人排除在外，还有助于促使小组成员之间对安全投资和努力工作的相互监督，有效地降低了金融机构的监管成本。二是动态激励方式。其最大特点是借款人在开始时只能获取较小金额的贷款，如果借款人按时足额偿还，就能在下一期继续得到贷款，而且随着对借款人还款能力和诚信的证明，贷款额度可逐年增加，如果在某一期违约，将再也不能得到任何贷款。三是整贷零还的分期偿还制度。在贷款发放几个星期后就要求借款者开始按周偿还固定数额的本息。分期还款制度的特点在于：(1) 早期预警机制，能提前暴露具有较大风险的贷款；(2) 要求借款人具有稳定的现金流入，排除了借款人用贷款从事高风险性项目的可能性；(3) 分期还款大大降低了借款者的实际贷款额，使实际利率远远高于名义利率；(4) 这种贷款方式非常适用于农户从事投资较少、收益见效快的代理加工项目，可以规避要求贫困客户一次还款的高风险，是向贫困客户贷款的较好方式。四是针对规模较大的农业企业贷款，成立担保公司。

第五节

支持农村金融发展的政策建议

农业是国民经济的基础产业，又是一个弱质产业，这种二重特征凸显了国家促进农村金融发展以解决“三农”问题的重要性。因此，借鉴国际经验，建立我国现代农村金融支持体系十分必要。具体建议如下：

一、总体原则：明确支持农村金融发展的基本思路

总的来看，农村金融的发展应坚持商业金融、合作性金融、政策性金融相结合；国家在财税金融政策上给予必要支持，规范运作；政府实施监管的改革方向。在实施过程中，应坚决避免两种趋向：一是避免政府直接投入或提供担保。吸取20世纪80年代农村合作基金会在政府主导下超常规发展，缺乏金融监管，基层政府行政干预过多，随意吸收存款、发放贷款，最后形成大量呆账坏账的教训，注重信贷风险的控制，克服农村金融服务的高风险，实现农村金融服务的可持续。目前一些地区政府出资成立的担保公司未按金融市场规则运行，缺乏规范的运行管理机制，经营同样难以为继，也说明了这一问题。因此，除政策性金融外，农村金融发展大方向应走商业化金融创新之路，政府应尊重客观经济规律，减少直接干预，注重风险监管。二是避免农村金融完全商业化道路。由于农业生产的特殊属性、缺少灵活性的经营方式、农民的弱势群体性，决定了农村金融离开政府支持将难以生存，完全商业化的农村金融很难健康发展。故有必要实行政府引导、政策支持、市场运作、专业监管的办法，通过降低金融市场准入门槛、加大财税支持、建立信息支持平台等多项措施，简化信贷程序，方便农户贷款，真正将贷款发放到"三农"需求者手中。对农村金融的支持应遵循"完善体系、加大补助、分散风险、解决缺位"原则，标本兼治，多策并举，促进农村金融市场发展。

二、准确定位：发展多层次的农村金融服务主体

国际经验表明，不同性质、不同功能的金融机构，其服务领域各不相同。大银行为大、中型企业服务，小银行为小企业服务，微型银行为农户服务。通过政府采取具有针对性的各项优惠政策，引导不同的金融机构服务于不同的信贷需求主体。

（一）引导大型金融机构支持农业龙头企业发展，为小型农村金融机构提供批量贷款

实践证明，通过龙头企业采取租赁、承包、股份合作等形式，进行农业规模化生产经营，是农业实现产业化、标准化、现代化生产经营的重要途径，也是现阶段带动农民增收的有效渠道。龙头企业和农民结成了利益共同体。所以，政府采取政策措施，引导金融机构支持龙头企业发展，实际上就

是支持农业、支持农民。

（二）多策并举着力发展小额贷款公司和小型乡村银行

目前，小额贷款在农村有广阔市场，季节性、临时性周转的小额信贷是多数农民的需求，小额贷款公司位处基层，与农民接近，对农业了解，熟悉农村情况。小额信贷公司在业务上只贷不存，风险较好控制，国家可适当放宽其市场准入条件，加大政策支持力度，特别是在其创建初期给予扶持，使其能够建立，做大做强，逐步解决小型农业企业和农户贷款难的问题。

（三）大力支持农村合作金融发展

对发展初期的农村合作金融机构给予税收减免和财政补助一定资本金等支持，以便将农民闲散的、小额的资金汇集起来，满足农民的贷款需求。同时，加强农业技术服务机构与合作金融组织之间的合作，将金融服务与农业技术服务、信息咨询、人才培训等全方位服务结合起来，不仅满足农户多方面需求，也可提高信贷资金的安全系数。2007 年安徽省在太湖、金寨、霍山三县进行了“农业生产互助资金”改革试点。改革坚持“民有、民用、民管，周转使用、滚动发展”的原则；政府按户均无偿提供资金 1 000 元，农户按 50 元 ~200 元标准缴纳互助金；联户担保借款或者抵押借款；每户借款为 1 000 元 ~5 000 元，最高 1 万元；借款期限为 3 个月 ~6 个月；借款利息可高于或者低于同期银行利息率；利息收入 60% 用于扩大互助金，40% 用于村组公益事业或者照顾特困户；借款程序为农户申请—抵押或担保—管理小组审批—公开公示—签订合同—发放借款；借款户数控制在村组参加生产互助金全体成员的 49% 以下，以便于监管。类似农村合作金融组织在其他地区也不断涌现，执行效果较好，受到老百姓欢迎，故应总结推广，发挥其更大作用。

（四）拓展政策性金融机构的经营领域

目前我国的政策性金融机构为农业发展银行，其服务功能主要是提供粮食收购贷款，属于专司粮食收储信贷的银行机构，在确保粮食收购、保障国家粮食安全过程中发挥了重要作用。但作为专门面向农村的政策性银行，其业务仅限于粮食收购贷款显然是不够的，应在“三农”工作中发挥更大的作用。作为政府在金融领域的政策载体，应根据农村新的形势发展需要，拓展服务领域，由流通领域扩大到农村交通、水利、电网、环保等基础设施建设的信贷投资领域，帮助农村解决长远发展问题。

三、降低成本：加大对农村金融的财税支持力度

（一）对涉农金融业务实行普遍的低税或免税政策

农业是弱质产业，其产业资本利润率普遍不高，比较效益低，一般都低于社会平均利润率，无法支撑过高的利率水平。面对农村金融运行的高成本，政府作为宏观经济政策主体，应发挥其调控作用，合理地运用财税杠杆、货币政策，通过降低涉农金融机构准入门槛，减免农村金融机构营业税、所得税等税收优惠措施，吸引金融机构增加对农业和农村的信贷投入，体现国家对农村金融的支持。

（二）运用财政贴息支持农业获得金融资本

对农村社会公益性项目，国家应给予信贷优惠政策，落实国家产业扶持政策；对重点支持的“三农”信贷项目，研究切实可行的财政贴息政策，促进农业科技、农用工业、农产品加工业、农产品流通业等相关产业快速发展，提高财政资金的使用效益。

（三）对扩大农村消费信贷市场进行补助

我国消费市场的潜力在农村，消费的重点难点也在农村。针对农村消费有效需求不足的现实，对农村消费给予金融支持不失为一种好的选择。近年来我国推进家电、汽车等家用电器下乡，财政给予直接补助，调动了农村消费积极性，对扩大内需、应对金融危机、推动整个国民经济企稳回升发挥了重要作用。应充分利用这一制度平台，启用信贷扶持政策，撬动金融信贷，鼓励建材、住房信贷下乡，放大财政资金效用，推动农村消费市场发展壮大。

四、分散风险：健全农村金融服务体系

（一）支持再贷款银行和担保公司发展

目前，农村互助基金会、村镇银行、小额贷款公司等“草根金融”机构，实行只存不贷政策，信贷规模小，信贷范围有限，服务能力弱。因此，国家鼓励支持成立再贷款银行和贷款担保公司，为农村小型银行提供融资服务，为小型农业企业提供贷款担保。

（二）开展信息咨询等农村金融特色服务

农村信贷如何与农村需求对接是农村金融发展改革中的一个“瓶颈”，商业银行要赚钱，商业资本要赢利是天经地义的，是市场经济的本来面目。

一方面，银行在农村的信贷成本高，不愿意信贷下乡；另一方面，农村信贷需求旺，而农户贷款难。存在这种状况的一个重要原因是信息不对称，相互之间缺乏沟通联系。所以，在农村行政管理体制改革中，加快整合和改革农村事业站所，构建更有效的农业技术信息供给平台，鼓励农村金融机构利用自身的信息优势给予贷款人有关信息咨询等多层次的金融服务，将防范金融风险和支持“三农”有机地结合起来。

（三）支持农村地区信贷征信系统建设

要解决银行与农村贷款人两者之间对接的问题，需要在两者之间架设一个桥梁，由乡村组织将农村中小企业和农户的生产经营、收入、信用等信息搜集、汇编起来，为银行信贷提供可供参考的依据，减少信贷风险。进一步拓宽企业和个人信用信息基础数据库在农村地区的信息采集和使用范围，提高农户的信用真实性和透明度，鼓励更多资本投资农村。

五、解决缺位：继续加大财政对“三农”的直接投入

在农村经济发展过程中，金融和财政扮演着不同的角色，既有分工，也有合作，需要财政承担的投入不能靠金融信贷代替。逐步解决财政对农业和农村的投入缺位，有利于改善农村农业生产生活环境，防范金融风险，防止加重农民负担，形成农村金融和农业生产共同发展的良性循环。

（一）健全社会保障体系

满足贫困农户救助性资金需求。农户过度负债既不利于防范金融风险，也容易使农户生活陷入困境。对贫困农户的生活救助性资金需求，如贫困农户的发展投入、卫生医疗、教育培训、生活性救助等，要靠财政扶贫和完善农村社会保障体系等手段解决。农村金融机构可以发挥网络功能，代理财政支农资金的拨付并作资金监管，但不鼓励银行提供生活救助类商业贷款。

（二）增加农村基础设施建设投入

增加农村道路、农田水利、电网、小城镇建设等农业和农村基础设施建设的财政投入力度，改善农村农业发展环境，为农业稳定发展、农民增收创造良好环境，奠定农村经济发展基础。

（三）进一步增加对农业和农民的直接补贴

现阶段农民购买力不足，农村消费水平低，关键在于农民的收入上不去，政府除在政策上引导扶持外，需借鉴发达国家的普遍做法，对农民给予直接补贴，以增加农民的收入，提高农民的购买力。自 2005 年以来，国家

先后实施了种粮直接补贴、产粮大县补贴、良种补贴、农机具购置补贴、农用生产资料价格增支综合补贴等，有利于直接增加农民和农业生产的收入，提高财政支持“三农”的效率，激发生产经营者扩大投资的积极性。

第六节

推进农业保险制度改革

农业保险是农村金融制度的重要内容，是农业支持保护政策体系的有机组成部分。我国自然灾害频发，给农业生产和农民财产造成重大损失。农村一家一户生产经营，农业生产投入风险大，开展农业保险，政府给予政策性扶持，对健全农村抗灾救灾体系，提高防范和抵御自然灾害能力，稳定增加农民收入，提升农业综合生产能力，具有重要意义。

一、我国农业保险现状

这些年来，农业保险在艰难中推进，取得了积极进展，但发展仍然缓慢。其主要原因包括以下几点：一是农业保险经营风险大。农民受自然经济思想影响较深，现代经营理念不强，保险意识较弱，保费过高，农民负担不起，保费过低，保险成本高，保险公司亏损严重，保险机构没有积极性。二是农业保险再保险及其巨灾风险分散机制未建立。根据国外通行做法，农业保险等风险型保险业务一般都需要向再保险机构进行再保险，建立巨灾风险基金，甚至在遇到巨大灾害赔付时，向有关金融机构申请贷款以应不测，以分散风险。我国再保险机构不健全，巨灾风险分散机制未建立，由保险公司独家承担风险不适应现代经济发展的需要。三是缺少相应的财税政策扶持。农业是弱质产业，国家在保险政策上应给予扶持。由于农民的风险意识较弱，保费过高，农民不愿意参加，需要财政对农民参保给予保费补贴；从事农业保险的风险大，国家应对保险机构给予税收照顾和必要的保险经营费用补贴，调动其开展农业保险业务的积极性。四是缺乏必要的法律保障。截至目前，农业保险行为缺乏立法规范，需要将政府有关政策、保险公司经营行为、农业投保者的行为，各方的权利与义务，违法责任等用法律形式确定下来，为农业保险的健康发展提供法律保障。

近年来，根据《国务院关于保险业改革发展的若干意见精神》，中央和地方财政积极探索对农户投保给予补贴的措施，取得了积极成效。2007年，中央财政首次对黑龙江、吉林、新疆、江苏、四川、湖南6省区的小麦、水稻、玉米、大豆和棉花等5种主要农作物保险，给予农民保费补贴试点。2007年8月，在全国范围开展能繁母猪保险，各级财政给予养殖户80%的保费补贴。当年全国农业政策性保险保费收入达到53亿多元。2008年以来，一些地方保险公司根据农业生产发展需要，开办了林木、油菜、烟叶、葡萄、西瓜、青稞、果树、肉鸡、农房等特色险种，农业保险品种覆盖面进一步扩大。

二、对农业保险问题的不同观点

对农业保险的名称，社会上有两种不同的看法。一种观点认为应叫农业保险，不应叫政策性农业保险，这样有利于市场化运作，与国际名称保持一致。否则，人为地将农业保险分成政策性农业保险和非政策性农业保险，容易造成认识上的误区，似乎政策性保险是政府保险，农户就没有责任，非政策性保险是商业保险，政府就不过问。第二种观点认为，应该叫政策性农业保险。因为我国是一个灾害频发的国家，农业是一个弱质产业，农民是弱势群体，农村是落后区域，在国民收入分配政策上应有明显的倾斜，应给社会一个明确的政策导向，是政府主导的保险，而不是纯商业保险。这样可以体现对"三农"的支持，政策宣传上比较主动，容易被群众所接受，有利于调动农民参保的积极性。政策性农业保险并不排斥市场化运作，两种观点各具道理、各有千秋，即使名称上叫农业保险，也离不开政府的扶持，名称上叫政策性农业保险，也不能违背市场规则，脱离市场化运作。事实上它属于政府支持的农业保险。

三、农业保险改革的总体思路

根据国家现行政策，推进农业保险的总体思路是：按照"政府引导、政策支持、市场运作、农民自愿"的原则，探索中央和地方财政对农户投保和保险公司经营主要粮食作物、牲畜养殖等农业保险给予适当补贴的措施，逐步建立农业保险与财政补助相结合的农业风险防范和救助机制。

具体来讲，所谓"政府引导"，主要包括三层意思：一是加强农业保险宣传，提高农民保险意识，鼓励农民积极参加农业保险。二是鼓励保险公司开发保障适度、保费低廉、符合农民需求的保险产品，以满足农村日益增长的保险需要。三是鼓励龙头企业、专业合作组织等与农民有关利益共同体，扶助农民参加农业保险。所谓“政策支持”，主要是以地方为主，中央给予一定补助。现阶段重点支持粮食主产区、棉花主产区、橡胶主产区和规模化养殖场进行农业保险，对农户投保小麦、水稻、玉米、棉花、橡胶及牛奶、生猪、肉鸡等给予保费补贴。保费由各级财政共同分担。所谓“市场运作”，主要是利用现有保险市场经营主体和运行机制来发展农业保险。保险公司从事农业保险，实行单独核算、单独管理，盈余不参加保险公司利润分配，亏损也单独核算，损益单独反映。逐步建立巨灾风险准备金、巨灾金融贷款等措施，健全农业再保险风险分担机制。所谓“农民自愿”，就是要通过宣传、引导、示范来调动农民自愿投保的积极性，是否参加农业保险由农民自己说了算，不搞包办代替，不搞强迫命令。

四、农业保险的政策措施

针对农业保险中存在的突出问题，应进一步健全农业保险政策，逐步形成比较完善的政策支持体系。

（一）继续鼓励和支持各地开展多种保险形式的探索

近年来，各地在农业保险方面进行了探索实践，取得了一定进展，但在保险范围、险种、保费补贴标准、补贴办法等方面，做法不尽相同，应在总结各地试点经验的基础上，按照“低保费、广覆盖、严管理”的要求，扩大试点范围和覆盖面，除对农业种植、养殖、果树、渔业等品种进行保险外，对农民住房、农业大型机械、生产生活设施和设备等也应纳入保险范围，逐步增加农业保险品种，让农民愿意参保、投得起保，无灾防灾，有灾减灾，受灾有保。

（二）加大财政支持力度

农业保险属典型的政策性保险，政府的支持是必不可少的。应考虑各地经济发展水平、自然环境、农民承受能力、政府财力状况等因素，合理确定财政补贴范围和标准，包括对农民保费补贴、保险公司经营管理费补贴和巨灾风险补贴。中央政府应根据不同地区财力状况给予相应的财政转移支付，不同地区、不同保险品种实行差别补贴，充分调动保险机构和参保农户的积极性。

（三）研究建立国家再保险体系和巨灾风险分散机制，提高农业抗风险能力

借鉴国际通行做法，建立健全农业再保险体系是十分必要的。可考虑建

立巨灾风险准备金，通过从保险公司保费收入中提取一部分，中央、省级财政安排一部分，从保险利润中拿出一部分等资金渠道来建立。同时，还可考虑参与国际组织再保险业务，在遇到特大灾情时，由担保公司担保向金融机构申请贷款等应对措施，分散保险风险，切实降低农业保险机构集中赔付的压力，提高农业保险能力。

（四）给予农业保险公司税收优惠政策

对保险公司给予必要税收优惠政策是调动其积极开展农业保险业务的有效手段，也是政府支持农业保险的政策措施，在农业保险发育发展阶段尤为重要。这些政策包括免除农业保险业务的营业税、印花税，对保险机构建立和增加内部风险准备金给予所得税前扣除照顾等。

（五）制定农业保险法规

为提高农业保险的权威性、有效性，应考虑将农业保险纳入法制管理轨道，由国务院制定条例，或者通过全国人大、地方人大立法，明确农业保险的地位作用、保险的范围、保险机构和投保人的权利与义务、违约责任等，做到有法可依、有章可循，保障农业保险事业健康稳定地发展。

第八章 关于农村土地制度与家庭承包经营体制问题

土地是人类赖以生存和发展的基础，也是立国安邦的基本要素。土地制度历来是国家根本制度的重要组成部分，关系到国家的长治久安。世界上所有国家在宪法中都有土地制度条款，并制定专门法规对土地制度作出规范，以保护土地资源，合理利用土地，我国也不例外。

第一节 新中国土地制度的演变

土地是农民的命根子，它不仅是农民基本的生产资料，也是农民重要的生活保障。新中国成立以来，我国土地制度演变大体经历了以下三个大的阶段：

一、第一阶段：家庭所有，家庭经营

1949 年 9 月 29 日，中国人民政治协商会议第一届全体会议通过的临时宪法《共同纲领》中规定“凡已实行土地改革的地区，必须保护农民所得土地的所有权”。1952 年完成土地改革，将从地主手里取得的土地分配给农民，实现了“平均地权”和“耕者有其田”的目标。这就是说，这一时期我国实际上实行的是土地私有制，土地所有者是农户，土地所有权是清晰的，属于农户家庭。由于土地权属清楚，农民当家做了主人，过去农户为地主、为他人劳动，现在为自己劳动，生产积极性空前高涨，同时，激发了广大农民的爱国热情，积极投身社会主义建设活动，使国民经济得到迅速恢复和增长，顺利完成了我国国民经济第一个“五年计划”。

二、第二阶段：集体所有，集体经营

1953 年以后，我国学习苏联老大哥，走国家计划经济道路，我国农村逐步开始走农业合作化道路，将几户农民土地集中搞互助组，后又将几个互助组集中起来组成初级社，再后来将若干初级社组成高级社，最后将高级社组建成人民公社。就这样，将农户的土地一步一步集中，由农户私有变成集体共同所有，土地也由农户家庭生产经营变成集体生产经营。人民公社下设生产大队，生产大队下设生产小队，土地集体所有实际上变成生产队全体社员所有，经营方式也变成生产队统一生产经营。这就是历史上所说的以“三级所有，队为基础”的生产经营模式。农民个体参加集体劳动，按劳计酬，按劳分配。生产队给每个劳动力记工分，劳动所得年终结算，按工分多少参与分红，实行多劳多得、少劳少得、不劳动者不得的分配政策。

三、第三阶段：集体所有，家庭承包

农村土地实行集体所有和集体经营后，由于按劳分配的核心是计时工资，时间是可以计量的，而劳动程度是无法计量的，劳动上存在“吃大锅饭”，分配上存在“平均主义”，导致出工不出力、干多干少一个样、干和不干一个样的现象，劳动者的积极性受到挫伤，劳动效率普遍下降，生产上不去。1958 年，我国又搞“大跃进”、“超英赶美”，刮“共产风”、“浮夸风”，鼓吹“粮食放卫星，亩产过万斤”。1959～1961 年，我国遭受历史罕见的自然灾害，加上苏联撕毁合同，提前还债，撤走专家，中国经济遇到前所未有的困难，史称“三年困难时期”。1966 年开始的全国“文化大革命”，使之当时天天讲阶级斗争，时时搞政治运动，农业生产无人抓无人管。1978 年 12 月，党的十一届三中全会决定实行改革开放，将党的工作重心转移到经济建设上来。但当时党内极左思想仍然很严重，思想还没有得到真正的解放，农村土地制度仍然实行“集体所有、集体经营”，农民的生活状况并没有改变，仍然在温饱线上挣扎。在这种大背景下，最初由安徽凤阳县小岗村 18 户农民发起，秘密签订“生死契约”，决定将集体土地承包到户，实行“大包干”，即“上交国家的、留足集体的，剩下都是自己的”。

实行这种土地经营方式，调动了农民的积极性，激发了农民的生产热情，当地农民因此吃饱了饭。经过一段时间的实践，土地承包到户的做法迅速传开，并扩大到安徽和其他地区。中央尊重农民的首创和意愿，肯定了安徽小岗村农民的做法，并推广到全国。20世纪80年代，国家将土地制度改为“集体所有，家庭承包”。这一制度的实施，解放和发展了农村生产力，农民生产热情得到空前释放，生产效率极大提高。土地种植什么、种植多少、如何种植由农民自己说了算，土地承包经营所得，上交完国家的（农业税），留足集体的（上交村集体提留），剩下都是农民自己的，实现了“耕者有其权”，即土地承包经营自主权。这一制度一直实行到今天。

随着经济发展和社会进步，在全球化、现代化、工业化、信息化和城镇化过程中，我国的土地问题备受关注。其中，谈论较多的一个问题是以家庭承包经营为基础、统分结合的双层经营体制，如何适应农业规模化、产业化、标准化的生产要求？中国农业现代化的路子该如何走？探讨这一问题必然要涉及农村的土地制度。目前，在土地制度问题上，理论界主要有以下三种观点：

1. 土地由集体所有农户承包，统分结合，双层经营管理。这一制度是将土地的所有权与经营权分离开来，土地所有权归村集体经济组织，经营权由村集体内部成员承包经营。在承包期内，农户有土地承包权、经营权、收益权和流转权。持这种观点的理由是：（1）家庭承包经营模式仍然适合当前中国农村实际，并没有过时。这是中国农村人多地少、居住分散的一种必然选择，家庭承包经营体制既适合传统的、小规模的农业生产经营，也符合现代的、大规模的农业生产经营。（2）土地不仅是农业重要的生产要素，也是农民重要的生活保障。农民拥有土地承包权，无论是从事农业生产，还是进城务工经商，生活都有保障。土地是农民的最后防地，有了土地承包权，农民心里“托底”，即使进城不能立足，也有退路，有回旋余地，这样有利于社会和谐稳定。（3）目前土地利用过程中出现的问题是集体所有制不完善造成的。在地方政府行为不规范的情况下，如果实行土地国有或者私有化，会引发土地滥征乱用，不利于保护耕地，同时会出现土地买卖和兼并，穷人可能首先失地又失业，造成社会动荡不安。

2. 土地国有民用。持这种观点的学者包括旅居海外经济学家刘恒、中国财政经济出版社研究员袁中良等，主张实行“国家所有、农户永用”，即将农村集体土地全部收归国有，再由国家统一分配给农民，让农民拥有永久使用权，即永佃制。其主要观点包括：（1）明确土地属于国家所有，摒弃土地家庭承包制下不明不白的所谓土地集体所有制。（2）将国土使用权及其使用权的处置权明确地、永久地、完全地交给农户，增人不增地、减人不减地、迁出不变地。（3）国家向农民发放土地永久使用权证，农民可以根据市场规则和自己的意愿自主地、自由地决定保持或者转让土地永久使用权。（4）农民有权转让土地使用权，有利于城乡土地统一市场的形成，提高农民的土地收益，使土地成为农民的一笔财产。

3. 土地私有化。清华大学蔡继民教授等主张土地逐步私有化，即新增商业用地实行私有，存量土地先宅基地后其他非公益用地，按户均分，实行私有化。其理由是：（1）随着经济社会的发展，土地集体所有制已名不符实，土地由农户承包经营后，集体对农户承包地没有处置权，集体所有实际是虚置，土地私有是大势所趋。（2）土地私有产权明晰，更有利于土地投入的内在激励。（3）土地私有更有利于土地合理流动，适应农业产业化、现代化的发展需要。

上述三种观点各有理由，各有千秋，这里从土地制度中的利益主体和政策主体的角度来加以分析。持第一种观点的人，多来自政策主体，主张在坚持土地集体所有制前提下，完善农村土地制度，而不是从根本上否定或改变这一制度。由于是对现行体制的改革完善，兼顾国家、集体和农民的利益，以及社会承受能力，没有颠覆性的变革，震动小，易于为各方面所接受，因而成为目前的主流看法。持第二种观点的人，多来自政策主体和利益主体两方面，主张将农村集体土地所有制改为国家所有制，同时赋予农户永久使用权，他们既想从国家宏观着想，又想从微观为百姓说话，但这种观点与现行"集体所有、农户承包、长久不变"的土地制度没有多大差别，名不同而形同。持第三种观点的人，多为相关利益主体，主张分类型、分阶段逐步实行土地私有化。由于属于具有对现行土地制度颠覆性的变革，触及深层次的政治问题，超出现阶段各方承受能力，这种重大制度变革可能引发社会动荡不安，不为政府所主导，但作为一种学术观点和探讨，有益于帮助分析完善现行土地制度。

第二节

外国土地和土地流转制度简介

一、日本的土地制度

日本农地制度由自耕农制度、农地流转制度、农地适度管制制度构成。自耕农制度作为一项基本制度，创立于1946年的农地改革，到1950年，自耕农所属耕地比例占全部耕地的90%。1952年的《农地法》从法律上确立了农地农民所有制的永久地位。农地流转制度是针对20世纪60年代后日本经济高速增长、农地被大量占用、农民非农就业机会增多的情况，以土地利用权转移为中心，实现农业规模化经营为目的的一种制度。1970年修改《土地法》，废除原先获得农地权利最大面积3公顷的规定；取消对土地出租的管制。1980年修改《农地利用增进法》、《农地法》、《农业委员会法》，主旨在于鼓励农民相互合作利用土地，通过土地所有权和经营权相分离来扩大土地经营规模。1993年制定《农业经营基础强化法》，为促进农地使用权流动、创立"认定农业者"制度，以便农业后继有人等提供了法律依据。农地适度管制制度主要包括强化农业经营基础制度、农业振兴地域制度和土地改良制度，体现了日本对农地的管制由收到放、推动农地流转、扩大规模经营、保护农地、改良土地以提高土地利用效率的制度特点。

二、荷兰农地与农地流转制度

荷兰政府对农地非农化的强势控制，主要是因为对农地减少而造成生态环境压力的担忧。2002年，荷兰全国人口密度是每平方公里466人，人地关系相对也很紧张。农地非农化可能造成城市的无序扩张和郊区环境的恶化等，这些都是近年来荷兰政府关注的焦点。为此，荷兰政府不仅尝试通过空间规划引导土地利用和配置，还以土地购买者的身份主动参与农地非农化调控，防止市场上的投机、垄断和短期行为造成对生态环境的破坏，从而促进国家土地资源的可持续利用。

荷兰农地非农化主要涉及三个过程：买地、土地改良和卖地。政府、农民、私人投资者等不同利益主体根据社会经济条件的变化表现出不同的行为选择。

（一）土地产权制度

土地产权决定了市场交易的方式，也决定了收益分配。荷兰的农地产权是私有性质，在农地被征用的情况下，荷兰的农地所有者能够获得农地本身的价值加上土地增值收益。政府的强制征用必须满足一定的条件才能够执行，同时荷兰独立的司法体系也可以保障农民的利益。

（二）土地规划体系

荷兰空间规划的目的偏重于如何实现人类社会和自然环境的协调，实现城乡统筹发展，提高分权管理的效率。荷兰的土地规划是高级别的（国家和省），要么是纲领性的指导规划，要么是侧重于地方政府无法实施的全国性的公共设施的建设。地方政府（市政府）具有决定土地利用的权力。只要市级规划一经批准，任何级别的政府都不能随意改动。荷兰土地利用规划充分吸收公众参与，让民众参与决策，这保证了“从下往上”式的规划在执行中基本上没有违规行为。

（三）土地市场的作用

荷兰已经形成了成熟的农地和城市土地市场。除了政府补贴的公共用地，所有的土地交易都遵循市场原则。遍布全国的公有或者私有土地评估机构为土地交易提供了合法和可信的土地估价，自由竞争保证了荷兰土地市场的配置效率。

（四）政府的作用

政府介入农地非农化过程的目的可以分为两类：一是为了直接分享收益，二是解决一些社会或环境问题。荷兰政府介入农地非农化的目的主要是为了调控土地的供需，尤其是解决第二次世界大战后社会住房极度短缺的问题和现阶段生态环境价值内化的问题。为了能够弥补社会住房的成本，荷兰政府不得不主动介入农地非农化过程。

三、法国农地与农地流转制度

法国实行土地集中政策，扩大农业生产经营规模。法国的法律规定了土地“不可分割”的原则，即农场主的土地不得由一个以上的子女继承。近20多年来，法国采取了一系列加速土地集中、扩大农场经营规模的措施。国家建立了土地整治与农村安置公司，通过贷款从私人手中购买土地，经过整治，以较低的价格卖给农民，特别是卖给中等规模的农民。法国政府支持中农政策的目的，是促使生产力低下的小农离开农业，提高农业生产率，同时防止两极分化。通过国家对地产市场的直接干预，控制了土地的收购和转卖，改善了农场结构，并优先扶持达到中等生产规模的青年农民。法国政府还通过调整土地政策来控制农用土地价格，发放脱离农业的终身补贴，以鼓励老年农场主放弃耕作。法国中小农场占很大比重，但是国家支持中等规模农场的发展。法国农业以家庭劳动力为主，农场主及其家属约占农业劳动力总数的92%。法国的土地经营方式有三种：租赁经营、土地所有者直接经营和分成制经营。

四、以色列农地与农地流转制度

以色列土地所有权归国家，再由国家长期租赁给集体组织统一经营或者农户自主经营。以色列的农业组织大体上有两种形式：基布兹（Kibbutz）和莫沙夫（Moshav）。基布兹、莫沙夫，意即“集体农庄”，是犹太移民为了在艰难的环境中生存而自愿集合在一起创建的。其主要特征有三个：一是所有的生产资料包括土地归集体所有；二是所有收入（包括其成员在外面受聘所得的个人收入）全部归集体所有，基布兹给每个农民按月发给生活津贴，生活必需品实行供给制，其余收入、积累主要用于扩大再生产；三是基布兹内部实行民主管理、民主理财，由选举产生的管理委员会管理基布兹的内部事务。人们在“平等、公有、自愿”的原则下，实行各尽所能，各取所需，衣、食、住、行全部包干，每户一套住宅，且有良好的公共设施（食堂、图书馆、幼儿园、体育馆、洗衣房等）和公用轿车等。犹太人国民基金是代表以色列国家掌管土地的机构，该国农民只需缴纳很少的租金，就可以在基布兹和莫沙夫从事农业生产经营。土地租用期限一般为50年左右。至于是否加入基布兹和莫沙夫，由农民自愿决定，加入之后，土地就要由农庄统一规划使用。

第三节

关于农村土地基本经营制度

土地制度是国家的一项基本制度。从国际情况看，各国土地制度是不相同的。一个国家实行什么样的土地制度，由其政体和国情来决定，反映了一国生产力与生产关系、上层建筑与经济基础之间的关系。土地制度的建立和演变，体现了国家不同时期的意志和大多数民众的意愿。

我国土地制度经历了农户所有、农户经营；集体所有（三级所有，队为基础）、集体经营；集体所有、家庭经营几个重要时期。实际上，各个时期的土地制度也不是一成不变的。比如，土地集体所有制就经历了互助组、初级社、高级社、人民公社几个阶段，还比如至今仍在实行的土地承包经营制，土地承包期由最初的 15 年延长到 30 年，又由 30 年改为长久不变。在社会主义初级阶段，农村土地制度仍然具有生命力，应毫不动摇地坚持家庭承包经营和统分结合双层经营体制，这是党的农村政策的基石。但应根据新的形势发展变化，加以改革完善，赋予其新的内容。这是因为：

1. 改变集体所有、家庭承包的土地制度不具备条件。目前的认识水平和行政水平还达不到，我国市场经济体制尚未完全建成。基层政府既是政策主体，同时也是利益主体，有必要在政府、集体和农户之间实行权力制衡。在集体所有、家庭承包的土地制度下，国家对耕地实行严格保护，因公益用途征用土地需经过严格审批，集体和农户两层利益主体可以避免基层乱征地，侵害农民利益。

2. 集体所有、家庭承包的土地制度符合现阶段农村生产力的发展要求。从国情来看，符合广大农民的意愿。我国有 13 亿人口，其中 9 亿人为农村人口，约 2.5 亿农户，耕地面积 18.26 亿亩，人均 1.4 亩，人多地少是我国的基本国情，人地矛盾将长期存在，农户小规模经营是一个基本现实，即使在推进城镇化的过程中，从农村转移一半的劳动力到城镇，土地经营规模也难以有明显的扩大。从农业生产的特点看，农业不仅是一个经济再生产的过程，同时也是一个自然再生产的过程。农业劳动的对象都是有生命的农作物和畜禽，这就要求农业生产者随时随地了解农作物和畜禽的实际生长情况，根据市场、气候、环境和农作物及畜禽的生长变化，自主、及时地作出有针对性的生产决策，实行家庭经营体制十分有利于充分调动广大生产者的生产经营积极性。从国外的通行做法来看，世界上的发达国家，无论经营规模大小，生产力水平高低，一般也都实行家庭式的经营管理模式，就是美国、欧盟和日本那样现代化的国家，农业也还是搞家庭农场。这说明家庭经营能够容纳不同发展水平的农业生产力，既适应传统农业，也适应现代农业，不存在生产力水平提高以后就要改变家庭经营的问题。在社会主义初级阶段，劳动仍然是社会成员谋生的手段，需要实行劳动者与劳动成果紧密结合的经营体制，家庭承包经营既解决了集体经营吃大锅饭、出工不出力的问题，又能调动农民生产经营的积极性和主动性，生产什么、生产多少由农民自己说了算，生产经营所得归农户所有。

3. 农村现有土地制度得到进一步完善和发展。土地制度的关键是让农民拥有长期稳定的承包关系，让农民长期拥有土地，发放具有法律效率的土地承包证书，让农民吃上“定心丸”，这样，农民就有长远打算、谋划发展、经营预期、增加投入的积极性。党的十七届三中全会通过的《关于推进农村改革发展若干重大问题的决定》已明确规定，土地承包经营关系保持稳定并长久不变，依法保障农民对承包土地的占有、使用、收益等权利。同时，要求实现“两个转变”，即家庭经营向采用先进科技和生产手段方向转变，实行集约化经营，科学种田，提高农产品的科技含量；统一经营向多元化、多层次、多形式经营服务体系转变，培育新型合作组织，提高组织化程度，进行规模化生产、产业化经营、社会化服务。土地所有权无论是国家所有还是集体所有，其所有权主体（法律价格）都是全体公民或者全体集体农民，这些均是虚置的，所以，将集体所有改为国家所有没有实质意义。

4. 改变集体所有土地制度不具备物质基础和条件。在相当长的时期内，农村土地都将发挥基本生产资料和基本生活保障的双重功能。在工业化、城镇化、市场化加速推进的时期，大量农民在城乡间双向流动是一个长期的过程，应该把土地承包权留给农民，让农民有选择的余地。世界上一些发展中国家之所以出现大量的城市贫民窟，引发社会动荡，就是因为盲目推进土地私有制和城镇化，许多农民失去了土地、没有了退路造成的。我国社会保障还不健全，城乡就业、教育、卫生、文化等方面差距较大，城镇化率比较低且缺乏必要的产业支撑，如果实行土地私有化，允许土地自由买卖，首先失去土地的将会是一些家庭困难、文化程度低下的穷人，这会带来无序的土地兼并，一些农民因此失地失业，在没有建立健全社会保障的情况下，他们的生活无保障，将危及社会稳定。随意改变土地用途，减少耕地，将危及国家粮食安全和政权基础。因此，无论从发展农村经济还是从维护社会稳定看，家庭承包经营体制都应该长期稳定，在我国不宜实行土地私有制。

第四节

我国农村土地承包与土地流转的关系

走中国特色农业现代化发展之路，客观上要求改造传统农业，实行规模化生产、产业化经营、标准化管理、市场化运作、社会化服务，同时提高农业物质装备水平、劳动力专业技能、农业科技水平等。改造传统农业，建设现代农业，势必牵涉农村的土地问题。如何处理好传统农业中家庭承包经营与现代农业规模化经营的土地矛盾，处理好一家一户小生产与千变万化大市场的风险应对，处理好土地承包者与规模化经营者的利益关系，将是面临的主要问题。在推进工业化、城镇化、现代化的进程中，如何推进农业产业化、规模化和现代化，采取什么模式、建立什么机制？成为社会普遍关注的问题，也是农村改革需要破解的难题。家庭承包制是否已经过时？是否阻碍了农村生产力的发展？是否需要实行一种新的土地制度？已在理论界议论开来，党的十七届三中全会召开前夕，这方面的讨论似乎更加密集，可说是百花齐放，百家争鸣。笔者的观点如前所述，当前变革土地制度的条件尚不成熟，现行家庭承包制并非已经阻碍农村生产力的发展。变革农村土地制度的目的在于促进农村生产力发展，促进农民增加收入，为建设现代农业创造必要条件。通过改革完善现行土地集体所有、家庭承包制度，推进土地有序流转，完全能够达到此目的。为了减少改革的政治风险，寻找改革的最佳路径，当务之急是搁置争议，在推进农业土地规模化和产业化的过程中，有效解决土地流转问题。

家庭承包与土地流转并不矛盾。土地承包是一个制度层面的问题，土地流转是一个市场层面的问题。稳定土地承包权，承包权归农户，放活土地经营权，经营权归受让者。土地流转实质上是土地经营权的让渡，属于利益主体行为，承包人与受让方签订合同，形成契约关系。合同经公证机构公证，具有法律效力，受国家法律保护。通过土地流转实现规模经营，所以稳定家庭承包经营并不排斥土地流转和规模经营，关键是要完善土地流转法规，建立健全土地流转市场，在土地流转过程中保护好农民的合法权益，处理好政策主体和利益主体之间的关系。从农村土地承包关系看，政策主体涉及中央与地方各级政府，利益主体涉及国家、集体和农户。从农村土地经营来看，政策主体没有变化，但利益主体却增加了，除农民与国家发生税费征纳关系、与集体发生承包合同关系外，如果进行土地流转，还将发生与土地受让方的利益关系；如果通过土地流转市场进行，还要涉及与土地流转中介组织的利益问题。作为政策主体的政府来讲，通过土地流转实现规模化经营，标准化生产，提高农业机械化、现代化水平，从而提高农产品的数量和品质，增强农业发展后劲，确保国家粮食安全和农产品供给。对于作为利益主体的农民来讲，通过土地流转改变传统耕作方式，降低劳动强度，提高比较效益，增加家庭收入。国家与农民的利益从根本上讲是一致的。土地经营者看重的是经营和效益的稳定性，而经营的稳定性取决于承包权的稳定性。因此，土地承包权越稳定，产权越清晰，交易成本就越低，就越易于土地流转。由于土地实行集体所有、家庭承包，土地流转涉及村集体和农户两个利益共同体，而非一方之事，集体不能包办代替为农户做主，农户也不能私下买卖土地。发展规模经营搞流转，属于土地承包经营利益主体之间的事情，应按市场规则办事，需要一家一户的协商，一村一组的谈判，会有一定的工作量，甚至还有一些难度，但这是必经之路，没有捷径可走。地方政府决不能为搞规模经营而不顾农民意愿，采取强迫命令、行政手段，生拉硬扯搞土地流转，更不能在土地流转中损害农民的权益。近年来，许多地方在规模化经营方面进行了有益的尝试，探索建立了土地流转市场，并积累了一些有益经验。在经济发达地区，二、三产业已经相当发达，大部分农民已经在非农产业中稳定就业，具备了相对集中土地的条件，实现了一定范围的土地流转和规模经营，土地向经营大户集中。但也有一些地方村集体违反政策和农民意愿，随意收回农户的承包地搞招标承包，侵犯农民权益，对此应予以纠正。

土地承包经营权流转，关键是要遵循“依法、自愿、有偿”的原则。所谓“依法”，就是要按照《农村土地承包法》等有关法律法规和中央的政策规定进行，不能搞上有政策下有对策。所谓“自愿”，就是要尊重农民的自主权，流不流转、什么时间流转、流转给谁都由农户自己做主，任何组织和个人不得强迫或阻碍农民流转土地，确保他们的合法权益得到保护。所谓“有偿”，就是土地流转的条件和补偿完全由农户与受让方自主平等协商，流转的收益归农户所有，地方和村集体不得截留。这应该成为判定土地承包经营权流转是否合法、是否合理的重要标准。

土地流转既是中国农业现代化的必由之路，也是农民增收的重要途径。目前，我国农村组织化程度低，受传统农业影响深重，不少农民仍然没有摆脱种田靠经验、耕作靠牲畜、收成靠老天的状况，简单式再生产、自给自足式生产、粗放式生产占相当比重，已不适应现代农业发展需要。统分结合的双层经营体制，需要在“统”上多做文章，但不是简单地由集体收回农户的土地承包经营权，而是充分尊重农民意愿，在推进现代农业建设过程中，应在稳定家庭承包经营的基础上，通过农业产业化经营，引导农民发展多样化的农户联合或合作，形成多元化、多层次、多形式的联合体。比如，鼓励龙头企业按照自主自愿、利益共享、风险共担的原则，通过土地租赁、股份合作、代耕代种、中介托管等方式，提高农业的组织化程度，实行订单农业、利润返还、入股分红等分配办法，建立龙头企业与农户之间紧密合理的利益联结机制，让农民从中分享农业产业化经营的好处，实现土地集约经营和规模经营，走中国特色的农业现代化道路。同时，在新农村建设中，壮大集体经济实力，也应把稳定家庭承包经营作为基本前提，主要是在发展社会化服务上下功夫。发展农业社会化服务组织，搞好农业信息、农业技术、农产品市场、农村金融、农业机械等服务，搭建服务平台，引领农户逐步走产业化、标准化生产经营之路。

在土地流转中，需要健全“两个市场”，即土地承包经营权流转市场和城乡统一的建设用地市场。土地承包经营权流转市场建设，重点是搞好农村土地确权、登记、颁证工作。尊重农户在土地流转中的主体地位，保护他们的合法权益，健全交易场所、信息咨询、中介服务等土地流转市场服务体系。体现党的十七届三中全会《决定》中“一个允许、三个不得”的精神，在依法、自愿、有偿的前提下，允许农民以多种形式流转土地承包经营权，但不得改变集体所有制性质、不得改变土地用途、不得损害农民权益，包括农民对承包土地享有占有、使用和收益权，以及农民宅基地的用益物权等。建立城乡统一的建设用地市场，重点是改革和完善农村集体建设用地使用制度，集体建设用地必须在符合土地规划的前提下进入市场，以公开规范的方式转让集体建设用地使用权，防止价格扭曲，损害集体利益。

第五节

关于保护耕地，完善土地征用制度问题

我国耕地资源短缺，人增地减矛盾突出。目前，全国耕地面积为 18.26

亿亩，人均耕地面积仅为世界平均水平的40%左右。我国有666个县人均耕地低于联合国提出的0.79亩的安全警戒线，耕地资源紧缺已成为影响国家粮食安全和可持续发展的重大隐患。

近年来，由于工业化、城市化步伐加快，占用了大量土地，存在的突出问题是地方政策主体和利益主体行为不规范，导致耕地流失，农民权益受损。一是乱占耕地。由于国家对耕地实行最严格的保护政策，层层落实责任，坚守18亿亩耕地这条红线，有些地方为了规避法律规定，频繁进行土地规划的调整或修改，目的非常明显，就是想方设法多占耕地；有些地方实行先占后补，在占用耕地时不按规定程序报批，先斩后奏，造成既成事实，形成积重难返之势；有些地方以罚代法，对违规占用耕地者象征性处以罚款，似是而非，轻描淡写，瞒天过海，以保过关；有些地方“以租代征”，为规避土地审批和缴纳税费，名为租用，实为占用，变相圈地；还有些地方随意扩大生态退耕还林范围和绿色通道建设的宽度，违规占用基本农田植树造林，高速公路两旁50多米宽的绿化带随处可见。二是乱征土地。一些地方政府在城镇化、工业化的发展过程中，不尊重农民意愿，损害农民权益，为筹集城市建设资金违法乱圈地，低价从农户征用，高价商业开发，从中牟利。经营土地、经营城镇已成地方政府的“摇钱树”。这是目前农村财富流入城市的一条暗道，它与农民工低工资、低福利，农产品低价格，农村资源低成本等构成新形势下新的城乡剪刀差、工农剪刀差。不少地方在征地中，征地方与被征地农户之间，利益主体地位不平等、信息不对称、政策不透明，在土地征用中农户处于弱势，给被征地农民的补偿标准低，对他们就业安置不到位，社会保障没跟上，长远生计没着落，导致上千万农民成了“种田无地、就业无门、社保无份”的“三无”农民，严重影响社会稳定。在农村群体性事件中，土地纠纷案件占到65%，这已成为目前农村社会冲突的焦点。因此，通过深化农村改革，规范政府行为，理顺土地市场秩序，保护好耕地，加快土地征用制度改革刻不容缓。

笔者认为，当前和今后一个时期内，在土地管理方面应突出抓好以下几方面的工作：

一、坚持实行最严格的耕地保护制度

土地是国家重要的战略资源，耕地是农民的命根子。我国是一个人口大国，也是一个农民大国，实行最严格的耕地保护制度是由世情、国情、民情所决定的，也是历史经验的总结。我们知道，农业生产要素除了劳动力以外，最基本的就是耕地和淡水。目前，全国耕地面积由2000年的19.24亿亩减少到2009年的18.26亿亩，推进工业化、城镇化过程中不可避免地需要占用一部分耕地，加上耕地保护效果不尽如人意，自然灾害水土流失，耕地保护的形势不容乐观。我国人口数量预期将由2010年的13.6亿人增加到2020年的14.5亿人，人地矛盾将更加突出。因此，到2020年必须守住18亿亩耕地这条红线不突破。这18亿亩耕地是口粮田、保命田，谁也无权征占，否则由此引发社会饥荒的后果是不堪设想的。正因为如此，需要将耕地保护措施细之又细，落到实处。

（一）划定基本农田

在18亿亩耕地中，基本农田约为15亿多亩，应像保护眼睛一样加以保护。划定永久基本农田，落实到农户和地块，做到总量不减少、用途不改变、质量有提高。

（二）切实规范政府行为

在土地监管中，地方政府既是政策主体又是利益主体，许多土地征占违规问题都与地方政府部门有关，因此，保护耕地和农田，首先应落实地方政府的责任，特别是地方党政一把手的责任，从口头上保护落实到行动上保护。其次要加大监管力度，采用遥感技术、数据网络等现代化手段进行监控。同时，严格执行法规制度，不准在法律规定的国家重点建设项目之外的非农建设项目占用基本农田；不准以退耕还林为名，将平原（平坝）地区耕作条件良好的基本农田纳入退耕范围，违反土地利用总体规划，随意减少基本农田面积；不准占用基本农田进行植树造林，发展林果业；不准以农业结构调整为名，在基本农田上挖塘养鱼和进行畜禽养殖，以及其他严重破坏耕作层的生产经营活动；不准占用基本农田进行绿色通道和绿化隔离带建设。应对违规者处以重罚，加大违规成本，使负有领导责任者不能继续做官，直接责任者受到行政、经济和法律制裁，使乱占耕地者无利可图，不能为、不敢为、不愿为。

（三）建立耕地占补平衡机制

在推进城镇化中，大中小城市和小城镇规划建设应配套进行，大城市的承载能力是有限的，应控制大中城市规模，着力发展小城镇，大城市辖区面积无限扩大的趋势值得关注。国家批准城市建设规划内占用耕地，应先通过平整土地、土地复垦等方式补充耕地后再占用，实行“占补平衡”，补充耕地的数量和质量应相当，就地就近补充平衡，不得跨省区市进行“占补平衡”。防止只占不补、先占后补、占多补少、占好补差等行为发生。

二、坚持实行最严格的节约用地制度

我国处于工业化、城镇化快速发展期，建设用地增长压力大，土地资源十分有限，土地供需矛盾将长期存在并日益加剧。2009 年，我国城镇化率为 46.5%，据有关方面预测，2020 年我国城镇化率将达到 58% 左右，平均每年约增长一个百分点。目前，我国城市人均建设用地 130 多平方米，超过经济发达国家 82.2 平方米和发展中国家 83.3 平方米的水平。我国城市建设用地已经不少，且增长较快，应严格控制城市和乡村建设用地总规模。在严格保护耕地的同时，还必须倡导和实行严格的节约用地制度。城市发展应走内涵扩大再生产的路子，多在完善城市功能、服务能力上下功夫，而不能再走外延扩大再生产的路子了。

（一）对新增建设用地规模实行总量控制

按照《全国土地利用总体规划纲要（2006—2020）》提出的目标，2010 年和 2020 年新增建设用地分别为 2 925 万亩和 8 775 万亩。应将用地指标分解落实到年度计划，地区、城市及城市组合结构上，作为控制指标，实行总量控制，不得随意突破。

（二）对村镇建设实行规模控制

在新农村建设中，应依据土地利用总体规划和村镇建设规划，立足现有基础，进行房屋和基础设施改造，充分利用村内空闲地、闲置宅基地等存量建设用地，充分利用低丘缓坡和“四荒地”，尽量不占或少占耕地。在宅基地调整中，大力加强村庄规划，坚持集约节约用地，促进农村土地集约利用，坚决贯彻“一户一宅”的法律规定，正确引导农民在居住条件改善的同时，节约使用土地，切实保护耕地。妥善解决好农村用地中的各种纠纷和矛盾，切实保障农民利益，维护农村社会稳定。

（三）要加快土地征用制度改革步伐

改革的基本方向是实行公益性和经营性建设用地分开，公益性用地由国家征用，经营性用地通过市场化解决。健全对失地农民的补偿机制，提高补偿标准，解决农民就业出路和社会保障。坚持公开透明原则，规范征地程序。严把用地审批关，关键是如何界定“公共利益”。法律规定，符合公共利益才能征占土地，什么是公共利益？其范围包括什么？由什么样的机构认可？需要履行什么程序？都需要作出严格的法律规定，否则就容易形成上有政策下有对策，钻法律的空子。公共利益征用土地应实施严格用途管制，根据科学的行业用地标准审批土地，因经济建设发展确需调整规划、计划的，必须按法定程序进行，不应随意突破。

三、完善征地补偿机制

土地征用中势必发生农用地转建设用地问题，以及农民与集体、集体与地方政府、地方政府与开发商之间的连锁利益关系。在这些利益主体中，农户势单力薄，处于弱势地位，需要国家予以保护，从制度层面建立健全征地补偿办法。过去，我国土地征用补偿包括征收土地补偿费、劳动力安置补助费、地上附作物和青苗补偿费、拆迁补偿费等，其标准一般按被征地前3年平均产值计算。2004年以后，国务院提出确保被征地农民生活水平不降低的要求，强调农民的知情权，实行听证制，完善了征地补偿安置争议协调和仲裁机制，维护被征地农民和用地者的合法权益。党的十七届三中全会对此又提出了新的要求，依法征收集体土地，按照同地同价原则及时足额给出村集体组织和农民合理补偿，再次强调在征地过程中，维护农民的知情权、参与权、监督权和申诉权，健全土地纠纷协调仲裁机制，为被征地百姓提供法律援助。关键是要规范政府行为，规范征占行为，形成利益谈判机制，充分考虑农民利益，补偿足额到位，杜绝强行征占农地。

四、解决被征地农民的长远生计

对被征地农民进行补偿只是解决了他们的土地收益问题。由于失去了土地这一基本生产资料，也就失去了从事农业生产经营的条件，面临着如何再就业、谋求长远生计的问题。不少农民除了会种地外，缺乏其他工作技能，如果不能实现再就业，就会失地又失业。因此，应从就业和社会保障两方面拓宽安置渠道，解决被征地农民的后顾之忧。对失地农民进行技能培训，在财税、信贷等方面给予优惠政策，鼓励他们自谋职业和自主创业，多途径促进失地农民再就业。同时，妥善解决他们的住房、社保问题，使他们住有所居、病有所医、学有所教、老有所养。

第九章
关于粮食产销政策问题

胡锦涛总书记讲，食为政首，民为国邦。国以民为本、民以食为天。解决好13亿人的吃饭问题，确保国家粮食安全，始终是经济发展、社会稳定和国家自立的基础，是建设社会主义新农村的重要任务。我国历史上著名的政治家、思想家管仲曾经说过“仓廪实而知礼节，衣食足而知荣辱”。粮食问题历来是安天下的大事，大意不得，放松不得。当今世界粮食局势并不乐观，据联合国粮农组织公布情况反映，世界发展中国家饥饿和营养不足人口大幅增加，2009年超过10亿人，占世界总人口的1/6，发生粮食短缺的国家近40个。中国作为人口最多的发展中国家，受耕地面积、淡水资源等的限制，粮食综合生产潜在能力十分有限，确保人民群众粮食供给，有饭吃、吃好饭，任务繁重而艰巨。

第一节
我国粮食生产的基本情况

我国粮食供给经历了“供给短缺—供需紧平衡—供需基本平衡—丰年有余”几个时期，人民生活实现了从吃不饱到吃饱的跨越，正朝着从吃饱到吃好的目标奋斗。

近年来，我国粮食生产出现重大转机，粮食连续几年增产丰收，但当年产需仍然存在结构性缺口。2008年，我国粮食种植面积10 670万公顷（约16亿亩基本农田），比上年增加106万公顷，全国粮食总产量52 850万吨，比上年增加2 690万吨，增长5.4%。2009年，我国粮食总产量为53 080万吨，比上年增加21万吨，增长0.4%。我国粮食消费结构大体是：口粮占55%，饲料粮占32%，工业用粮占10%，种子及其他占3%。目前，我国粮食供需基本平衡，丰年有余，但结构性问题仍然存在。比如，我国食用油大部分靠进口，进口部分约占我国消费市场的60%以上。从长远看，我国粮食需求量呈增长态势，根据《国家粮食安全需求中长期规划纲要(2008—2020)》分析，到2020年，人均粮食消费量为395公斤，全国粮食需求总量达到5 725亿公斤。一方面对粮食需求呈增长态势，另一方面粮食生产面临的形势却十分严峻。一是从今后的长期趋势看，随着工业化、城镇化的推进，我国人口增长、耕地减少、水资源短缺的矛盾将越来越突出。1996～2006年的10年间，我国人口增加了9 000万人，相当于德国的人口总数，同期，我国城市人口增加了约2亿，而我国耕地不仅没有增加，反而减少了。二是我国人均淡水资源为2 200立方米，为世界平均水平的1/4，是全球13个人均水资源最缺乏的国家之一。我国用占世界6%的淡水、9%的耕地养活了占世界21%的人口，这是对世界的一大贡献。我国淡水资源破坏十分严重，工业污染、生活污染、化肥农药残留物污染等形成的面源污染，每千公顷耕地施用化肥为328.9吨，是美国的2.1倍、印度的2.5倍、加拿大的5.4倍，化肥残留直接污染了地下水。三是我国是一个自然灾害频发的国家，全球气候变暖，加上石漠化、沙漠化越来越严重，因此造成耕地减少对粮食生产带来的负面影响不可低估。四是我国机械化水平、集约化程度低，规模效益差。以2005年为例，我国每千公顷耕地拥有农用拖拉机7.1台，印度拥有17.1台，美国拥有27.3台，日本拥有438.2台。有关指标的国际比较见表9-1。五是按照国际城市化的一般规律，城镇化率在30%～70%时期是城镇化快速发展期，我国目前城镇化率为45%左右，每年约以1个百分点增长，未来20年是我国城镇化高速发展期，商品粮需求将持续增加，而受客观条件的限制，粮食增产的难度越来越大，所以粮食安全问题将长期存在，任何时候在粮食问题上都经不起折腾，不能有丝毫的放松。

表9-1　农业资源和农业集约化国际比较（2005年数据）

国家	人均耕地（公顷/人）	人均淡水资源（立方米/人）	农用拖拉机数（台/千公顷耕地）	化肥施用量（吨/千公顷耕地）
世界	0.22	6 794		
中国	0.11	2 156	7.1	328.9
加拿大	1.41	88 238	16.1	61.3

续表

国家	人均耕地（公顷/人）	人均淡水资源（立方米/人）	农用拖拉机数（台/千公顷耕地）	化肥施用量（吨/千公顷耕地）
美国	0.59	9 446	27.3	163.3
印度	0.15	1 152	17.1	129.0
日本	0.03	3 365	438.2	401.6
韩国	0.03	1 344	140.3	532.9
法国	0.30	2 932	63.6	191.1
德国	0.14	1 297	79.3	208.8

注：

（1）人均耕地、农用拖拉机、化肥施用量来源于联合国粮农组织数据库。

（2）人均淡水资源来源于世界银行 2007 年《世界发展指标》。

粮食生产状况如何，不仅取决于客观因素，也取决于国家政策的扶持和生产者的主观努力。所以，人们常把这些年粮食连续增收归结为“政策好、天帮忙、人努力”。政策好，取决于政府对农村形势的正确判断和决策，体现政府执政能力；天帮忙，取决于气候的客观变化，不以人的意志为转移；人努力，取决于国家政策取向，取决于种田农民的收益水平。实践证明，什么时候国家粮食政策措施得当，粮食价格能够激励农民种粮，我国的粮食种植面积就扩大，粮食产量就增加。对粮食产销政策目前有两种不同观点。一种观点认为，农业作为一个产业、粮食作为一种商品，其产销都应尊重市场规则，供需应由市场供求关系决定，通过市场价格导向作用，引导农民去生产经营。价格低了，说明粮食市场供给大于市场需求，农民可以少种粮食；价格高了，说明粮食市场需求大于供给，农民可以多种粮食。政府不应人为加以控制，或者说应减少行政干预，放开粮食市场，以市场来自发调节粮食产量为主，政府宏观调控为辅。另一种观点则认为，粮食与一般商品不同，是人民生活必需品，属于特殊商品，不能完全由市场供求关系来调节。市场价格传导有一个滞后期，粮食生产是一个自然再生产过程，也是一个经济再生产过程，生产周期较长，如果完全由价格来导向，粮食产量就会出现大起大落，粮食市场就会大幅波动。粮食价格过高，城市低收入者负担加重，老百姓基本生活不稳定；粮食价格过低，谷贱伤农，农民不愿意种粮，粮食市场供应不足，国家粮食安全就无保障，社会就会动荡不安。因此，粮食作为一种特殊商品，既要尊重市场规律，又需要政府进行宏观调控，采取稳定发展粮食生产的政策措施，在确保农民增收的前提下，保障粮食生产供给。两种观点各持己见，各有道理。应在尊重客观经济规律的前提下，坚持市场化改革取向，同时发挥政府宏观调控作用，保持粮食供需基本平衡。

第二节

关于立足国内实现粮食基本自给问题

一般来说，粮食供给从源头上讲，主要来自两个方面：一是国内生产粮食，二是从国外进口粮食。一个国家的粮食供给方式取决于多方面的因素，比如国内粮食生产条件、粮食生产成本、不同产业效益比较、世界粮食价格水平等，政府根据这些因素综合分析，决定主要通过国内生产解决粮食供应问题，还是通过进口粮食保障国内供应。我国的粮食供应历来是立足国内解决粮食问题，这是由我国的基本国情和世界粮食供求格局所决定的。

从经济上看，我国既是世界上粮食生产大国，也是粮食消费大国。我国人口有 13 亿，每年的粮食产量和消费量都占世界的 25% 左右，粮食供需状况自然为世人所关注，成为世界粮食价格涨跌的“晴雨表”。目前，世界每年的粮食贸易总量约 2.5 亿吨，不足我国粮食消费总量的一半。这意味着，如果我国的粮食出了问题，即使把全球可以用来贸易的粮食全部进口到中国，也不能解决我们的吃饭问题。我国国内粮食生产每减产 1 个百分点，就相当于要从世界市场进口近 500 万吨粮食，这占世界粮食贸易总量的 2.5%。从长期看，国际粮食市场供需状况呈偏紧趋势，大量进口不仅会造成国际市场粮价大幅度上涨，而且也难以满足我国巨大的粮食需求。

从政治上看，粮食历来是国际政治斗争的重要武器和国与国之间经济博弈的重要手段，总有一些国家想把粮食作为“一张牌”来打压我们，如果我们过度依赖国际市场，使自己的饭碗掌握在别人的手里，就会失去选择权、主动权，就极易受制于人，在战略上陷于被动地位。而且，世界上的许多低收入缺粮国家粮食供给形势仍然严峻，据联合国粮农组织统计，目前全球有 30 多个国家面临粮食短缺危机，这些弱小国家在粮食市场博弈中处于弱势和不利地位。如果我们进口粮食过多，就会影响到他们的粮食供应，引发一些发展中国家的不满和矛盾，对我们争取较长时期的和平国际环境与建设和谐世界不利。因此，权衡利弊，我国应长期坚持立足国内解决我国粮食问题的基本方针，不能动摇。

立足国内解决我国粮食供应问题，并不排除我们利用国际市场进行结构性粮食余缺调剂。随着全球农业贸易自由化的日益发展，我国农业的全面对外开放，积极利用国际市场，适度进口一些粮食，调剂结构余缺，实现优势互补，平衡国内供求，是我国在国际经济政治斗争中的一种博弈手段，趋利避害，运用得当，掌握选择权、主动权、决定权，也是必要的。比如，我国进口大豆以满足国内市场供应，进口小麦、水产品、水果等以调剂国内结构性需求。但进口只是起补充作用，2006～2007年一些粮食生产大国受气候影响减产，世界粮食库存下降到18%警戒线以下，引发世界主要粮食品种价格大幅上升，引起各国政府的严重关注。

2009年，国际粮食市场出现较大波动，美国有言论说世界粮食紧张是发展中国家粮食消费量增加造成的，这种说法是毫无道理的。2004～2007年，世界玉米产量增加了约5 100万吨，而同期美国生物燃料，特别是乙醇产量增加到了约5 000万吨，美国制造生物燃料的玉米消费量相当于美国生产量的1/3。美国汽车烧掉的粮食足可保证世界几十个缺粮的低收入国家所需。美国国内石油资源丰富，却不开发自用，而是到世界各国争夺石油；国内玉米消费不掉，大量用于生产乙醇，而不用于救济缺粮国家，反而将世界粮价上涨归罪于发展中国家粮食消费过大，岂不荒谬。

最近几年，我国粮食连续丰收，有些人开始头脑发热，主张大量用玉米加工乙醇，以减少石油进口。笔者认为，用一定量玉米生产乙醇以缓解汽油紧张局面不是不可以，但应控制规模，适时适量，盲目扩张会带来严重后果，冲击粮食市场。这一问题不可小视。我国东北三省建成和在建玉米加工能力在3 500万吨左右，其他地方也在上生产线，如不加控制，会导致争夺资源、重复建设，后果极其严重。正常年景东北三省每年玉米产量约为3 800万吨，我国玉米调出量的80%来自东北三省，如果达到玉米加工生产能力，将很快无玉米可调出，因此不能盲目扩大乙醇生产。石油是一个短缺战略物资，粮食更是短缺的生活必需品，用粮食这个短缺的资源去换取乙醇这个相对短缺的资源是不可取的。道理很简单，人可以不开车，但人不能不吃饭。

第三节

关于稳定发展粮食生产问题

进入新世纪后，由于国家农业投入不足，政策措施不到位，农业比较效益下降，农民种粮不赚钱甚至赔钱，粮食生产出现连续下滑局面，到2003年底，国家粮食总产量仅为8 600亿斤。针对我国粮食生产连年下滑、总量减少、供求关系趋紧的情况，中央从2004年开始陆续出台了一系列更明确、更直接、更有力的粮食生产扶持政策，譬如取消农业税、实施种粮补贴、良种补贴、农机具补贴、农用生产资料增支综合补贴、产粮大县补贴等惠农措施，调动了农民务农种粮和地方政府重农抓粮的积极性，对粮食生产出现重要转机发挥了至关重要的作用。但必须清醒看到，粮食增产只是恢复性的，当年仍然产不足需，区域不平衡和品种结构矛盾依然突出。从2004年开始，我国每年进口粮食都超过2 000万吨，2008年，我国粮食总产量达到52 871万吨，与此同时，当年进口粮食超过了3 000万吨（包括进口大豆）。2008年与2000年相比，我国粮食总产量增加6 590万吨，而同期我国人口增加6 219万人，人均增加粮食并不多（见表9－2）。说明我国粮食生产的基础还不稳固，实现粮食供需基本平衡、略有结余的目标还需要继续作出努力。

表9－2　全国总人口、粮食播种面积、粮食总产、粮食净进口、人均粮食产量、粮食人均占有量

年份	全国总人口（万人）	粮食播种面积（万亩）	粮食总产（万吨）	粮食净进口（万吨）	人均粮食产量（公斤）	包括净进口的粮食人均占有量（公斤）
1990	114 333	170 199	44 624	789	390	397
1991	115 823	168 471	43 529	259	376	378
1992	117 171	165 840	44 266	－189	378	376
1993	118 517	165 764	45 649	－622	385	380
1994	119 850	162 816	44 510	265	371	374
1995	121 121	165 690	46 662	1967	385	401
1996	122 389	168 822	50 450	1 052	412	421

续表

年份	全国总人口（万人）	粮食播种面积（万亩）	粮食总产（万吨）	粮食净进口（万吨）	人均粮食产量（公斤）	包括净进口的粮食人均占有量（公斤）
1997	123 626	169 368	49 417	−148	400	398
1998	124 810	170 681	51 230	−198	410	409
1999	125 909	169 741	50 839	−37	404	403
2000	126 583	162 694	46 218	−44	365	365
2001	127 627	159 120	45 264	835	355	361
2002	128 453	155 836	45 706	−97	357	355
2003	129 227	149 116	43 070	53	333	334
2004	129 988	152 409	46 947	2 484	361	380
2005	130 756	156 418	48 402	2 227	370	387
2006	131 448	157 437	49 804	2 464	379	398
2007	132 129	158 458	50 160	2 120	380	396
2008	132 802	160 189	52 871	3 752	398	426

注：

（1）本表数据来源于国家统计局。

（2）粮食净进口包括大豆。

近年来，在粮食问题上存在两种不同观点。一种观点认为，目前我国粮食产量已经基本实现供需平衡、丰年有余的目标，我国粮食库存数量不小，能够应对自然灾害造成的粮食暂时短缺。我国惠农政策措施不少，需要将重点转移到如何放活农业生产，放开粮食市场价格，根据市场供求关系形成合理的粮食价格形成机制。农民依据市场信号决定粮食生产，市场粮食价格在短期出现一些波动是正常的，不能一味靠行政手段控制粮食价格。比如，过去蔬菜供应，即“菜篮子”工程，实行省市长一把手负责制，政府花了不少钱，费了不少力，其结果是市场供不应求，总量不足，品种单一，不能满足群众生活需要。后来走市场化道路，放开蔬菜价格，南北大交流，政府节省资金，市场供应充足，品种丰富多样。这一事例说明，应按市场规则办事，用“看不见的手”解决粮食生产供需问题。另一种观点认为，稳定粮食生产不是一朝一夕的事情，最近几年我国粮食虽然获得连续丰收，但这是国家采取了一系列扶持政策的结果，农业基础设施比较薄弱，技术装备落后，农业比较效益低，如果没有一个长期、稳固的粮食生产扶持政策，粮食生产随时都可能滑坡，造成市场粮价以及粮食加工产品价格波动，影响城市低收入者的正常生活，从而引起社会不稳定。笔者认为，粮食是国家最重要的战略物资，也是人民生活最重要的必需品，在粮食问题认识上绝不能有丝毫的糊涂。为了确保国家粮食安全，在政策主体层面，应在坚持粮食生产扶持政策的前提下，增加农业投入，加强政府宏观调控，改革完善政策着力方向，发挥政策导向作用，用“看得见的手”落实政府责任，确保粮食生产面积、结构和品质，调节粮食生产总供给和总需求。同时，在利益主体层面，应适当调整利益格局，改革完善粮食市场机制，充分发挥“看不见的手”对粮食供求的配置作用，既要尊重市场规律，又要运用政府宏观调控手段，两者统筹兼顾，灵活机动，把握力度，有效运用。

一、稳定粮食生产扶持政策

稳定粮食生产发展，关键是要落实好各项惠农强农政策，落实好补贴措施。对农业补贴是国际通行做法。比如，日本政府对农业的投资分为补助金和低息长期贷款两种。补助金重点用于农地基本建设和农机设备的购置。购置大型农业机械给予的补助可达购置款的50%。低息贷款的形式有两种：一是政府发放的长期低息贷款，贷款项目多为改革调整农业结构；另一种是对农协的农业现代化资金的低息贷款。日本政府还对农产品实行价格补贴政策，70%以上的农产品的价格受政府的价格政策支持。政府规定，受价格政策支持的农产品的市场价格如果低于保护底价，这些农产品就由政府部门收购。肉、奶制品以及丝绸实行“价格稳定工程”，这种物品的“价格稳定区”一般高于市场的均衡价格。由此而产生的亏损，一部分由进口征税来弥补，另一部分则转入公共财政预算。日本政府对农业的资助很多，但农业生产者的税收却比非农业要低得多，大体上只有非农业税率的一半。以色列历届政府都从政策、财政、信贷等方面向农业倾斜，提供支持。在政府的领导和协调下，各部门每年都对农业发展进行宏观统筹规划，引导发展方向，确定发展重点，避免产品积压，稳定市场价格，增加农民收入，以确保农业的良性发展。建立国家合作运动基金和保险，其中包括自然灾害保险基金，以专门补偿自然灾害引起的农业损失。在政府的推动下，以色列的农业和商业银行通过各种方式向农民提供发展生产所需的资金支持，国营公司还承担诸如国外市场价格下跌等意外事态发展导致的出口风险和损失。

2004年以来，我国按照国际通行做法，为调动农民务农种粮的积极性，中央逐步实行了直接补贴政策，即对种粮农民实行直接补贴，良种补贴（包括对马铃薯原种补助），购置农机具补贴。对化肥、农药等农用生产资料价格增支综合直接补贴，以及政策性农业保险保费补贴，能繁母猪保险补贴，一些地方还出台了地方性涉农补贴，逐年加大补贴力度。这是世界发达国家多年实践经验的总结，是各国政府对农业特殊地位和粮食特殊商品所采取的特殊政策，也是农业从业者与其他产业从业者之间利益博弈的结果。我国实施对农业的补贴制度，顺应了世界潮流，对建立和完善国家农业支持保护体系进行了有益探索，对于促进粮食增产和农民增收发挥了积极作用。为了调动地方政府“重农抓粮”的积极性，2005年以来，中央财政安排专项资金对产粮大县进行奖励。自2008年起，将产粮大县补助增加额用于对生产植物油和100个特大型产粮大县给予重点补助。目前，每年用于农业直接补贴资金规模超过1 000亿元。今后，除了进一步扩大补贴范围、提高补贴标准外，还应调整补贴重点，完善补贴办法。比如，对农业生产资料增支综合直接补贴，应建立农用生产资料价格上涨与综合补贴挂钩的动态调整机制，价格上涨时相应增加补贴金额，价格下降时补贴金额不动，使农民对农用生产资料价格有一个稳定的预期，其利益不因价格变动而受损害，将补贴的重点转向促进农民增收，放大政策效用上来。

目前，一些基层干部对国家实行的农业直接补贴方式存在一些不同看法。笔者到农村调研时，地方基层同志曾提到这个问题。比较普遍的一种看法是：对农业的补贴政策是对的，但不应该直接补贴给农户。其理由是：直接补贴给农民使用分散，政策作用不明显，应由基层政府集中使用，办一些农村基础设施和公益事业方面的大事，提高资金使用效益。对此，也有一些人不赞成，他们认为，国家对农民的直接补贴政策，体现党和政府对农民的关怀，在于调动农民种粮的积极性，钱虽然不多，但政策导向明确，作用不可低估，直接补贴做法符合国际惯例，应当坚持而不能随便更改。如果随意变动，把给予农户的钱收回到政府集中使用，于理于情不通，会挫伤农民种粮积极性，况且由基层政府集中使用，能否使用得当，会不会滥支乱用，都还是个问题。对基层政府来讲，重要的是把这些扶持政策落到实处，把政策好处直接给农民，而不能截留挪用对农民的补贴款。笔者认为，对这个问题应作客观分析，既要看到这项政策的实际效果，也要看到这项政策需要完善的地方，政府对农民的补贴资金应采取“存量不动、增量调整”的改革措施。每个单项政策作用是有限的，政策目标也是有限目标。评价的根本标准主要是看能不能调动农民种粮的积极性，是否有利于促进农民增收。我国对农民的直接补贴资金总量不多，落实到农户一般每个农户 300～500 元，种粮多的农户有几千元，这对生活并不富裕的农户来说是一笔不小的收入，对已经发放到农民手里的存量补贴不应随意收回，否则会失信于民，政治风险大；对提高补贴标准的增量补贴，应从放大财政资金政策效用考虑，适当调整使用方向，用于搞活粮食生产，变补血为造血。比如，对农业生产新增贷款给予利息补贴，以解决粮食规模化生产经营资金短缺问题。一些地方探索运用农业直接补贴资金作为银行贷款抵押物，以增加银行贷款，减小贷款风险，这些做法和经验都值得认真总结。

二、加强粮食综合生产能力建设

农业的持续发展在于提高农业综合生产能力，保护好耕地，强化农村基础设施建设，增强发展后劲；在于有一个好的政策支持体系，保护农民的种粮积极性，实现“藏粮于农、藏粮于地”的可持续发展。有了发展粮食生产基础，加上种粮农民的积极性，粮食安全就有保障。农业综合生产能力建设是一个系统工程，需要加大农业基础设施建设投入，提高农业物质装备水平，建立一批粮食生产基地，促进农业科技推广，搞好农业社会化服务。

（一）加强农业基础设施建设

我国农业基础设施极其脆弱，从一些数据中可以得到映证：中低产田约占 2/3，有效灌溉面积占耕地总面积的 46% 左右，只相当于国际先进水平的 60%，其余耕地都要靠天吃饭，淡水资源短缺与利用率低并存；新中国成立以来，共兴建水库 8.7 万多座，其中病险水库 3 万多座，因干旱等原因造成工程性缺水问题突出；农业耕种收综合机械化率仅为 41%，低于国际平均水平，不少地方农民仍然未摆脱畜耕人种的境况；农业科技进步贡献率为 49%，大大低于发达国家 70%～80% 的水平，提高农业技术水平任重道远。针对上述问题，国家应加大农业基础设施投入，特别是应将农田水利建设、病险水库除险加固、土地整理及中低产田改造、农村电网改造、农村道路建设列为重点，提高农业综合生产能力，为增加粮食生产，“藏粮于地、藏粮于农”创造条件。推进粮食特别是商品粮基地建设，建成一批较大规模的稳定粮食基地，为粮食安全提供坚实保障。同时，大力支持农用工业发展，研究开发生产低毒生物农药、高效缓释肥、可降解农用薄膜、多功能农机具等，提高农业机械化水平，降低农民劳动强度。

（二）加快农业科技创新和技术推广

我国已进入由传统农业向现代农业转变的关键时期，农业发展面临资源和市场的双重约束、经济增长与生态保护的双重压力、农民增收与粮食安全的双重挑战。在这种形势下，建设现代农业，提高粮食产量和质量，必须加快农业科技创新。现代农业是伴随着科学技术的发展而出现和发展的。国外现代农业建设的经验表明，农业科技进步与创新为现代农业发展提供了强大的技术支撑。美国、加拿大等国家应用胚胎移植、冷冻技术繁育优良畜牧品种推动了畜牧业的快速发展。欧盟各国高度重视农业科技进步，在植物遗传育种、动物优良品种培育、动植物检疫等方面投入大量经费。美国、日本采用现代高科技培育谷物新品种，使小麦、水稻、玉米等作物亩产突破了500公斤。一些发达国家对农业进行现代化管理，运用计算机、信息网络、遥感技术等现代科技手段对农业实行监控、管理和病虫害防治，大大降低了农业经营风险。

针对目前我国农业科研与农业发展需要脱节、科技成果转化率低、农业科技力量布局不合理、地方与行业条块分割、农业科技投入不足、创新力不够、农业科技队伍不强、基层农技服务不到位等问题，应采取以下改革措施：

1. 明确“科学布局、优化资源、创新机制、提升能力”总体改革思路。按照总体布局规划，围绕挖掘生物遗传潜力，控制农业重大灾害，发展循环节约技术，拓展农业功能，加速农业信息化、标准化和机械化，加强基础和战略高新技术研究，利用具有新优势的技术资源，以产业为主线，建设从产地到餐桌、从生产到消费、从研发到市场的现代农业产业技术体系。

2. 加大农业科技投入，建立农业科技创新基金。国家应集中人力财力，将投入重点放到农业科技关键领域、重要产品、核心技术的研究上。比如，加快推进转基因生物新品种培育科技重大专项，培育一批抗病虫、抗逆、高产、优质、高效的转基因品种，并推广形成产业化。实施主要农作物强杂交优势技术研发重大专项，培育开发一批新的高产优质品种，靠科技进步提高农产品单产，增加粮食总产量。

3. 加快农业科技成果转化和技术推广。针对我国农业科技成果转化率只有30%，远低于发达国家80%的水平差距，应通过深化改革，创新机制，转变方式来促进其健康发展。首先，是推动高校、科研院所同农民专业合作社、龙头企业、种养大户开展多形式的技术合作，使科研成果直接用于农业生产、加工、储藏、运输和销售各个方面，实现科研与农业生产经营的对接。其次，是积极发育和发展技术市场，形成多元化市场主体，鼓励国有企业、民营企业、股份企业、个体经营者进入农业科技市场。同时，加大知识产权保护力度，维护科技成果转让方和受让方的合法权益。再次，是建立健全技术推广体系，根据“三农”特点，形成以公益性技术推广为主，农村专业合作组织为辅，科研院所、教学单位、涉农企业、中介机构等社会力量广泛参与的农技推广体系。最后，是加强农业技术推广普及工作，采取激励政策措施，支持农业科技人员和农业院校大学毕业生到农技推广一线工作，采取举办培训班、专家现场讲座、示范户带动辐射、媒体传播等多种渠道和形式，培养新型农民，提高农民接受农业新技术的意识和能力。

（三）构建农业社会化服务体系

农业社会化服务是指由社会各类服务机构，包括公共服务机构、合作经济组织、龙头企业、中介机构等，为农业生产提供产前、产中和产后全过程综合配套服务，如农业技术、动植物疫病防治、农产品销售信息、农村金融和保险服务等。现代农业生产已经突破了传统农业时期产销脱节、部门相互割裂、城乡界限明显等局限性。通过发展农业龙头企业和大型专业化公司及农业产业基地，将分散经营的农民联合起来走进市场，进行产供销一体化、科工贸一条龙的农业产业化经营，极大地提高了农产品的市场竞争力和农业的经济效益。

从国际情况来看，许多国家成立了农民社会组织和农业协会，代表农民的利益不断开拓农产品市场，或者参与国际、国内市场谈判和规则制定。比如，日本农协除为农民提供各类服务外，还代表农民参与农业政策的制定和实施，为促进日本农业经济发展、减少政府的社会管理成本发挥了重要的作用。美国的农业社会服务组织覆盖面很广，大到改良农业生产和销售技术，小到各种度量换算和计算捷径，都可到州和地区农业推广服务部门获取满意的服务。荷兰的家庭农场虽然规模较小，但农业合作组织的类型却很多，有信用、供应、加工、销售、服务等多种类型的合作社为社员提供产前、产中、产后的全程服务。荷兰确保农业支持实施的重要力量之一是农业合作社或农协等农民组织，通过这些组织架起了农民与政府、科研机构、大学、非政府组织之间的桥梁。荷兰政府在11个省设立推广咨询理事会，每个省设有2~7个地区咨询中心，在这些部门中都有一批学科专家和专业推广人员从事相关科研、推广服务。荷兰农业科技创新体系和网络面向实际、面向农民，分布在全国各地，可以连通每个农户，进行知识和信息的开放交流，组织结构层次分明、职责明确，适合农业生产需要。法国合作社是法国农业社会化服务的主体，包括农业供销合作社和服务合作社及其联社、农业工会、专业产品联合会、企业跨行业协会等。合作社分两类：一是生产性的合作社，主要包括提供技术服务和共同使用生产设备等；二是流通领域的合作社，主要从事农产品的收购、加工、储藏和销售，并供应生产资料。流通合作社的专业化程度较高，如有专门从事牛奶的收购、加工和销售的，有专门从事牲畜和肉类加工的，有的合作社还为农民提供金融和企业管理服务。法国由政府扶持的农业合作社和政府指定的农产品供销商，负责农产品的收购和农用物资的供应。通过农业合作社收购销售的粮食等农产品占到全国销售量的70%，只有4%的农产品由农户直接出售。农业合作社不但向农民供应化肥、农药、饲料等生产资料，也参与种子、种畜和畜产品的供销，并向农民提供农业机械服务。全国有62%的化肥、65%的农药、49%的饲料是通过农业合作社销售的。政府为保证农产品市场价格的稳定和维护农民利益，还设定了相关产品的干预价格，当市场价格低于干预价格时，政府以干预价格进行收购，使市场价格回升；而当市场价格偏高时，政府则以干预价格出售，使市场价格回落。

发展我国农业社会化服务体系应采取以下措施：

1. 健全乡镇或区域性农业公共服务机构，逐步建立村级服务站点，包括农业技术推广、动植物疫病防控、农产品质量监管等服务机构和站点；健全队伍，完善机制，保障经费，增强服务能力；创新管理体制和运行机制，采取公开招标、竞聘上岗等方式择优录取专业人员；改革考评、分配制度，将服务人员收入与岗位职责、工作业绩挂钩；农业公共服务机构履行职责所需经费应纳入财政保障范围；在村级设立动物防疫员、农业技术员、公共卫生员等村级公益服务员，对村级服务站点活动经费，财政给予适当补助。

2. 扶持社会化专业合作组织和农村社区服务建设。近年来，在推进现代农业建设过程中，除传统的乡村集体经济组织、供销社、信用社、农林水气象专业服务、农业技术推广站所外，还出现了许多新型农村综合服务组织，包括农民专业合作社、农产品行业协会、农业产业化龙头企业、农村法律、财务、小额信贷服务等中介服务组织，以及运输、粮食、商贸等市场经营主体，做农民一家一户做不了、做不好的事情。不少地方创办了农村社区，通过政府引导、多方参与、市场运作，在供销、加工、信息、培训等方面提供优质服务。国家应在基本建设、财政、金融、税收等方面给予支持，有效整合资源，搭建服务平台，扶持农业产业化经营，支持农产品加工，让农民分享加工流通增值收益。扩大财政农业产业化专项资金规模，重点支持对农户带动力强的龙头企业开展技术研发、基地建设、质量监测，切实帮助他们解决贷款难的问题，为搞活农村经济创造条件。

3. 加强农产品质量安全监控。随着人民生活水平的日益提高，人们越来越关注食品质量安全，粮食生产不仅要讲数量，还应讲质量。努力提高粮食的品质，需要从田间播种到施肥、使用农药，再到粮食运输、储存、加工、销售，一直到餐桌进行全程监控。要做到这一点，应将食品安全纳入法制管理轨道，制定出台食品安全法及相关配套规章制度，落实主管部门职责，建立监管工作机制，实行严格的食品生产原产地标识制度、质量安全追溯制度、产品召回制度、市场准入和退出制度。加快农产品质量安全检测检验体系建设，完善农产品质量安全标准，加强检验检测机构资质认证，防止假冒伪劣，弄虚作假。扩大农产品和食品例行检测范围，取消所谓免检产品。加强源头控制，监管关口前移，健全饲料安全监管体系，防止在饲料中添加对人体有害的物质，促进饮料生产健康发展。强化食品企业质量安全责任，对生产环境、卫生条件和生产过程全面监控，对出厂上市食品实行批批自检，质量安全有问题食品不得出厂上市，把问题消灭在生产源头。建立农产品和食品生产经营质量安全征信体系，实行专业监管和群众、社会监督相结合，建立有奖举报制度，对群众反映产品质量安全有问题的企业和经营者，执法部门应严格查处，违法规者要依法惩处，不合格的生产经营者应坚决取消其生产经营资格。有关执法部门应定期或不定期开展专项整治，检查制止违法使用农药、兽药、添加剂等不法行为，并施以重典，使其在经济上得不到任何好处，形成违规违法者不愿为、不敢为、不能为的高压态势。

三、努力保持粮食供求紧平衡

从我国的情况看，改革开放30多年来，人民食物消费水平不断提高，营养水平达到或超过世界平均水平。据国务院发展研究中心韩俊等几位专家分析，当前和今后相当长一个时期，我国食品及粮食安全总体基本特征是：脆弱平衡、强制平衡、紧张平衡。所谓“脆弱平衡”，是指保障的资源条件贫乏，粮食供给严重不足；所谓“强制平衡”，是指经济社会要素投入大，供需矛盾较大，需要政府强烈主导，采取必要行政措施保供给；所谓“紧张平衡”，是指粮食总供给与总需求达到基本平衡，但保障所有人口的食物及粮食安全的能力不宽裕。目前，我国粮食供给基本处于紧平衡状态。保持粮食供求紧平衡，有利于合理利用资源，保持合理粮价水平，保障种粮农民收益。在市场经济条件下，保持粮食供求紧平衡，就是要完善粮食宏观调控机制，保持合理的粮价水平。要实现这一目标，需采取以下措施：

（一）实施国家粮食安全战略工程

考虑到我国农业资源现状、粮食产销格局变化、经济社会发展需求、国际粮食市场变动等因素，20 世纪 80 年代以来，我国先后提出了粮食主产区、粮食集中区、优势农产品产业带等区域发展概念，陆续实施了优质粮食工程、粮食丰产工程、大型商品粮基地建设等重大项目。2009 年党的十七届三中全会提出，实施以国家粮食核心产区和后备产区建设为主要内容的粮食战略工程，并着手进行新增千亿斤粮食生产能力建设规划，选择基础条件好、生产水平高、商品量大的粮食主产区作为国家粮食核心区，包括黑龙江、吉林、河南、江西、安徽、湖南、湖北等粮食主产区和其他非粮食主产区的粮食大县。同时，选择一些资源有优势、开发规模大、增产有潜力的地区，主要包括黑龙江、吉林、新疆等省区的部分区域，建立粮食后备产区。对这“两个产区”的建设，除享受国家扶持粮食生产的现有政策外，国家还以县（农场）为单位，进行集中投入，整体开发，实施大规模农田水利基本建设、土壤改良、农业机械化等措施，重点扶持。

（二）继续实行主要粮食品种收储制度和最低收购价

当前主要是完善产销衔接机制、建立健全粮食收储制度，形成国家储备与商业储备相结合、中央储备与地方储备相结合的粮食储备体系，发挥储备“蓄水池”和“稳定器”作用，切实解决农民卖粮难题。同时，坚持对主产区重点粮食品种实行最低收购价政策。为了稳定和引导市场粮价，保护种粮农民利益，防止“谷贱伤农”。2004 年，国务院决定在粮食主产区对重点粮食品种实行最低收购价政策，并逐年提高粮食最低收购价格，政策导向非常明确，是一项符合国家长远利益，确保粮食生产稳定增长的好政策。从实践来看，最低收购价政策对于增强农民种粮收益预期，调动和保护农民种粮积极性，稳定和引导市场粮价，促进农民增收方面发挥了重要作用，应该继续坚持。

(三) 形成灵活机动的进出口调控机制

我国农产品出口主要是劳动密集型的园艺、畜产品、水产品等，其中水产品所占比重最大；进口主要是谷物和油料。近几年谷物进口量下降，大豆等油料进口大幅度增长，相当于整个农产品进口的一半左右，2006 年进口大豆 2 827 万吨，分别占国内消费的 64%，世界大豆贸易总量的 44%，是全球最大的进口国。2007～2008 年度进口食用油和油料折合油 1 250 万吨，进口占国内消费量的 70%。因此，协调好国内贸易与对外贸易关系，密切政府、协会、企业之间的沟通磋商，把握储备粮轮换吞吐调节与进出口的时机和力度，及时调整进口关税、配额等方式，灵活运用国际市场调剂国内品种余缺。遵循世贸组织规则，健全外商经营粮食等农产品和农资准入制度，明确外资并购我国境内涉农企业安全审查和程序，确保国家粮食安全。

(四) 完善粮食价格形成机制

完善粮食价格形成机制主要是理顺比价关系，发挥政策主体作用，处理好农产品之间、不同粮食品种之间的比价关系，避免比价失调导致产品结构失衡，理顺相关利益关系。

1. 处理好粮食投入与产出的比价关系，协调粮食等农产品与工业品之间的比价关系，使农产品价格真实反映生产成本变化，提高种粮农民收益，特别要防止谷贱伤农，避免出现新的工农产品“剪刀差”。保持合理稳定的粮食价格，让种粮农民有一个收益预期，增强农民增收信心和能力，比其他促进农民增收机制，利益关系更直接，政策效果会更好。

2. 处理好粮食现货与期货的比价关系，充分发挥期货市场发现价格、管理风险和引导生产的功能作用。

3. 处理好国内粮价与国际粮价的关系，防止国内国际价差过大造成进口冲击国内生产或者国内农产品大量出口等现象。应正确看待粮食价格的合理上涨和回归，充分发挥市场机制作用，对一些小的粮食价格波动应客观分析，尽量运用经济手段来调节，比如对粮食、蔬菜等农产品因生产成本上升导致的价格合理范围上涨，以及由此形成的食品价格连锁反应，应尊重市场规律，通过对城市低收入者给予必要补贴，或者通过政府投放储备粮调节市场供给来解决，不要动不动就采取打压措施和行政手段进行干预，逐步理顺粮食等农产品价格形成机制。

第十章
关于国有农场办社会职能改革问题

国有农场是我国发展现代农业的中坚力量。确保国家粮食安全、统筹城乡发展将是一项长期的任务。目前，我国已进入加快改造传统农业、提高农业综合生产力的关键时期。人多地少的国情，决定了我国农业现代化必须注重集约和节约利用土地，把改善农业生产条件和促进科技进步作为根本出路。相对于农村家庭联产承包责任制经营模式，国有农场具有生产规模大、组织化程度高等优势，一直扮演着我国农业科技推广试验田的角色，在促进农业科技进步、确保国家粮食安全等方面发挥着重要作用。长期以来，由于历史上的种种原因，农场承担了大量办社会的职能，例如办学校、办医院等，这些机构伴随着农场发展并发挥过重要作用。随着我国社会主义市场经济体制的确立，国有农场仍沿用旧的管理模式，体制僵化、政企不分、社企不分等带来的矛盾日益突出，特别是农场办社会成为巨大包袱，扰乱了国有农场生产经营企业的市场定位，阻碍了农场生产力的发展。因此，有必要推进国有农场分离办社会职能改革，促进国有农场重新焕发生机活力，使其成为带动农业集约化经营的示范基地。

第一节
全国国有农场基本情况

一、国有农场管理体制情况

国有农场顾名思义是国家全民所有制的农场，它是一个历史的产物，在管理体制上与国有工业企业一样，有中央直属农垦企业、省管农场、市管农场、县管农场等。全国国有农场数量较多，分布较广，大部分属于农垦系统，另有部分华侨农场、非农垦地方小型农（牧、渔）场（地方小三场）、劳改农场、劳教农场、军队系统所属农场（军队系统农场在军企分离时大部分已下放地方，只保留少数农场为军队提供蔬菜副食品供应），以及国有林场（国有林区）。这些林林总总的农场按隶属关系分布如图 10－1 所示。

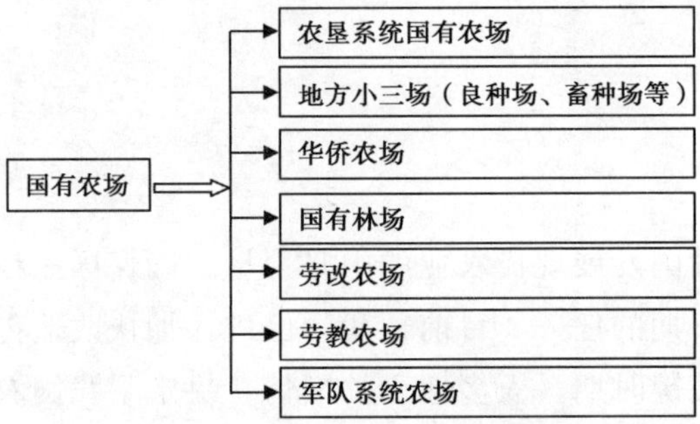

图 10－1　农场隶属关系分布图

国有农场管理体制复杂，不但隶属于不同的主管部门，单就农垦系统国有农场，就有三种不同的管理体制。截至目前，全国农垦共有 36 个垦区，其管理体制分为三大类：第一类是中央直属垦区。其中，新疆建设兵团在中央计划单列，黑龙江、广东两垦区的财政预算和基本建设投资等在中央，干部管理在地方。第二类是有直属农场的省（市）级垦区，包括海南、北京、上海、天津、重庆、云南、江苏、安徽、陕西、宁夏、甘肃、广西、广州、昆明、南京、哈尔滨等 16 个垦区，对本省（市）农场实行系统管理。第三类是没有直属农场的省级垦区，包括河北、山西、内蒙古、辽宁、吉林、浙江、福建、江西、山东、河南、湖北、湖南、四川、贵州、青海、新疆农业、新疆畜牧等 17 个垦区，农场主要由所在地市县管理。国有农场内部普遍沿用总局、分局、农场、分场、连队（生产队）几级管理体制。需要说明的是，军队国有农场由军队负责管理，本专题研究不包括这部分国有农场。

据有关部门统计，2006 年，全国各系统国有农场总人口 1 856 万人，承包土地面积 1.7 亿亩（包括国有林场承包面积）。其中，2004 年全国农垦总人口 1 244 万人，在职职工 340 万人，离退休 170 万人，拥有土地总面积 38 万平方公里，其中，耕地 482 万公顷。农垦系统有国有农场 1 928 个，国有工商运建服企业 4 630 个（农业部农垦局数据）。

二、国有农场税费改革情况

自 2000 年以来，各地区按照中央要求，结合本地区实际，逐步将国有农场纳入农村税费改革范围，通过取消农业特产税、减免农业税等措施，减轻了国有农场农业职工（以下简称“农工”）负担，促进了国有农场发展和农工增收。但是，由于一些地区国有农场管理体制不完善，农场与农村地区税费改革不同步等原因，农工负担与周边地区农民负担相比偏重的问题比较突出。为切实减轻农工负担，进一步发挥国有农场在建设现代农业中的作用，促进国有农场的改革、发展和稳定，从 2006 年开始，国家实施了深化国有农场税费改革，要求各地通过实施改革，努力实现“三个确保”目标，即确保将农工较重的负担减下来，确保农工负担减轻后不反弹，确保国有农场经营有序、生产发展、社会稳定。

深化国有农场税费改革的主要内容包括：(1) 全面落实取消农业税政策，让农场农工享受到取消农业四项税政策的好处，没有落实的地方应尽快落实。(2) 免除农工承担的类似农村“乡镇五项统筹”的收费，即免除农工承担的义务教育、公路建设费、卫生院建设费、计划生育费、民兵训练费等应政府负担的经费。(3) 对国有农场税费改革给予一定财政补助；对改革中免除农工五项费用减少的收入，纳入中央与地方财政补助范围。(4) 清理和规范国有农场对农工的其他各种收费。取消农场向农工收取的五项费用后，相应减少农工向农场交纳的土地承包费，农场不得变相向农工收取。农场向农工收取的其他不合理收费也应一并取消。(5) 积极落实国有农场税费改革的配套措施，包括逐步分离国有农场办社会职能，交由地方政府负责。进一步推进国有农场内部管理体制改革，减少管理层级和管理成本，减轻农工负担。(6) 加大监督检查力度，对不落实改革政策，加重农工负担的政府及部门、行业行为予以查处。(7) 加大对国有农场公益事业的投入。让农场享受国家各项惠农政策，将农场公益事业建设纳入政府补助范围。

一些地方在全面落实国有农场税费改革政策的同时，按照因地制宜、分类指导、属地管理、积极稳妥的原则，开展了以剥离国有农场办社会职能和减少管理层级为主要内容的国有农场管理体制改革试点，实行政企分开，规范政府、企业行为，明确相关政策主体和重点单位主体规范，将农场按市场规则组建成产业化、集团化、股份化经营管理企业。国有农场税费改革为分离农场办社会职能创造了条件，积累了经验。

第二节 国有农场办社会职能改革

一、国有农场办社会职能基本情况

（一）国有农场办社会历史沿革

国有农场大都从20世纪五六十年代开始建场，开发建设初期，由于农场建设时间相对集中，加上所处位置一般都比较偏远，为了不影响农场的建设和职工家属的生产生活，解决职工后顾之忧，在中央和地方政府一时力所不及，政府职能不到位，教育、医疗等社会事业发展不配套的情况下，国有农场不得不在进行经济建设的同时，进行垦区社会事业的建设，兴办了大量学校、医院等社会职能机构，有的国有农场还经批准设立了公检法等政法机构。国有农场办社会既是企业正常经营的基本条件，也是维护职工队伍稳定的需要，具有一定的客观必要性。

国有农场大多数地处偏远山区，远离城市，形成相对独立的区域，办社会投入需求大，所在县市财政普遍困难，保障能力十分有限，国有农场办社会缓解了当地政府发展社会事业的压力。通过几十年来农场办社会事业的发展壮大，农场各项基本建设初具规模，基本医疗保健网络和农村义务教育框架、社会保障体系逐步建立，改善了农工生产生活条件，奠定了农场发展经济、发展现代农业的社会基础，特别是一些地处边疆的国有农场。比如，黑龙江护远县是一个边境县，当年就是由一个农场发展演变而来的，建场时从内地调集4 000多名青年建立农场，农工为全民所有制，吃商品粮，按月领取工资，职工福利待遇在当时也算不错。农场逐步发展壮大了，人口已增加到十几万人。整个县的各种基础设施、社会事业都是靠农场积累建设起来的，现在农场变成了企业，农场办城市形成的资产交给了后来成立的县政府，农场仍然要承担办社会事业的成本。因此，边境农场为国家屯垦戍边发挥了重要作用，对国家建设、国防建设的贡献是有目共睹的，历史不会也不应该忘记他们。

（二）国有农场办社会职能机构类型

国有农场承担的社会职能涵盖农场社会生活的各个方面，麻雀虽小，五脏俱全，这是一个大而全、小而全的社会，社会上有的机构农场几乎都有。总的来看，国有农场办社会职能机构可分为政府事务类、社会公益类和职工生活类三种类型。政府事务类职能单位包括普通中小学、民政与优抚、计划生育、劳动保障、社会保险、公检法机构等。社会公益类职能单位包括医疗卫生、消防、大中专院校及职业教育单位，供水、供电、供暖、农田水利、文化体育与广播电视等公共设施，畜禽防疫、农技推广等公益技术服务，以及公共交通、道路建设及维护、社区环卫等市政建设。职工生活服务类职能单位包括幼儿园、浴室、食堂、物业公司等其他社会职能单位。

（三）现阶段国有农场办社会经费来源和支出构成情况

据农业部农垦局统计表明，2007 年全国农垦企业办社会实际支出 137.65 亿元。据对内蒙古、辽宁、吉林、江苏、河南、湖南、海南、云南等 8 省份的调查显示，农场办社会支出中，除了财政一小部分投入外，其余办社会支出全部由国有农场企业负担。2006 年，国家虽然对农工的类似农村“乡镇五项统筹”的负担予以取消，但是国家涉农政策国有农场应该享受的却没有完全享受到，比如“十一五”规划中就没有将国有农场纳入当地经济发展规划中，农场道路建设也未纳入当地“乡乡通”、“村村通”规划。由于农场生产结构单一，农场办社会相当部分费用来源于向农工收取的承包费。比如，上述 8 省份在 2005 年，国有农场办社会总支出约为 320 558 万元，其中，财政补贴 40 836 万元，占总支出的 12.75%；国有农场经营负担 96 437 万元，占支出总额的 30.08%；农工负担 183 285 万元，占总支出的 57.17%。2006 年，办社会总支出为 352 808 万元，其中，财政补贴 113 351万元，占总支出的 32.13%；国有农场经营负担 153 099 万元，占支出总额的 43.39%；农工负担 86 358 万元，占总支出的 24.48%。2005 年农工总负担中，用于办社会的支出比例为 63.14%，2006 年国有农场税费改革取消农工类似“乡镇五项统筹”收费后，农工办社会负担比例有所降低，但也达到其总负担的 44.07%，所以办社会支出成为农场和农工的沉重负担。

二、国有农场办社会职能对农场和农工的影响

我国社会主义市场经济体制基本确立，国有农场作为经济主体，也应与其他企业一样参与平等的市场竞争。20 世纪 90 年代开始的国有企业改制，尤其是之后推进的国有工商业企业办社会职能改革，将过去由企业负担的办社会分离出来交由政府负责，其相关费用也由财政负担，大大减轻了国有企

业的社会负担，增加了企业经营利润积累，提高了国有企业的市场竞争力，激发了国有工商业企业的经营活力，也有效地保障了国有企业战略目标的实现。与国有工业、商业企业相比，国有农场历史负担重，经营范围单一，环境特殊，仍承担办社会职能费用，严重削弱了其市场竞争力。政企不分，社企不分，给国有农场带来沉重的支出压力，也加重了农工负担，其中也不乏存在各利益主体和政策主体之间的博弈。随着农村经济发展步伐加快，农场办社会的负面影响日渐突出。21 世纪初进行的国有农场税费改革虽然大大缓解了农民和农工种田负担不一致的矛盾，初步解决了国有农场农工负担过重的问题，但长期以来形成的国有农场办社会等体制、机制性障碍没有从根本上得到解决，严重制约了国有农场的发展。

（一）削弱了农场生产经营能力

这主要表现在以下几个方面：一是在市场经济体制下，国有农场既要参与市场竞争，追求经济效益，又要承担办社会职能，兼顾社会效益，与其他经营企业不能站在同一条起跑线上，经营目标不明，影响竞争力，显失公平。二是企业在从事日常生产经营活动的同时，又要负责社会职能单位的各项事业正常开展，日常管理事务繁多，不利于企业集中精力从事生产经营。三是国有农场企业按规定向国家缴纳税费后，再承担办社会经费支出，增加了负担，影响了企业自我积累和自我发展能力。农场办社会占用了农场大量财力、人力、物力和精力，农场既要承担生产、经营职能，又要承担社会管理职能；既要向地方缴纳税费，又要投入资金办社会和履行政府职能，这种双重职能，双重负担影响了农场正常的经营活动。

长期以来，日益增长的社会事业需求与国有农场收入下降的实际供给矛盾突出，在一定程度上制约了农场的发展，不利于国有农场提升其综合竞争力，迫使国有农场不得不举债维持。据吉林省对 104 个国有农场抽样调查统计显示，有 99 个国有农场负债经营，占总量的 95.2%，其中，83 个国有农场资不抵债，8 个已经停止运转。江苏省农垦集团下属 18 个国有农场 2006 年办社会支出为 22 532.84 万元，占农场总支出的 63.17%，冲销了国有农场的大部分利润，国有农场生产经营难以为继。此外，国有农牧场由于政企不分，企业改制难以推进，不能建立适应市场经济发展的现代企业制度，企业内部不能形成有效的竞争机制。

（二）制约了农场社会事业发展

由于国有农场资金困难，所办社会事业仅能维持低水平运转，有的地方还没有解决取暖、自来水等问题。此外，职工收入待遇低，直接导致人才外流，办社会质量下降，影响了社会事业健康发展。由于体制、政策、资金投入等方面的原因，国有农场办社会形成了“体制不适应、政策不到位、管理缺经费”的局面，使得农场范围内社会事业发展明显滞后于地方社会事业发展。比如，国有农场学校、医疗等服务机构的管理水平低，人员业务素质相对较差，各种福利待遇低下，正规院校专业毕业生不愿意到农场工作，农场只能聘任农工代替，信誉越来越差，服务对象越来越少，从而导致办学、办医疗等服务职能弱化，运转困难。最后，支撑不下去就只能并转关闭，影响农场职工正常生产生活。农场社会保障水平低下，职工基本养老保险按低标准投保、低标准受益，失业、医疗、工伤等险种没有参保，就业难、看病贵、养老难一直困扰着农场职工。职工在辅助生产生活方面也缺乏有效保障。据河南省反映，由于水管体制不顺，农场用水成本高，“浇灌难”的问题成为制约农场发展的“瓶颈”。晒场和仓库由于年久失修，使职工在粮食收获后面临着“晒粮难”和“贮粮难”等问题。

(三) 加重了农工负担

多年来，国有农场的社会公益事业其实是靠农工的高负担、低工资来勉强维持运行。据2006年对内蒙古的调查，内蒙古森工集团农工收入不仅与地方政府、事业单位存在较大差距，部分农工收入甚至低于当地农民。农场办社会的负担仍然很重，由于经费紧张，不得不通过收取职工福利费来解决。农场办社会没有足够的资金来源，便向农工提取，使得农工负担越来越重，影响了农工收入水平的提高，进而影响农工生活质量。农村税费改革后，农工负担明显减轻，但与周边农民相比，仍有很大差距。我们从调研中发现，同样经营耕地的农民和农工，几年来由于负担的不同，生活水平形成了较大差异，不少地方农工生活水平低于周边农民。比如，海南省农垦企业的农工与周边农民都是承包土地种植橡胶树，农工要向农场缴纳承包费，而农民则不需要缴纳。农工承担着一些本应由国家承担的费用，如低压电网改造、公路建设、校舍修建、环境整治等。再比如，内蒙古2006年国有农牧场为承担社会责任所支付的社会费用为4.12亿元，其中，农工负担的比重达到20.1%；2006年吉林省农工负担36 190.1万元，其中，办社会支出14 234万元，占农工负担的39.3%。一方面，一些农场通过提高土地承包费的办法变相增加农工负担用于社会性支出；另一方面，由于农场支付能力较弱，农工应该享受的福利待遇受到影响。

（四）降低了公共资源配置效率

由于社会负担沉重，国有农场收入少，无力对道路、校舍和农田水利等基础设施进行正常的维护和保养，缩短了使用寿命，加大了维护成本，降低了使用效率。同时，国有农牧场办社会所形成的大而全、小而全的格局，也影响当地政府的统一规划和有效管理。这主要表现在以下几个方面：一是目前许多地方国有农场社会事业还没有列入当地经济社会发展规划，不利于政府对辖区范围内社会公益事业的统筹规划、投入和管理；二是不利于政府加强经济调节、市场监管、社会管理和公共服务，把应该由政府管的事情管好、管到位；三是不利于推动社会资源整合，政府和国有农牧场社会管理机构重叠，不能较大程度地发挥市场对社会资源配置的基础性作用，促进区域经济和社会全面协调发展。

（五）妨碍了农场农工享受惠农政策

由于农场与周边农村形成一个相对独立的区域，缺乏行业指导和地方管理，条块之间工作不衔接，国家对农村的通村通乡公路、人畜饮水、中小学危房改造、农田水利设施建设等强农惠农政策，农场没有享受到或未完全享受到。事实上，在国有农场出现了国家惠农政策的“真空地带”。据内蒙古森工集团反映，企业的历史包袱重，现有在岗职工 5.7 万人，离退休人员 1.8 万人，离退休人员占在职职工的 31.3%，离退休人员的支出占农场总支出的 26.7%。另外，企业的债务负担沉重，特别是银行贷款多，其中大部分是由于企业办社会而形成的债务。按照国家事业单位调资办法，对所有的农工进行了调整，但是这些农林场经济效益低，调整的工资难以全额兑现，累计拖欠职工工资高达 6 亿多元。实行“一免两补”（免农业税，粮食生产直补和良种补贴）政策后，农民得到了实惠，但农工仍然承担一部分办社会费用，与周边农民相比，负担较重，意见很大，存在抵触情绪，拒缴土地承包费现象时有发生。

（六）影响了农场社会稳定

一些农场社会事业发展滞后，历史欠账多，生活条件差，职工收入低，企业办社会机构的从业人员情绪很不稳定，信访事件持续上升。比如，2007 年下半年，内蒙古森工集团社会事业系统上访事件呈爆发态势，个体、集体上访，越级上访不断。教师系统多次提出罢课游行，森工集团虽多方做工作暂时平息了事态，但矛盾一触即发，成了严重影响林区稳定的“火山口”。为此，内蒙古自治区在 2008 年下决心较彻底地分离了森工集团办社会职能，农工上访事件才得以解决。这个问题在其他地区也突出，江西、云南、湖北、辽宁、吉林等省也都采取措施，逐步分离农场办社会职能，减轻农场和农工负担。但地方财力有限，只能是头痛医头、脚痛医脚，分离办社会职能不彻底，遗留隐患问题较多。

三、地方国有农场办社会职能改革的经验和做法

（一）地方国有农场办社会职能改革的主要做法

随着国有农场兴办各类社会事业负担沉重的问题逐步显现，为了从根本上解决这一难题，理顺农场办社会利益主体，一些省份已着手推进国有农场办社会职能改革试点。2002 年内蒙古下发文件，明确要求地方财政支持国有农牧场改革和经济发展，财政资金分配应向国有农牧场倾斜，加大支持力度；辽宁、吉林两省于 2006 年专门印发政策文件，全面部署分离国有农场办社会工作，明确了国有农场办社会职能改革的范围、方式、主要政策和实施步骤等；河南、江苏在农村税费改革过程中，结合乡镇行政区划调整，将农场的义务教育、医疗、公安等社会职能剥离，逐步交由当地政府承办。

1. 规定国有农场办社会职能改革的范围、方式和实施步骤，明确国有农场办社会职能改革的主要政策。吉林省国有农场办社会职能改革的范围为国有农垦企业，国有农业原种场、良种繁育繁殖场，国有林场、牧场、渔场，监狱农场，华侨农场。一是采取分步实施的办法逐步推进。考虑到国有农场办教育负担较重，吉林省在 2006 年率先将国有农场所办全日制普通中小学一次性全部分离并按属地原则移交当地市（州）、县（市）政府管理，其他应分离的社会职能于 2008 年以前完成。二是加快实施国有农场政企分开。对从国有农场中分离出来的党政机构，参照乡（镇）标准核定机构及人员编制，其经费从分离起列入财政预算开支。暂不具备实行政企分开的国有农场，将社会管理职能与企业经营职能实行内部分开，分别核算管理。进一步规范政府部门派驻国有农场的公、检、法、工商、税务、国土资源、交通、卫生等机构，其占用国有农场资产按有偿原则使用，派驻机构经费由派出部门负责，派驻机构不得向国有农场摊派人力和物力。三是积极推进国有农场事业单位改革。国有农场医院（卫生所）、消防机构、社区机构、生活服务单位等社会职能主要通过市场化改革进行分离，与国有农场改制工作同步进行。对于公益性站所，按照当地同等规模乡（镇）的标准核定事业单位人员编制，所需经费按照办社会职能及事业机构改革进程逐步纳入市、县

财政预算。对于国有农场的经营性站所，与财政供给脱钩，实行企业化经营，自负盈亏，自谋发展。

2. 省市财政安排专项分离办教育转移支付补助资金，为国有农场办社会职能改革提供财力保障。辽宁省专门下发文件，明确了分离国有农场办教育的三种资金来源渠道：一是从国有农场税费改革转移支付资金中单独列出一部分（对农工的两级办学收费部分）用于教育方面的支出；二是将省、市财政在体制上对国有农场教师的补助资金全部用于解决场办教师工资；三是剩余缺口由省市县共同负担，省级财政在国有农场税费改革转移支付补助资金之外再安排资金用于分离农场办教育补助。为此，全省共安排分离办教育转移支付补助资金 4 599 万元。自 2004 年起，云南省财政承担了农垦系统落实中小学退休教师待遇所需资金，2006 年省财政采取“一次性核定基数，包干使用”的方法，给予农垦系统分离办中小学校、公安机关等补助经费 7 300 多万元，其中，中小学 6 385 万元，公安机构 915 万元。江苏省大部分地方逐步将国有农场公益事业建设纳入社会主义新农村建设范围，加大支持力度，增加对国有农场公益性基础设施建设的投入，国家的各项惠农政策在国有农场及职工中全面得到落实。

3. 逐步撤销农垦农场建制，逐步与农村并轨。湖南省将原省属 13 个大型农场改制为 1 个行政区、5 个管理区和 2 个建制镇，部分市县所属农场改制为乡镇、村。未改制的，原则上改为乡镇（办事处）或建制村，纳入所在县市区管辖范围，其工商企业通过股份制改造、租赁经营、国有民营等方式改制为独立法人实体，实行属地管理。已改制为管理区的，比照县市区一级政府建立行政管理体制、财政体制、司法体制，原有分场和生产队改设为乡镇或办事处和村，其经济社会发展纳入当地统一规划。改为乡镇或办事处、村的，就近移交给当地县市区政府或乡镇。改制后实行政企分开，其行政和社会管理职能按属地原则交管理区或乡镇政府，国有资产和国有土地使用实行企业化运作。

4. 推进农垦管理体制改革，赋予农垦总局相当于州（市）级政府的部分管理权限。云南省委、省政府为切实加大对农垦的支持力度，统筹农垦与当地发展规划，2007 年下发文件，规定省级有关部门在安排年度投资计划和建设项目时，对省农垦总局实行计划单列，享受市州一级待遇。同时，对省农垦总局实行部门预算管理；对农垦系统企业的税收实行专管；对农垦管区内的土地利用规划和土地利用年度计划以及建设发展规划，纳入当地总体规划统一管理，以利于农垦和地方资源的整合、协调发展。将农垦纳入地方新农村建设的总体规划，享受有关优惠政策，真正体现了国有农场经济社会发展融入当地、生产经营融入市场、农工生活融入社会的改革目标要求。

5. 认真做好分离国有农场办社会的相关配套改革。一是清理对农工的收费政策并强化监管。在全面清理类似农村“乡镇五项统筹”收费的基础上，各地进一步规范收费项目和标准，坚决取消各种乱收费。统一印制国有农场农工负担监督手册，发放到农工家庭，由国有农场责成专人负责，准确真实登记对农工的收费项目和收费标准，凡手册之外的收费，农工均可拒付。国有农场实行涉农负担公示制度，公布清理规范后农工负担的具体项目、标准和数额，接受农工和社会的监督。二是进一步推进国有农场内部管理体制改革。江苏省积极推进国有农场内部管理体制改革，对场镇合一的国有农场实行政企分开，将应由各级财政预算负担支出的党政机构和各类事业机构与国有农场分离，按属地管理原则移交当地政府。湖北省对原来农场的一些服务站所实行“以钱养事”新机制，财政对其经费开支给予必要补助，其余由服务站所通过向农场农工和社会提供公益服务取得收入解决。

（二）地方国有农场办社会职能改革试点的主要成效

将农场办社会职能分离到地方，纳入财政保障范围，大大减轻了农场和农工的负担，农场社会事业也有了较快发展，改善了农工生产生活条件。同时，改革减少了国有农场管理层级和人员，降低了管理成本，农场经济进入良性发展轨道。

1. 切实减轻了农垦企业负担。长期以来，农垦在计划经济体制下形成的一整套“小而全”、“大而全”体系，使农垦企业承担了大量社会职能，难以集中财力、物力、精力谋求发展。通过办社会职能改革，理顺了国家、农场与农工的分配关系以及政府与企业的关系，实行政企分开、企社分开，减轻了企业负担，降低了企业成本，增强了发展活力，提升了企业的竞争力。

2. 促进了社会事业的发展。通过办社会职能改革，整合了社会资源，减少了社会分配不公平的矛盾，缩小了社会收入差距，促进了农场社会事业的健康发展。比如，国有农场将中小学、医院分离到当地政府管理后，有利于提高农场职工的健康水平和新生代农工的素质。一方面，大幅度提高了教师、医师的工资福利待遇，增强了他们的事业心和使命感；另一方面，地方政府加大了教育、医疗投入和管理，加强了教师、医师力量配备，使农垦子女受教育条件逐步得到改善，提高了办学和医疗水平，保障了农工的教育、卫生等公共产品的有效供给。

3. 国有农场经营效益得到提高。农场社会负担减少后，卸下了沉重包袱，增加了农场积累，进而有条件增加生产经营投入，经济发展速度加快，农场生产总值和企业利润比改革前普遍有所提高，取得了较好的经营效益。2008 年内蒙古农垦企业全系统完成生产总值 63 亿元，比上年增长 24%，全系统实现利润 1.5 亿元，国有农场步入持续快速发展的良性轨道。

4. 农工人均收入持续增加。实行农场办社会职能改革后，农工不用再负担相应支出，负担大大减轻，收入相应增加。同时，随着农场生产经营状况的改善，农工从农场取得的新增收入也持续增加，农工生活得到改善，农场社会更加和谐稳定。

5. 促进了粮食生产。农场分离办社会后，基础设施和生产投入增加，综合生产能力提高，农工收入明显增加。改革调动了农场和农工的生产积极性，农垦系统连续实现粮食大丰收。2008 年内蒙古农垦系统种植业总播种面积达到 817 万亩，全系统粮食作物总产量达 29.2 亿斤，创历史最高水平。

（三）改革中遇到的矛盾和问题

1. 地方农场办社会职能改革不彻底。国有农场大多成立较早，隶属关系变化频繁，土地承包政策、人员身份定性等政策执行标准不一，具有较大随意性。国有农场不同于城镇国有工商企业，许多农场是一个“小社会”，所承担的社会职能涉及政府行政管理的许多领域，新老问题交织，不是一个简单的教育、公安、卫生等社会事业的剥离问题。地方政府接收农场办社会职能时，面对错综复杂的具体问题，无从下手，无章可循。各地分离办社会不彻底，遗留问题较多。比如，由于地方财政困难，一些地方在将有关单位移交给当地政府后，企业仍然要承担着部分人员经费，增加了企业负担；地方只接收了部分人员，退休人员仍然由企业负担，原有单位超编人员安置也由农场负责，矛盾集中，工作难度较大；学校和公安等移交属地管理后，造成管理与服务严重脱节，当地农工公共服务不能有效解决；移交过程中将资产无偿划转接收单位，大量债务仍留在农牧场，成为农场的沉重负担。目前，全国尚未制定规范性政策措施，各地做法不一，政策上存在差异，容易产生攀比，留下隐患。

2. 地方改革成本支付能力不足。进行国有农场办社会职能改革需要支付大量的改革成本，经济发展落后的地区没有充足的财力支持，改革举步维艰。目前，上级财政对农垦系统农场分离办社会的补助是依据移交前农场所办社会最低支出标准测算的，一般都低于农场实际支出水平，而农垦系统办社会所涉人员工资、机构运转经费普遍低于当地同类人员和单位的平均水平，绝大多数只相当于地方的一半左右，有的甚至低于一半。移交当地后，地方财政给予的补助仍留有缺口，需要农场自行解决。由于最近几年国家增资政策的出台和社会保障支出的增长，接收地方的财政压力加大，有些增资政策迟迟不能兑现。如果国家不统一出台政策，中央财政不给予必要支持，仅依靠地方政府很难推进国有农场办社会职能改革，即使已经分步推进的地方，改革也不彻底，留有后遗症。据调查测算，云南省推进农垦系统农场办社会职能改革，各级财政支出缺口在1.5亿元左右。辽宁省前郭灌区和四平市辽河农垦管理区，办社会职能改革资金缺口达4 760万元。盘锦市国有农场中小学教职工人均支出每年在1.3万元左右，而当地政府管理的教职工人均支出为2.35万元。如果场办中小学教职工移交地方政府管理并与其人均支出拉平，全市每年支出缺口在3 747万元。这些缺口，地方政府接收后将成为常年预算支出，靠其自身财力根本无法解决。因此，国家应加大财政转移支付力度，对地方政府接收国有农场办社会职能任务重的地方给予适当资金扶持。在国有农场办社会职能改革还没有到位的情况下，应对农场发展给予必要的政策倾斜和资金扶持。

3. 改革进程缓慢。由于改革成本大，地方农场办社会职能改革工作只能根据轻重缓急，采取分步实施的办法。一些地方已先将农场办中小学校分离出来，移交所在地政府管理，其余社会机构暂时留在农场。为此，地方在财力十分困难的情况下，安排了相应的补助资金以推动此项工作顺利进行。但由于全国没有统一部署，政策预期不明朗，信息不对称，地方担心将来国家制定统一办法时，全国政策与地方政策有差异而造成工作上“翻烧饼”，还怕中央补贴政策鞭打快牛，让先改革的地方吃亏，所以主观上存在等待观望情绪，不愿意推进太快。鉴于目前国有农场面临的经营困境，办社会职能的沉重负担已引起职工与农场的各种矛盾，国家应尽快开展国有农场办社会职能改革试点，通过试点研究问题，积累经验，尽早完成国有农场办社会职能改革工作，将农场纳入社会主义新农村建设规划，改善农场职工的生产生活条件，将农场与周边地区社会事业发展有机结合，统筹解决好农场与当地经济社会发展的关系。改革工作早起步早主动，改革越晚，矛盾积累越深，改革付出的成本就会越大。

4. 债务负担沉重。农场历史形成的债务既有企业经营性债务，也有承担政府职能办社会形成的债务，不能简单地一概都视为“企业负债”，应对这些债务进行甄别，清理核实，区别对待，分类处理。应把国有农场公益性债务纳入乡村公益性债务清理化解范围，从政策上一并考虑。对于农场多年来因办社会、防灾救灾等形成的债务，国家应制定特殊政策优先解决，使农场在减轻办社会负担的同时，也能减轻历史包袱。农工、机关事业单位职工基本养老保险等费用的拖欠部分，国家应考虑一次性解决，以保证农垦社会保障工作的正常运行。应将国有农场纳入全国惠农、扶贫、社保等政策范围，一视同仁，使国有农场及职工享受到公共财政的雨露阳光。

四、积极推进国有农场分离办社会职能改革

（一）进行国有农场分离办社会职能改革的重要意义

地方自主推进国有农场分离办社会职能改革取得了显著成效，但也存在一些问题。在国有农场办社会职能过程中，农工权益受忽视，地方国有农场劳动保障问题突出；国有农场减员增效改革的遗留问题较多；地方国有农场办社会职能改革后，财政压力较大，致使国有农场办社会职能改革难以为继；农场管理体制改革滞后，不适应新的形势发展要求。在全国范围内适时推进国有农场办社会职能改革，有利于从顶层进行制度设计，有助于克服地方试点中的缺陷，不仅可以促进农工减负增收，促使国有农场重新焕发生机活力，也有利于使其成为带动农业集约化经营的中坚力量，确保国家粮食安全，推动农业现代化建设。因此，国有农场办社会改革是理顺社会分配秩序、完善公共财政供给体制、提高社会资源利用效率、促进区域社会经济协调发展的重大举措，具有重大现实意义。

1. 国有农场办社会职能改革是进一步减轻农工负担的重要途径。目前，农场承担大量社会职能，农工社会负担沉重问题凸显，如果不尽快加以解决，农工负担势必反弹，前一阶段进行的国有农场税费改革成果难以巩固。总体来看，政企分开、社企分开是国有农场改革发展的方向，有利于巩固国有农场税费改革成果，缩小农场与周边农村政策上的差距，进一步减轻农工负担，促进地方经济社会和农场和谐发展。

2. 国有农场办社会职能改革是推进国有农场现代经营管理改革的必然选择。国有农场办社会是计划经济的产物，随着社会主义市场经济体制的确立，国有农场仍承担办社会职能，是导致农场社会事业滞后、经营发展后劲

不足、农工负担较重的重要原因。国有农场背负着沉重社会负担，不可能具备真正的市场竞争力，从事社会管理事务的国有企业管理者也不可能成为真正的企业家。进行国有农场办社会职能改革，有利于促进国有农场生产经营管理改革和社会事业发展，也将为促进我国现代农业建设、确保实现粮食安全战略目标创造更好的条件；有利于促进国有农场的经营和发展，提高市场竞争力。改革实践证明，改革则充满活力，不改革则没有出路。实现政企分开、社企分开，是国有农场市场化、企业化运营的基础，应大力支持国有农场采取兼并、拍卖、股份制等多种形式改制，走企业化发展的道路。

3. 国有农场办社会职能改革是转变政府职能、提高社会资源利用效率的客观需要。根据依法治国、依法行政的要求和完善社会主义市场经济体制的改革方向，将属于政府的职能从企业分离出去，是政府与国有农场之间职能的回归。推进国有农场办社会职能改革，有利于政府统筹规划，提高社会资源利用效率，维护社会和谐稳定。随着社会主义市场经济体制的建立，政府职能的转变，应该进行政府管理体制机制创新，分清政府和市场的责任，将政府该管的事管好，不该管的事推向市场，提高社会资源的配置效率，促进区域社会经济协调发展。政企分开、社企分开后，国有农场办社会职能整体移交给地方政府，实行属地管理，使国有农场成为真正的市场主体和利益主体，以尽快融入当地社会发展和市场经济之中，进而发展壮大。

4. 国有农场办社会职能改革是加快国有农场社会事业发展的必由之路。社会职能机构要正常运转并发挥应有的作用，需要持续稳定的资金投入。企业经营是有风险的，效益也是随着市场状况而波动，企业办社会职能机构所必需的支出与农场经营状况密切相关，往往受到国有农场效益的制约。分离国有农场办社会职能，将其纳入公共财政保障范围，有利于稳定国有农场社会事业资金投入，促进农场社会事业健康发展；分离国有农场办社会职能是保证基础教育等社会事业长远健康发展的需要。企业办普通中小学是整个社会事业的一部分，公检法职能机构是国家政权机构的组成部分。这些社会职能正常运转并发挥应有的作用，需要持续稳定的资金投入，以保证其稳定发展。

5. 国有农场办社会职能改革是维护社会稳定的客观要求。取消农业税后，农民种地基本没有负担，农工种地负担重的问题更加突出，与社会分配不公问题交织，由此引起的上访事件近几年有所增加。通过企业分离办社会职能，可以理顺政府与企业、企业与农工的分配关系，缩小农工与周边地区农民负担政策上的差异，有利于增加农工收入，减少收入分配矛盾，维护社会和谐稳定。

（二）在全国推进国有农场办社会职能改革的可行性分析

推进国有农场办社会职能改革不仅是必要的，而且是可能的，改革的一些基本条件已经具备。

1. 政治有保证。党的十七届三中全会对进一步发展农业及农村经济作出了制度安排。近几年，党中央、国务院对“三农”问题高度重视，强农惠农政策越来越多，扶持力度越来越大。国有农场改革是解决“三农”问题的一个重要方面，事关1 800多万名农工的切身利益。国有农场耕地资源丰富，基础设施较完善，科技水平较高，资源动员能力强，组织化程度高，只要理顺体制、创新机制，充分发挥其优势和潜力，完全可以把国有农场建成现代农业和社会主义新农村的示范区，在农村农业现代化建设中起到带头作用。因此，党的十七届三中全会通过的《中共中央关于推进农村改革发展若干重大问题的决定》，明确要求推进国有农场体制改革，发挥国有农场运用先进技术和建设现代农业的示范、引领、带动作用，国有农场办社会职能改革是题中应有之义。

2. 实践有经验。一些地方进行国有农场办社会职能改革试点为全国积累了经验。由于国有农场办社会职能引发的各种矛盾日益突出，内蒙古、辽宁、湖南、湖北等省份进行了国有农场办社会职能改革试点，并结合实际出台了许多行之有效的政策措施，取得了好的经济社会效果，为在全国范围内推进这项改革积累了经验。但由于办社会职能改革涉及面广、政策性强、情况复杂、人员安置困难、协调难度大以及地方财力不足等原因，地方推进国有农场办社会职能改革工作进展缓慢，改革不彻底，遗留问题较多，需要中央统一制定政策，加强指导和支持。

3. 工作有基础。深化国有农场税费改革为分离办社会职能奠定了基础。2006年进行的深化国有农场税费改革，进一步规范了国有农场各项收费，推进了国有农场内部管理体制改革，为分离办社会职能奠定了工作基础。同时，中央和地方财政安排专项资金，尤其是中央财政拿出近50亿元补助资金，对取消国有农场农业税和类似乡镇“五项统筹收费”进行了补助，大大减轻了改革成本带来的压力。

4. 财力有保障。各级财政已具备消化改革成本的能力。推进国有农场办社会职能需要一定的财力保障。国有农场办社会职能改革成本主要包括以下三部分：一是目前国有农场办社会的支出成本，改革后转由接收地政府负担的财政支出。二是大部分国有农场办社会支出标准低于地方支出标准。比如，农场学校教师工资比地方同级教师低40%～50%，分离办社会后与地方接轨会出现增资差额。三是随着经济社会的发展，办社会职能改革后因物价等因素形成支出标准提高可能增加的成本。根据农业部农垦局统计，2007年，全国农垦企业办社会实际支出137.65亿元，其中，机构经营及规费收入22.04亿元，财政补助79.67亿元，尚有约36亿元支出需要农垦企业自筹。这部分支出在办社会职能改革后将成为地方财政增支因素。目前，全国尚无国有农场办社会支出统计数据，农垦企业只占全国国有农场的70%左右。在地方国有农场办社会支出中，有的地方财政给予补助，有的没有给予补助。因此，推进国有农场办社会职能改革成本应是一个不小的数额。如果以国有农场税费改革成本推算，各级财政需负担农场办社会职能改革成本近百亿元。近年来，虽然受世界金融危机影响，各级财政支出压力加大，但由于采取一系列应对措施，国民经济回升向好，财政收入逐步回升。随着国家财力的不断增强，中央财力将进一步向“三农”倾斜，如果采取分步实施和中央与地方财政分级负担的办法，各级财政可以消化改革成本。

五、推进国有农场办社会职能改革的政策建议

国有农场办社会职能改革意义重大，时机逐渐成熟。笔者认为，国有农场改革应朝着“公共服务均等化、生活服务社会化、社会管理地方化、生产经营市场化”的方向进行，适时启动改革试点工作，让公共财政的阳光更多更快地照耀到国有农场。

（一）尽快将国有农场办社会职能改革列入议事日程

国有农场办社会是计划经济时期的产物，有其历史原因，改革开放30多年了，一直延续至今，成为国有农场及农工的沉重负担。农场职工是在一个特殊历史条件下形成并逐步发展起来的特殊利益群体，为国家屯垦戍边、发展粮食生产作出过特殊贡献，至今仍然是我国现代农业的引领者、排头兵。改革国有农场办社会职能，将公共职能纳入财政保障范围，关系全国1 800多万名农工的切身利益。从实际情况来看，国有农场办社会职能分离越晚，矛盾积累越深，改革付出的成本就会越大。因此，应在深入调研、总结地方改革实践经验的基础上，制订农场办社会职能改革方案，区别情况，分类指导，抓住时机，分步实施，尽快试点，积累经验。

（二）国有农场办社会职能改革应遵循的几项原则

由于这项改革不仅涉及国家、农场与农工的关系利益，而且涉及中央与地方以及地方各级政府之间的利益关系，各地、各农场情况千差万别，稍有不慎就可能引发新的矛盾，牵一发而动全身，所以在改革过程中应遵循“统一政策、分散决策，区别情况、分类指导，积极稳妥、逐步分离”的原则。

1. 统一政策、分散决策。国有农场分离办社会职能工作重点应主要放在两个方面：一要理顺国家、农场与农工的分配关系，减轻农工和农场办社会负担；二要理顺国有农场经营管理体制，适应发展现代农场和市场经济的要求。围绕这两个目标要求，由中央制订统一的改革方案，明确改革目标、原则要求和主要政策，将属于政府职能范围的机构和事务全面移交给当地政府负责管理，具体由各省级人民政府根据本地实际情况，制订推进改革的具体措施和实施步骤。

2. 区别情况、分类指导。考虑不同地区、不同国有农场的具体情况，制订相应的改革措施。其办社会职能该分则分，一次改革到位，不留尾巴；不该分或分后影响农场农工正常生产生活的，则应理顺体制，明确责任，不留后遗症。

3. 积极稳妥、逐步分离。在改革工作操作上本着先易后难、逐步推进的原则，有条件的可以一步改革到位，暂不具备办社会职能全面改革条件的，也可以分步实施，制订分年度改革计划，逐步推进国有农场办社会职能改革。对一些财政困难的地方，可以考虑先进行国有农场承担的义务教育、公检法等职能改革，然后再对医院、国土、水利等其他办社会职能进行改革。

（三）区别对待，实行不同的分离政策

1. 明确改革成本负担主体。鉴于国有农场办社会职能改革所需资金量大，涉及多个利益主体，免不了会产生利益主体在改革利益上的博弈。在基层财政普遍困难的状况下，为保证改革顺利进行，国有农场办社会职能改革的成本原则上应按企业隶属关系划分，中央直属农垦企业办社会职能改革成本由中央财政负担，地方国有农场办社会改革成本主要应由地方承担，中央根据各地财力状况适当给予奖励补助。

2. 实行不同的分离办法。根据农场的地理位置、规模大小、经营状况等不同情况，实行区别对待的改革政策。（1）对一些规模适中、基础较好的国有中型农场，逐步将其办社会职能移交给当地政府，农场则按照现代企业制度要求进行改革完善，潜心做好生产经营，在现代化农业建设中发挥示范带头作用；（2）对一些地势偏远、人均地少、土地贫瘠、生产经营基本处于瘫痪和半瘫痪状态的小型农场，应实行农村行政管理模式，将农场改制为乡镇或行政村，农工则在推行土地承包经营的前提下，采取多种方式将其纳入社会保障范畴；（3）对具有战略地位或规模较大的农场，其公共事务交由地方政府管理将影响农场的正常经营发展，并大幅增加行政成本，如新疆生产建设兵团、黑龙江农垦总局、广东农垦总局等，应在进一步完善其财务制度和监督机制的基础上，将农场经营活动和办社会公共事务分开核算，逐步明确其公共支出事权，通过公开透明的财政转移支付补助，赋予其办社会职能相应的财力。总之，无论国有农场办社会职能是否分离，都应做好政府和国有农场的管理衔接工作，将其纳入新农村建设和当地整体发展规划，使农场充分融入地方和市场，以利于国有农场享受国家的各项惠农政策，也利于当地的资源整合，谋求区域协调发展。

（四）国有农场办社会职能改革的配套措施

国有农场的发展，增加农工收入，改善生产生活条件，根本还是在于放活国有农场生产经营，提高国有农场经济效益。在进行国有农场办社会职能改革的同时，应抓住有利时机，积极推进国有农场政企分开、国有农场管理体制改革等配套改革，促进国有农场建立现代企业制度，提高国有农场的市场竞争力，防止因国有农场经营困难导致农工负担反弹。因此，应高度重视国有农场办社会职能的配套改革。

1. 加快推进国有农场政企分开。对一些场县（市）、场乡（镇）合一的国有农场或开发区、试验区及示范区内设立的农场，实行政企分开，设立相应级别的地方政府，将应由各级财政预算开支的党政机构、人员与国有农场分开，按属地管理原则移交当地政府，参照乡（镇）一级政府设置标准，核定机构及人员编制，经费纳入财政预算。暂不具备实行政企分开的大型国有农场，也应将承担的社会职能与企业经营职能实行内部分开，其机构人员经费单独核算管理。

2. 深化国有农场管理体制改革。一方面是理顺国有农场行政管理体制，对目前中央级大型农垦企业，除新疆建设兵团、黑龙江农垦等少数不宜下放地方管理的大型国有农场外，原则上都应下放地方，实行属地化管理，包括企业的人、财、物都应下放，便于企业融入当地社会，带动地方经济社会发展，也便于地方统筹区域社会经济规划，合理利用资源。另一方面是改革完善农场内部管理体制。应按照精简效能原则，即农场内部管理层级偏平化的要求，改革国有农场内设机构，减少管理层级和人员，降低管理成本，防止管理费膨胀侵蚀分离办社会改革带给农工的好处。促进国有农场产业化、股份化、市场化和集团化发展，建立现代企业制度，提高国有农场市场竞争力。同时，应该将农场职工居住环境的改善与当地城镇化、社区化发展紧密结合起来，在空间布局上更加科学合理、井然有序。

3. 做好改革基础准备工作。首先，要做好调查分析工作。没有调查就没有发言权。对农场现有情况进行全面调研，摸清农场类型、结构、经营状况、管理体制，办社会的机构、人员、收支情况、存在问题，以及地方同类机构人员的状况等，在进行深入调研，广泛听取各方意见的基础上，理清改革思路。其次是做好国有农场办社会职能改革方案设计论证工作。对改革工作的目标、任务、原则、内容、责任、要求和工作步骤、工作进度等各个环节进行认真地研究，对改革工作的方方面面都要尽量考虑周全，同时把握好关键问题和难点问题，突出重点环节，形成上下一致、统一协调、责任明确、相互配合、有序推进的工作机制。再次是切实做好分离的基础性工作。认真组织好移交财产的清产核资人员结构、经费核对和债务核实等工作，摸清底数，对基础数据进行准确的统计归类，避免出现遗漏、缺失和数据不实等问题。

4. 重视公开改革信息。农场办社会职能改革涉及农场、农工和办社会机构职工的切身利益，他们有知情权、参与权，在国有农场办社会改革过程中，有关政策制定应充分听取他们的意见。应将改革政策信息公开，加强监督检查，严格遵守相关的法律、法规和政策，认真执行财经纪律，建立健全监督机制，切实减轻农工负担，保护农工的合法权益。监察、财政、审计等有关政府职能部门，对分离国有农场办社会中的资产划转、人员移交工作进行监督，防止国有资产流失，对涉嫌违法违纪行为应依照有关法规追究责任，严肃处理。另外，还需对改革后农场和农工受益情况进行跟踪督察，确保改革的好处落实到农场农工身上。

（五）加强改革工作组织领导

国有农场办社会职能改革试点涉及面广，政策性强，情况复杂，工作难度大，改革试点工作应实行统一领导、分级负责。俗话说：“老大难老大难，老大重视就不难。”改革能否顺利进行并取得成功，领导重视是关键。

因此，地方各级都应建立领导责任制，党政主要领导亲自抓、负总责，切实加强对国有农场分离办社会职能改革试点工作的指导协调。建立部门工作协调机制，加强各级财政、教育、人事、编制、农业、劳动保障、民政、卫生、公安、司法等部门与接收地政府之间的协调配合，确保移交工作顺利进行。同时，做好宣传工作，将政策交给基层和群众，加大改革工作的透明度，激发农场农工参与改革的热情。研究新情况，解决新问题，不断完善改革政策，确保改革顺利进行，维护社会和谐稳定。

第十一章 关于新时期农民负担问题

农民负担是指农民作为独立的经济主体，除自身进行消费和投资，自愿捐赠赞助，依法缴纳国家法律、法规规定的税费之外，迫于某种原因，非自愿地向行政机关、事业单位、集体组织和社会有关方面无偿支付和承担的一切费用、实物和劳务的总和。它是一个历史概念，不同历史时期、不同发展阶段的内容和表现形式各不相同。比如，历史上封建社会统治时期，农民负担表现为过重的苛捐杂税。20 世纪八九十年代，农民负担表现为国家税费之外的各种乱收费、乱摊派。简单讲，农民负担就是在农民合理、合法支出之外的额外负担。这一界定，使农民负担问题特征非常明显，首先它是一种非法负担，是国家不允许、不认可，或者明令禁止的；其次是农民非自愿的，因某种不可抗拒原因又不能或不便拒绝的负担；再次是农民不应该负担而额外负担的，其负担额超出农民的经济承受能力；最后是其表现形式多种多样，可分为直接负担与间接负担、显性负担与隐性负担等。

第一节 新时期我国农民负担状况及特点

一、农民负担总体状况

长期以来，党和政府高度关注农民负担问题，通过 2000～2006 年的农村税费改革，从制度上理顺了国家、集体和农民的分配关系，特别是取消了延续2600多年的农业税，大幅度减轻了农民负担。

2006年以来的农村综合改革，着眼于解决加重农民负担的深层次体制机制问题，统筹城乡协调发展，从根本上破除城乡二元结构。随着农村税费改革、农村综合改革的逐步深化，减轻农民负担取得了重大历史性成效，减负工作重点转到区域性、行业性农民负担上来。2006年，国家实施了深化国有农场税费改革，全面落实取消农业税政策，免除农工承担的类似农村“乡镇五统筹”的收费，清理和规范了国有农场对农工的其他各种收费。同时，推进国有农场管理体制和各项配套改革，确保农工负担得到明显减轻。改革惠及农工1 856万人，免除农工负担约62亿元，人均减负332元，亩均减少36元。针对一些地方存在农场农业职工负担仍然较重、甚至执行政策“走样”等问题，进一步规范面向农工的各种收费管理，强化农工负担监督管理。2007年，针对取消农业税和“两工”后洞庭湖、鄱阳湖等大湖区农民负担偏重问题，推进减轻大湖区（包括洞庭湖、鄱阳湖、洪湖、洪泽湖和巢湖）农民负担综合改革，通过改革，进一步减轻大湖区农民负担约23亿元，惠及农民2 616万人，人均减负约89元。

据统计，农村税费改革前的1999年，农民直接承担的税费总额为1 250亿元，人均税费140.11元。到2007年，通过取消农业税、国有农场税费改革、大湖区农民负担综合改革，全国农民得到好处总金额为1 335亿元，人均179元。农民直接承担的税费总额约为310亿元，人均税费33元左右，比改革前分别下降75.11%和75.87%。总体来说，农民负担得到明显减轻，但与城市居民相比，农民负担仍然较重。造成农民负担重的一些体制机制问题尚未得到根本解决，中国农民并未进入“无负担”时代，减轻农民负担工作任重而道远。

二、新时期农民负担的特点

在新的历史条件下，农民负担又出现了一些新情况、新问题，呈现出以下特点：

（一）区域性、特殊行业性农民负担仍然较重

农村税费改革解决了全国农民共性的负担问题，但在一些地区、一些行业仍然存在农民负担问题。目前，农民负担主要包括以下几个方面：

1. 农民生产用水负担普遍较重。由于农田水利基础设施毁损严重，供水跑冒滴漏，以及渠道清淤、收费养人等原因，农业灌溉区农民用水成本很

高，负担较重。以地处黄河灌区的河南省原阳县为例，根据现行有关规定，在核算灌溉水价时，各级水管单位运转费用、引黄渠道建设与养护费用以及清淤费用等都分摊到用水单位供水量中。据当地农民反映，目前种地亩均毛收入800元左右，农业生产成本约550元（未考虑劳动力成本），其中水费50元左右，约占总成本的10%。一些电排灌排涝地区，每亩地水费最高达到近200元，农民种地基本不赚钱。

2. 林区林农负担较重。近年来，国家虽然加大了支农惠农力度，但是由于各项补贴主要以农业税计税面积为依据，林区主要位于山坡丘陵地带，耕地很少，林农很难享受到国家的惠农补贴。同时，林业生产周期长，面临病虫害和自然灾害的风险较大，林农收益很难保障，加上还要直接或变相承担育林基金、林业保护建设费以及名目众多的各种收费，林农负担重的问题十分突出。据调查了解，目前收取的育林基金大部分用于维持林业管理机构的运转和人员支出，育林基金变成了“育人基金”，甚至成为部分地方搭车收费、加重农民负担的一个重要载体。以湖南省洞口县为例，2007年洞口县育林基金总收入2 100万元，其中人员机构支出1 443万元，占林业总支出的63%，育林基金供养人员822人，用于生产及其他公共支出847万元，只占总支出的37%。

3. 国有农场办社会负担较重。国有农场办社会是一个历史问题。大部分农场在建场时，因政府职能不到位、社会事业发展不配套，农场只好自己办学校、医院、派出所等，在当时为改善农工生产生活条件和支持农场经济社会发展起到积极作用。但随着社会经济事业的发展，国有农场多集中于地势偏远、经济不发达地区，很难得到当地政府支持，而且大部分国有农场以第一产业为主，企业经营效益大多不好，因此国有农场办社会支出大部分摊到农工身上，加重了农工负担。比如，黑龙江省国有农场进行税费改革后，农工缴纳的土地承包费降低了38.5%，但农工每年仍要承担平均每亩“责任田”35~55元的费用，其中相当比例用于办社会支出。相比之下，农民种田已不需要承担任何公共开支费用。同时，国有农场农工还要承担沉重的承包费，导致信访事件不断上升，成为农村地区的一个不稳定因素。

（二）教育支出仍然是农民最沉重的负担

近年来，我国农村义务教育阶段基本实现免费教育。但是，目前非义务教育阶段（包括高校、专科、职高等）学生的收费标准过高，超出了农民的承受能力，农民反映十分强烈。据对山东省高唐县姜店乡农民的调查，学生在省内上大学每年学费至少为3 400多元，加上生活费需要7 000～8 000元，靠农民种地的收入根本供养不起，一般农户难以承担，需向亲友借款或申请助学贷款1万～1.2万元。此外，由于目前就业形势严峻，大学生毕业后找不到工作，学生归还贷款（借款）困难，农村中因学生上大学致贫、返贫的现象比较普遍，因此很多家长在孩子考上大学后是否上大学的问题上左右为难，压力很大。一些农村高考学生因学费问题放弃上大学的机会，提前进入社会，远离家乡打工就业。

（三）涉农收费形式发生新变化

1. 由政府收费转为部门、行业收费。过去涉农收费多为政府组织集中收取，随着改革的深化，法治健全，政府行为逐步规范，加上对涉及农民负担的乱收费行为实行一票否决制，政府乱收费行为明显减少，但部门行业乱收费现象却时有发生。比如在殡葬、农民建房、计划生育、身份证办理、工商登记、生猪屠宰等方面，涉及的乱收费项目越来越多。

2. 由行政事业性收费转为经营服务性收费。过去以政府名义收费，现在却以经营服务的名目出现。比如，殡葬收费、信息收费等，以及粮食收购中的压级压价等。不仅有旧项目，还有新项目；不仅涉及生产领域，还涉及生活领域。在对浙江省某地237户近两年建房农户的调查中了解到，有57户仅审批费用就超过3 000元，约占受调查农户数的25%。

3. 由过去强制收取转为捐资赞助。比如，学校过去向学生家长收费，现在改为学生家长自愿捐资赞助，收费后让家长签字认可，规避检查。

4. 隐性负担加重。传统“隐形”负担是指工农产品价格“剪刀差”，这种“剪刀差”从新中国建立以来就有，到现在仍未完全消除，每年从农村流向城市的资金数额仍然十分惊人。农业生产资料价格不断攀升，农产品价格却徘徊不前，甚至由于各种原因连续大幅下跌，导致农民利益受侵蚀。现代“隐形”负担主要是指在工业化、城镇化的过程中，农村土地等资源被征用而补偿不足、丧失社会保障而造成的财富转移。农民所得的征地补偿款与土地市场价值相比，往往要相差几倍甚至几十倍。此外，随着农村生产力的进一步解放和土地流转的不断推广，越来越多的农民走出农村到城市打工，虽然许多农民工全家都已经在城市扎根，像市民一样为城市建设辛勤劳动并缴纳各种税费，但身份仍然是农民，不能融入城市，其权益往往不能够和市民一样得到保障。

（四）农村资源和生态效益补偿不到位，侵害了农民利益

我国根据不同区域的资源环境承载能力、现有开发密度和发展潜力，统筹谋划未来人口分布、经济布局、国土利用和城镇化格局，将国土空间划分为优先开发、重点开发、限制开发和禁止开发四类，确定主体功能定位，明确开发方向，控制开发强度，规范开发秩序，完善开发政策，逐步形成人口、经济、资源环境相协调的空间开发格局。不少农村林区、牧区等属于限制开发地区，农民增收十分困难。这些地区对国家涵养水源和保持生态平衡作出了贡献和牺牲，理应得到经济补偿，财政应设立专项转移支付项目给予必要补偿。但是，相对而言，国家现有的生态效益补偿和资源补偿范围小、标准低、规模小，只是杯水车薪，即使这样，应该给农民的补偿有的都没有到位，有的被地方基层截留挪用。

（五）突发性事件开支加重了农民负担

由于全球气候变暖、生态环境恶化等原因，自然灾害频发，区域性公共卫生事件时有发生。在目前农（林）业保险体系尚不健全的情况下，农民一旦遇到天灾人祸，损失惨重，灾后重建致使农民负担加重，不少农民因此欠债。2008 年我国南方发生特大雨雪冰冻灾害，农作物受灾面积 2.17 亿亩，绝收 3 076 万亩。秋冬种油菜、蔬菜受灾面积分别占全国的 57.8% 和 36.8%。良种繁育体系受到破坏，塑料大棚、畜禽圈舍及水产养殖设施损毁严重，畜禽、水产等养殖品种因灾死亡较多。森林受灾面积 3.4 亿亩，种苗受灾 243 万亩，损失 67 亿株。尽管国家给予了一些抗灾救灾支持，但灾后重建支出压力很大。此外，一些地方在发生公共卫生突发事件后，由于国家应急款项不到位，导致基层向农民摊派，加重了农民负担。

上述情况表明，由于农业生产的特殊性，决定了农民既是独立的生产者，又是消费者的双重身份。一方面，农民承担的间接税费和利息税，以及购买商品负担的消费税、增值税主要流向城市。另一方面，随着改革开放的深入和市场经济的发展，各类产品包括服务的价格都在上升，而农产品由于其特定的性质，价格仍处于较低水平。农民为国家工业化和城镇化发展所作的贡献仍没有得到合理回报。加上政府部门、垄断行业、特定单位行为不规范，以各种名目向农民乱收费，农民实际上因身份、户籍问题仍承担着许多不合法、不合理的负担。

第二节
新时期农民负担形成原因分析

新时期农民负担形成的原因是多方面的，既有历史的，也有现实的；既有体制的，也有管理的；既有客观的，也有主观的。归纳起来主要有以下几个方面：

一、以工促农、以城带乡的长效机制尚未形成

我国狭义的农业税取消后，包括间接税、土地隐性负担、各种收费负担等在内的广义的农业费收负担仍然较重，而且总体呈上升的趋势。农民承担的直接和间接税费，现代“土地隐性负担”与国家为农民提供的公共产品价值之间的差额较大，客观上存在农民负担过重、得益相对较少的非对称机制。近年来，尽管国家对“三农”的投入力度不断增强，但农民并没有得到足额的“反哺”，以工促农、以城带乡的长效机制还未完全形成。目前，党和政府对“三农”问题重要性的重视程度提升到前所未有的高度，但一些部门和地方的政策措施不配套，口号多措施少，口头多行动少，取得多给予少，虚的多实的少。一些政府部门的公务员对“三农”的思想观念、认识水平、工作方法等仍然停留在城乡二元体制下，不了解农村，不关注农业，不关心农民，制定政策、分配资源时往往是高高在上，情况不明，是非不分，刚愎自用，妄下结论，误国误民。总的来看，还没有在全社会形成重农风气，建立健全真正扶持“三农”的政策体系，尚未形成有利于促进农业发展、农民增收、农村繁荣的体制机制。

二、农村公共支出向农民摊派机制尚未根本改变

地方在推进社会主义新农村建设中各方面的积极性都很高，出现“村村通”、“村庄整治”等建设新高潮。尽管国家财政投入力度不断增强，但由于现行基本建设制度上要求地方进行资金配套，层层下放资金配套任务，最后，有相当部分资金缺口转嫁为农民和村民集体经济组织的负担，不少地方因此产生大量债务。据对浙江省农户的问卷调查，受访者在回答“村里修路造桥的钱从哪里来”时，选择“村集体出资”、“政府补助”、“社会捐

赠”和“村民出资”的分别占42.5%、39.5%、10.3%和7.8%，其中，村民人均出资120.39元，出劳11.6个工日。特别是当前修建通村公路，每公里需要投资20~25万元，中央和省级政府每公里补助10~15万元，由于市、县配套资金不到位，投资缺口往往转变为向农民摊派，有的地方农民人均集资款达数百元甚至上千元。从2008年开始，国家明确取消对592个国家扶贫开发重点县的建设项目资金配套规定，但大部分县仍然需要对上级的各种建设项目配套相应资金，这种建设投入层层钓鱼的机制不改变，农民负担就难以减轻。

三、收费罚款养人养事机制尚未根本扭转

由于乡村各种站所机构臃肿、人员庞杂的局面并未根本改变，加上县乡财力普遍较弱，一些地方把行政事业性收费作为增加财政收入、平衡财政预算的重要途径，仍然依靠收费罚款来养人办事，成为“乱收费”的制度性诱因。同时，基层政府职能尚未转变，一方面，地方政府急于抓经济、抓项目，以经济和财政收入增长指标考核干部；另一方面，一些地方政府急于改变面貌、创造政绩，投入不足，又向农民伸手。这些都成为向农民转嫁摊派，增加农民负担的隐患。如果不贯彻落实科学发展观，坚持量入为出、有多少钱办多少事的财政原则，不改革单纯的经济财政干部考核制度，不从根本上改变收费养人机制，一味追求GDP，农村的集资摊派就难以从根本上消除。

四、农民负担监控机制尚未建立健全

这几年来，随着农村税费改革工作的结束，农民负担的大幅减轻，但农民负担监控机制建设尚未跟上。一是减负工作意识有所淡化。农业税废除后，基层干部中普遍存在农民“零负担”的错误认识，不少人甚至认为，农民进入“无税时代”，部分地方多年来形成的党政主要领导亲自抓、负总责的工作制度出现了松懈，对农民负担是“高压线”不能碰的意识有所淡化，导致一些地方以这些年农民既增收又得补贴为由，发展办事又向农民伸手的多了起来。二是减负工作力度有所弱化。在违规违纪问题处理方面出现避重就轻的苗头，一些地方发生涉及农民负担的问题，对相关责任人处理不到位，违纪违法行为成本低，甚至出现法不责众的现象，农民负担日常监管工作有削弱趋势，政策措施执行出现偏

差。三是农民负担工作缺乏固化。农民负担监督管理未纳入法制轨道，对管理主体、管理职责、农民权利义务、涉农行为责任、违法违规罚则等没有立法规范，一些实践证明好的政策制度和经验做法也没有及时总结提升，用法律条文将其固定下来，做到有法可依、有法必依、违法必纠。监管责任工作机制尚未形成。

第三节 加强农民负担监管的政策建议

解决新时期农民负担问题，根本在于发展农村经济。扩大公共财政覆盖农村的范围，促进农民增收，关键在于规范政府行为，强化行业自律。应以科学发展观为统领，按照党的十七届三中全会提出的“坚持改革开放，必须把握农村改革这个重点”的要求，在统筹城乡改革上取得重大突破。以农村综合改革为动力，从制度建设、机制约束、财政投入、监督管理、法制保障等方面入手，逐步破除加重农民负担的体制和机制性障碍，建立健全“治隐性、促增收、减负担”的长效机制。

一、将“以工促农、以城带乡”的战略思想落到实处

解决农民负担问题应跳出“三农”的圈子，从把握国民经济发展的大格局中、从调整国民收入分配结构的大思路中去寻找解决的办法。进入新世纪，国家提出了统筹城乡发展“以工促农，以城带乡”的战略方针，无疑是及时和正确的，现在的关键是有具体的政策措施并付诸实施（温铁军，2004）。大力发展新型农用工业，降低农业生产成本。农业生产成本不降低，农业效益就无法提高；农业生产条件不改善，农民不增收，农民如何生活得有尊严。近年来，尽管国家高度重视农业生产资料价格问题，但农资在生产流通各个环节轮番涨价，其价格上涨的幅度使农资补贴远远难以弥补。最根本的还是要解决生产资料供求矛盾，大力发展新型农用工业。只有发展新型农用工业，才能避免走边发展、边污染的老路。必须一方面应用先进生物技术开发优质、高产、高效的新品种，另一方面大力发展适应现代农业发展需要、优质高产、环保低耗、安全高效的高科技集成技术产业，主要包括新型肥料、新型低毒高效农药、新型多功能农机、农产品加工机械、可降解

农膜及生物制种等。应对有关企业落实用电优惠政策，认真执行对农用工业产品的减免税政策，同时建立省、市、县相结合的农用工业产品流通监测网络，打击假冒伪劣产品，为发展现代农业、提高农业产出、保证农业生产安全提供物质技术装备。

二、调整国民收入分配格局，扩大公共财政覆盖农村范围

（一）加大对“三农”的投入

要按照统筹城乡发展，逐步实现城乡居民基本公共服务均等化的要求，调整国民收入分配格局，加大对农业、农民、农村的投入，解决农村突出的民生问题。比如，针对农业税和“两工”取消后农村公益事业建设比较薄弱的状况，探索建立农村公益事业发展新机制。以农民的实际需求和民主议事为前提，将农民自愿筹资投劳、社会资助和政府支持相结合，扩大村级公益事业建设“一事一议”财政奖励补助范围，建立健全农村公益事业建设“一事一议”财政奖补制度。

（二）加快普及高中阶段义务教育

加快落实党的十六大以来提出的普及高中阶段义务教育，对职业教育实行免费制度。现阶段，应首先在农村实现这一政策目标，以提高农民整体文化素质。只有农民整体素质提高了，农业技能增强了，才能适应发展现代农业的需要，拓宽增收渠道。

（三）加大对非义务教育阶段农村家庭困难学生的资助力度

当前，农村非义务教育阶段教育负担重问题十分突出，应进一步加大对非义务教育阶段的投入，稳定并严格控制收费标准，完善高等教育助学贷款制度和国家奖助学制度，拓宽大中专毕业生就业渠道，引导和鼓励广大学生到基层和中西部地区工作，切实解决农民非义务教育阶段上学难、上学贵的问题。

（四）加强农村环境治理工作

目前，农村白色污染，点源、面源污染等环境问题十分突出，应加紧治理，按照“突出重点、注重实效、公开透明、专款专用、强化监管”的原则，建立财政专项资金和奖励制度，重点支持位于水污染防治重点流域、区域以及国家扶贫开发工作重点县范围内，群众反映强烈、环境问题突出的村庄。同时，为体现规模效应和示范效应，充分发挥专项资金的引导作用，通过农村环境综合整治项目资金，鼓励存在同一类环境污染问题的连片村庄进

行综合治理，鼓励建设多个村庄同时受益的集中环境污染治理设施，修建污水处理厂和垃圾处理厂，鼓励借助城市、城镇公共环保设施提高环境综合整治效果。

三、建立健全农业支持保护体系，切实解决当前农民负担突出问题

（一）完善对农业的直接补贴制度

世界大多数国家政府都对农业施行直接补贴。2000 年，美国对每公顷耕地的直接补贴是 100 美元 ~ 150 美元，欧盟为 300 美元 ~ 350 美元。我国从 2005 年开始对农民种粮实行直接补贴之后，相继出台了农机补贴，良种补贴，农资增支综合直补，能繁母猪保险补贴，家电、汽车、摩托车下乡补贴等，并对产粮大县给予经济补偿，对促进农业发展、农民增收发挥重要作用。这一政策应继续坚持，并加大力度，完善政策措施，向粮食主产区、核心区和产粮大户倾斜。尽管农村税费改革取消了农业税、农业特产税、屠宰税和牧业税，但是由于广大农民还要承担各种间接税负担和增值税进项税额负担，故应改革完善对农用生产资料生产流通环节的税收优惠政策，通过“一卡通”等先进技术手段，将有关财政补贴直接发给农民。

（二）加大农村金融支持力度

党的十七届三中全会明确提出：“建立现代农村金融制度，创新农村金融体制，放宽农村金融准入政策，加快建立商业性金融、合作性金融、政策性金融相结合，资本充足、功能健全、服务完善、运行安全的农村金融体系。”由于农村资本要素市场建设相对滞后、农村信用体系不完善、农村融资风险防范机制不健全，金融机构贷款主要向大城市、大行业、大企业集中，用于农村发展的资金严重短缺，成为制约农村经济发展和农民增收的主要“瓶颈”。农户和中小企业贷款难的问题仍然突出。为了有效解决这一问题，应大力支持建立新型农村金融机构。一是支持国有资本、工商资本、民营资本、个体资本等各类资本到农村地区设立为当地农户提供金融服务的村镇银行。二是支持农民和农村小企业按照自愿原则，发起设立为入股社员服务、实行社员民主管理的社区性信用合作组织。三是鼓励商业银行和农村合作银行在农村地区设立专营贷款业务的全资公司。大力发展农村小额贷款，政府可以出资建立专门的农村信贷担保公司或给予农业小额贷款贴息，并对贷款项目严格把关，确保贷款项目有所盈利。同时，可采取农户联保贷款，实行农户信用评级制度，鼓励农户按时、提前还款，逐步扩大贷款规模，切

实解决农户贷款难的问题，促进农民增收。

(三) 进一步完善村级组织运转经费保障机制

农村税费改革前，村级组织运转经费主要通过向农民收取村提留解决；农村税费改革，特别是全面取消农业税后，由于村级集体经济发展缓慢，大部分成为“空壳村”，村级没有资金来源，村级经费主要依靠财政给予补助。目前，全国财政对村级组织运转经费保障水平为村均3万元左右。西部地区村均约2.5万元，中部地区村均3万元，东部地区村均约3.5万元，高的地方达到20万元左右。财政补助仅能维持村级组织低水平运转。随着经济社会发展和村级服务需求不断增多，村级组织运转经费保障问题更加突出，影响到村干部队伍稳定和村级组织作用的有效发挥，成为农民负担反弹的重要隐患。为充分发挥基层组织作用和村民自治组织功能，国家应进一步完善村级组织运转经费保障机制，促进村级组织建设。为进一步做好村级组织运转经费保障工作，2009年国家出台了完善村级组织运转经费保障机制、促进村级组织建设的文件，提出了村级组织运转经费保障政策措施，采取村级自我积累和政府适当补助相结合的办法解决村级经费问题，体现基本保障与重点倾斜相结合、激励与约束相结合、民主理财与监督检查相结合的原则。从实际出发，合理界定村级组织运转经费保障范围，将村干部报酬、村办公经费和其他必要支出作为保障重点；明确村级组织运转经费保障责任，县乡政府承担落实村级组织运转经费补助责任，中央和省级财政把村级组织运转补助纳入县级基本财力保障范围，逐步提高村级组织运转经费保障能力；合理确定村级组织运转经费保障标准，村干部报酬水平原则上以县为单位，综合考虑当地经济发展水平、农民人均纯收入、农村劳动力平均收入及村干部工作业绩等因素核定。村级经费保障机制的建立，有利于规范村级干部行为，减少可能向农民的摊派。

(四) 进行减轻农业用水负担综合改革

我国是一个农业灌溉大国。新中国成立以来，各级政府高度重视发展灌溉事业，农田灌溉面积从1949年的2.4亿亩发展到2006年的8.56亿亩，占全国耕地面积的46.8%，13个粮食主产省份农田灌溉面积占全国的68%，每年在灌溉面积上生产的粮食占全国总量的3/4以上，生产的商品粮占80%以上，经济作物占90%以上。农村税费改革后，农民负担得到大幅度减轻，但现行农业用水收费行为不规范，征管办法不尽合理，搭车收费、层层加码现象严重；农田水利设施投入欠账多，水利工程状况差，水量损耗大；水管体制改革滞后，收费养人、养人收费现象比较普遍等，导致不少地方农业用水负担较重，成为当前影响农业生产、农民增收的突出问题。

目前，农业用水负担构成较为复杂，地区差异较大，但基本上是以水利工程水费或以此名目衍生形成的，归纳起来主要有以下几种：一是国有灌区水利工程水费（指斗渠以上工程水费），由国有水管单位直接或委托向用水户收取。据水利部提供的情况，2006 年、2007 年两年国有水管单位平均实收水费约 53 亿元，占应收水费的 57.37%，也就是说，如果全额收取，总数将达到近百亿元。二是在国有水利工程不能覆盖的地方，由集体或个人经营的小型水利设施供水收取的水利工程水费。这部分负担各地差异较大，由经营者与用水户协商收取使用。比如，江苏机电排灌负担亩均约 40 元左右，陕西小型机电抽水费亩均约 90 元。三是基层水利管理机构收费。在水利工程水费上附加的用于末级渠系管护人员有关的开支是水利主管部门推行农民用水合作组织派生的费用，在灌区比较普遍。四是沿黄地区向农民收取河道清淤、沉沙池占地补偿、扬水站运行等附加费。这部分费用应该由政府投入，但基层财力不足，一般以水费名义收取，部分或全部转嫁为农民负担，有的地方甚至借此向农民乱收乱摊。比如，山东部分农民除缴纳水利工程水费外，还要缴纳上述费用亩均约 25 元，河南部分农民此项负担亩均约 58 元，一般占当地农民水费负担 60% ~80%。五是沿江沿湖地区排渍排涝费。这部分负担多集中在多汛易涝地区。减轻大湖区农民负担综合改革重点解决了五大湖区所在地负担问题，其他地区也或多或少存在这个问题，有的地方还比较突出。这项收费由地方政府根据防汛排涝排渍等支出需求按田亩或人头分摊。

据调查了解，当前农业用水负担重的问题，在黄河中下游地区主要是河道清淤疏浚任务重；在长江中下游水网地区主要存在灌溉与排涝双重任务；在黄河中上游等缺水地区主要是提水灌溉成本高；其他地区农民水费负担相对较轻。2008 年中央 1 号文件明确要求："进一步加强农民负担监管工作，推进减轻农民水费负担综合改革试点。" 2009 年中央 1 号文件进一步明确："启动减轻农业用水负担综合改革试点。" 由于农业用水负担问题牵扯面广，政策性强，情况十分复杂，推进改革既要积极又要稳妥。笔者认为，应着重处理好几个关系：

1. 中央统一指导与地方因地制宜的关系。我国地域广袤，地区之间自然和经济条件千差万别，水资源和农业灌溉区域特征明显，因用水条件不同带来的农业用水负担项目差异很大，负担水平相差悬殊，一个政策在不同的地方实施，其效果各不相同。因此，推进改革既需要中央的统一指导，统一思想认识，明确改革的目标原则和工作要求，更需要各地因地制宜地采取相应的政策措施，充分发挥地方的积极性和主动性，不搞一个模式，一个版本，更不能搞一刀切。

2. 统筹兼顾与突出重点的关系。农业用水负担问题既带有普遍性，又有明显的区域性，有的涉及若干省的问题，有的涉及若干市县的问题，但都直接关系到农业发展和农民的切身利益。总体上看，农业用水负担重的问题在粮食主产区更为突出，以黄河、长江中下游地区以及淮河、东北等地区为主。因此，地方推进减轻农业用水负担综合改革试点应统筹考虑区域特点，优先解决好粮食主产区农业用水合理负担问题，重点解决水费矛盾尖锐地区的问题。

3. 落实政策与体制创新的关系。从法规和制度层面来看，现行农业用水政策是明确的，但在实际操作中有待进一步完善。比如，农业灌溉水利工程水费征收标准有一套完备的核定办法和明确的计量征收要求，但因工程设施、管理水平等客观条件限制难以落实，成为某些地方向农民乱收费的载体。推进减轻农业用水负担综合改革试点，重在体制机制创新，应允许突破一些现有政策规定，通过试点，总结经验，完善政策。同时还要加强对水费收支的财政监管，取之于水，用之于水，改善农业灌溉条件。

4. 用水负担改革与水管体制改革的关系。农业用水负担的表象是农业生产成本和农民负担问题，但根子在于水利工程管理体制改革滞后、农村水利投入责任划分不清晰、政府投入不到位、水费政策不完善等。这两项改革的根本目标都是有利于促进农村水利事业加快发展，两者相互关联、相互促进、相辅相成。推进水管体制改革可以为减轻农业用水负担综合改革创造良好条件，减轻农业用水负担综合改革能够带动和促进水管体制改革的深入开展，但其工作重点各有不同。农业用水负担问题直接关系粮食安全和农民增收，尤其在当前国际金融危机的影响下，保持农业稳定发展、促进农民减负增收显得尤为重要。用水负担综合改革工作重点是减轻农业用水负担，并妥善处理因农业水费政策调整引发的相关问题。水管体制改革重点是理顺水管单位运行机制和水利工程的良性运行。两项改革要相互支持，共同推进。

5. 减轻农业用水负担与节约用水的关系。减轻农业用水负担后是否会造成农民节水意识淡薄、水资源浪费，是普遍关注的问题。从调查情况看，目前农业灌溉用水浪费主要是由于农业灌溉工程老化，输水损耗大，用水效率低，特别是末级渠系损坏严重造成的。2006 年我国农业灌溉用水有效利用系数仅为 0.46，许多地方不足 0.35。通过收取水费促进农业节水只是一种手段，且作用有限，关键是要理顺水利工程，特别是末级渠系投入的体制机制问题，同时合理发挥收费杠杆的节水作用。在减轻农业用水负担综合改革中，水费负担政策要因地制宜。在水费重、矛盾突出的地方，要使农民负担有明显减轻；在负担问题不太突出的地方，重在规范收费行为，努力做到应收尽收，促进负担公平。收取的水费要坚持取之于水、用之于水的原则，专项用于当地水利设施的建设维护，建立投入长效机制，同时鼓励农民通过"一事一议"、"筹资筹劳"参与末级渠系建设。因此，农业用水负担综合改革要把促进农业节水作为一项重要工作目标，通过经济、法律和必要的行政手段，大力推广节水技术，切实提高农业灌溉用水有效利用系数。

总之，水费问题政府关心、社会关注、百姓关切，应通过规范有关政策主体行为，特别是基层水管单位行为，理顺涉水利益关系，改革农村水管体制，加大财政支持力度，进一步减轻农民农业用水负担，促进农村水利设施的良性运行。

（五）着力扶持农民专业合作组织

近些年来，我国农民专业合作组织发展迅速，全国有专业合作社 20 多万个，为农民提供技术、信息、销售、运输、培训等服务，在促进农业发展、农民增收等方面发挥了重要作用，国家应给予扶持。扶持农民专业合作经济组织也是国际通行做法。例如，德国对合作社的管理费用，第一年补贴费用总额的 60%，第二年为 40%，第三年为 20%；日本农协进行的获得政府同意的农产品加工项目的厂房、设备所需投资，50% 由政府提供。政府与合作组织的关系应当是支持，而不是主导取代。政府应引导更多信贷资金和社会资金投向农村，积极支持农村改革发展，允许有条件的农民专业合作社开展信用合作。政府应该从财政、金融、税收、贷款、保险等方面为农民专业合作经济组织的发展提供优惠和扶持，使农民专业合作组织成为农民利益共同体，加强资金扶持，在财政支农资金中安排一定资金，用于支持农民专业合作组织的发展。

（六）加强农村劳动力职业技能培训

推进新农村建设，走中国特色农业现代化发展之路，需要培养造就有文化、懂技术、会经营的新型农民。我国农民素质普遍较低是当前推进现代农业建设和新农村发展的一个制约因素，为此，应采取措施加强农民培训。例如，出台措施鼓励规范企业参与到职工技能培训中来；选择一些高危行业以及与农民工关系密切的行业，将它们纳入职业技能培训体系；对一些技术含量高的工种的从业人员，进行职业培训和技能鉴定，采用发放培训补贴和免收鉴定费的形式鼓励农民工参加；组织农民工职业技能竞赛。同时，对农村未能升学的初、高中毕业生组织进行预备制劳动力职业技能培训。

（七）探索农业科技推广新模式

农业增效、农民增收的根本出路在于农业先进科技的推广运用。农业科技推广应结合农村实际采取多种模式，讲求实效，不搞花架子。

1. 以点带面法，即在推广的范围内，选择一个或多个点进行重点培植，将所确定的新品种、新技术、新方法（俗称“三新”）运用到所选的典型户、典型点上去。试点的多少依据科技力量而定，不宜过多，而应力求成功。试点分布也应尽量均衡且有代表性，以便扩大带动范围。“三新”法适用于人手较少且推广难度较大的地区。

2. 科技培训法，即在推广范围内，针对不同情况，选择带有共性的技术课题，举办科技培训班，使生产者通过培训提高业务能力和技术水平，同时接受和更新知识。

3. 现场观摩法，即在推广范围内，先由科技人员或技术能人运用先进技术创办示范基地，成功后组织参观或召开现场会，让创办人现身说法。此法是让事实说话，看得见摸得着，事半功倍，效果往往出乎意料。值得注意的是，基地不能贪大求洋，应注重效益，具有普遍推广价值，使生产者学得会、投得起、用得上。

四、理顺农产品价格机制，完善农村资源补偿制度

这一问题具有共性，带有普遍性，应抓住我国粮食连年增收的大好形势，理顺农产品，特别是粮食价格机制，健全农业资源补偿制度。

（一）理顺农产品价格

当前应抓住应对国际金融危机、粮食总体形势较好的机遇，不失时机地理顺农产品价格，促进农民增收。按照价值规律办事，防止“谷贱伤农”，研究农产品保护价格长期稳定机制，以此作为让农民增收的手段，并辅之以对城市低收入群体给予补贴，理顺价格及其相关利益的关系。例如，可直接提高猪肉价格，刺激农民养猪，进而实现农民增收，同时补贴城市低收入人

群，使其能承受猪肉涨价带来的增支负担，并形成动态调控机制。用市场经济手段解决城乡经济运行中出现的问题，政府适度宏观调控，建立农产品价格良性形成机制，避免对农产品市场过多的行政干预，减少相机决策因素。

（二）完善土地征用补偿制度，切实保障失地农民的权益

应在坚持农村土地家庭承包经营制度的前提下，实行最严格的耕地保护制度和最严格的节约用地制度。按照“依法、自愿、有偿”的原则建立和完善土地流转市场，着眼于控制耕地征占规模，提高农民土地征占补偿水平，增加农民财产性收入，切实保护农民合法权益，妥善解决失地农民的就业、社保等后续问题。在推进城镇化建设过程中，对进城定居并有稳定就业的农民，及时办理城市户籍手续，并解决好农村社保与城市社保政策的衔接。探索城乡土地综合利用的路子，研究进城农户宅基地、承包地有偿还转让问题，避免农用耕地“撂荒”。

（三）完善农村资源补偿机制

在矿产资源开发中要照顾到当地农民利益，国家征收的矿产资源补偿费、垦复费，应主要用于当地土地恢复整治。所有的矿产资源开采企业不论企业所属地在哪里，都应该在矿产资源开采地登记注册，就地缴纳所得税，让资源地享受利益。对新增的矿产资源初级产品，当地具备条件的，应多留一部分在当地进行深加工，延长产业链，推动当地走资源工业发展的新型道路，资源优势转变为经济优势。资源的有限性、不可再生性决定了资源供需矛盾将长期存在，资源价格必然呈上涨趋势。为了保证资源地的利益，促进合理节约利用资源，应改革资源税计征办法，将资源税从量计征改为从价计征，提高资源利用对地方的贡献率，促使地方加快基础设施建设和资源的开采力度。国家应建立资源地环境治理和生态保护专项转移支付补助机制，以满足资源地环境保护和生态治理支出需求，造福资源地人民群众，更好地构建和谐社会。

五、加快农民负担监管立法进程，建立长效机制

（一）界定农民合理支出与不合理负担

农民正常的支出和城镇居民一样，应成为农村居民支出，不能叫负担。通过统计部门调查农民日常生产生活所必须承担的合理负担，同时明确农民所承担的工农产品剪刀差形成的隐性负担，即农民出售农产品时低于其价值、购买工业品时高于其价值的损失部分，以及制度外负担，即各种针对农

民的乱收费、乱罚款、乱摊派、乱集资。这类负担超出了制度、法律的规定，其性质等同于对农民合法收入和财产的掠夺，必须坚决制止。

（二）加快立法进程

应进一步明确农民的权利和义务，将行之有效的管理办法和政策上升到法律高度，加强权威性、有效性，规范政府行为。程序法和实体法是形式和内容的关系，程序法保障实体法正确地实施，没有程序法的保障，实体法形同虚设，而现行的农民负担立法中程序立法远远滞后于实体立法，应着重加以建设和完善。比如，农民行使某些合法权益的程序立法（控告、检举权的行使程序），有关单位履行某些法定义务的程序立法（农民负担监督管理部门履行监管职责的程序）和追究违法行为人法律责任的程序立法等。

（三）健全部门分工，创建责任明确的农民负担监管工作机制

全面落实党政一把手负总责，各部门分工负责的工作责任制度。进一步明确政策主体和利益主体，各级党委政府及农业、监察、财政、农工办、审计、教育、价格等部门建立健全领导和工作机构，密切配合，发挥各自职能，形成监督管理合力，把减轻农民负担工作列入重要议事日程。强化工作职能，突出工作重点，做到年初有部署、年中有督查、年底有验收，形成从中央到地方网络化、制度化的农民负担监督管理体系。

第十二章 关于农村新型社会化服务体系建设问题

农村社会化服务内容丰富，包括农村社会保障、农村教育、农村文化、农村金融和农业科技等等。推进农村新型社会化服务体系建设，有利于促进城乡公共服务均等化，改善民生；有利于提高农民科学文化和思想道德素质，促进农村文化大发展大繁荣；有利于发展农业生产，确保农业增产和农民增收；有利于加强和创新社会管理，保持农村社会和谐稳定；有利于发展现代农业和建设社会主义新农村，促进农业农村经济社会持续快速健康协调发展。这无疑是深入贯彻落实科学发展观的重大举措。

第一节 关于农村社保问题

社会保障体系是社会发展和经济运行的“稳定器”和“安全阀”。十七大报告明确提出“加快建立覆盖城乡居民的社会保障体系”，这是党中央着眼于推动科学发展、促进社会和谐、实现全面建设小康社会奋斗目标作出的重大决策和部署。近年来，国家大力推进农村社会保障体系建设，保障了农村社会和谐稳定发展。

一、近年来推进农村社会保障体系建设的主要措施

随着我国工业化、城镇化的深入发展，以及计划生育政策的影响，农村

劳动力转移进程加快，当前农村以家庭为单位、以土地为来源的保障模式不断受到冲击，建立覆盖城乡居民的社会保障体系的要求越来越迫切。为此，中央着力健全农村社会保障体系。

（一）建立覆盖全国的农村最低生活保障制度

在前期试点的基础上，2007 年，中央提出在全国范围建立农村最低生活保障制度，将符合条件的农村贫困人口全部纳入保障范围。保障对象是家庭年人均纯收入低于当地最低生活保障标准的农村居民，原则上按照申请人家庭年人均纯收入与保障标准的差额发放。农村最低生活保障资金的筹集以地方为主，地方各级人民政府将农村最低生活保障资金列入财政预算，省级人民政府加大投入，中央财政对财政困难地区给予适当补助。

（二）开展新型农村养老保险试点

"十五"时期到"十一五"之初，国家一直鼓励各地探索建立与农村经济发展水平相适应、与其他保障措施相配套的农村社会养老保险制度。2009 年，国务院成立新农保试点工作领导小组，开展新型农村社会养老保险试点，其基本原则是"保基本、广覆盖、有弹性、可持续"，目标是探索建立个人缴费、集体补助、政府补贴相结合的新农保制度，实行社会统筹与个人账户相结合。政府对符合领取条件的参保人全额支付新农保基础养老金，其中，中央财政对中西部地区按中央确定的基础养老金标准给予全额补助，对东部地区给予 50% 的补助。地方政府对参保人缴费给予补贴，补贴标准不低于每人每年 30 元。养老金待遇由基础养老金和个人账户养老金组成，支付终身。中央确定的基础养老金标准为每人每月 55 元，地方政府可以根据实际情况提高基础养老金标准。个人账户养老金的月计发标准为个人账户全部储存额除以 139（与现行城镇职工基本养老保险个人账户养老金计发系数相同）。针对原来已开展以个人缴费为主的完全个人账户农村社会养老保险的地区与新农保如何衔接的问题，中央也作出了安排。

（三）完善农村"五保户"供养等社会救助体系

2006 年，国务院通过了新修订的《农村五保供养工作条例》，实现了农村五保供养对象从农民互助共济向政府财政保障为主的重大转变。中央财政在逐步加大对困难地区补助力度的同时，各地依据当地农村五保供养标准和农村五保供养对象数量合理安排资金，把农村五保供养资金纳入地方人民政府财政预算。有集体经营等收入的地方，从收入中适当安排资金或实物，用于补助和改善农村五保供养对象的生活。同时，加强农村五保集中供养服务机构建设，资助农村五保对象参加当地新型农村合作医疗，并将患大病的农村五保供养对象纳入医疗救助范围，改善农村五保分散供养对象的住房条件。

（四）建立健全被征地农民的社会保障制度

2006 年，国务院办公厅转发了《劳动保障部关于做好被征地农民就业培训和社会保障工作指导意见的通知》，指出将做好被征地农民社会保障工作作为征地制度改革的重要内容，要求地方各级人民政府要明确保障对象，合理确定保障水准，社会保障所需资金从当地政府批准提高的安置补助费和用于被征地农户的土地补偿费中统一安排，不足以支付的，由当地政府从国有土地有偿使用收入中解决。有条件的地区，地方财政和集体经济要加大扶持力度，支持和引导被征地农民参加城乡社会保险，加强就业培训和社会保障工作，尽快建立适合被征地农民特点与需求的社会保障制度，采取有效措施落实社会保障资金，促进被征地农民实现就业和融入城镇社会，确保被征地农民生活水准不因征地而降低，长远生计有保障。对于没有出台被征地农民社会保障实施办法，或被征地农民社会保障费用不落实，以及没有按规定履行征地报批前有关程序的，一律不予报批征地。

（五）探索建立农民工社会保障体系

自 2006 年始，中央就提出要逐步建立务工农民社会保障制度，加快制定低费率、广覆盖、可转移、与现行制度相衔接的农民工养老保险办法，并扩大工伤等保险的覆盖范围，解决养老保险关系跨社保统筹地区转移接续问题。有条件的地方，可直接将稳定就业的农民工纳入城镇职工基本养老保险。已经参加城镇职工基本养老保险的农民工，用人单位要继续为其缴费。所有用人单位必须及时为农民工办理参加工伤保险手续，并按时足额缴纳工伤保险费。要加快推进农民工较为集中、工伤风险程度较高的建筑行业和煤炭等采掘行业参加工伤保险。

（六）稳步推进新型农村合作医疗和特困人口医疗救助

2003 年 1 月，国务院办公厅转发《卫生部、财政部、农业部关于建立新型农村合作医疗制度的意见》（国办发［2003］3 号），提出从 2003 年先行试点，以到 2010 年实现在全国建立基本覆盖农村居民的新型农村合作医疗制度为目标，建立从中央到地方由政府领导，卫生部门主管，相关部门配合，经办机构运作，医疗机构服务，农民群众参与的管理运行机制；建立以家庭为单位自愿参加，以县（市、区）为单位统筹，个人缴费、集体扶持和政府资助相结合的筹资机制；形成符合各地实际的统筹补偿方案，建立新型农村合作医疗，农民在本县（市、区）范围内自主选择定点医疗机构就医，现场结报医疗费用的结算报销办法；建立与新型农村合作医疗制度相互衔接、互为补充的医疗救助制度。

二、当前农村社会保障体系存在的问题

目前，我国初步建立了覆盖全国的农村最低生活保障制度，同时在部分地区就新型农村社会养老保险制度展开试点，以社会保险、社会救助、社会福利为基础，以基本养老、基本医疗、最低生活保障制度为重点，以慈善事业、商业保险为补充的社会保障体系初步形成。但是，社会保障体系仍然很不完善。

（一）制度建设有待进一步完善

目前，除《农村五保供养工作条例》外，我国其他农村社会保障内容均停留在政策层面，尚未上升到法律法规高度。作为社会保障制度核心内容，社会养老保险目前还没有建立起统一的、适用范围比较大的法律制度，养老保险费的征缴、支付、运营、统筹管理不规范。随着农村低保的全覆盖以及新农保的试点，各项社会保障内容之间的制度衔接还不到位，尤其是农民工参加城镇社会保障体系后，与农村社会保障的制度衔接仍需要进一步明确。社会救济、社会福利和优抚安置的立法相当欠缺。国家立法滞后，地方立法分散，现阶段农村社会保障工作的法制化、规范化水平不高，社会保障工作在许多方面只能靠政策规定和行政手段推行。因此，需要加快农村社会保障制度建设尤其是农村社会养老保险制度建设步伐。

（二）各项社保制度发展不均衡

各项社保制度建立时间不一，社保制度总体发展不均衡，除五保供养制度和最低生活保障制度外，农民工和被征地农民社会保障制度以及新农保制度基本处于刚刚建立或者试点起步阶段。全国参加城镇企业职工基本养老保险的农民工占全国农民工总量的比例非常低，人力资源和社会保障部数据显示：2008 年底不到 11%。由于失业和生育这两项保险对农民工来说不是十分急迫，农民工以及所在企业的参保意愿非常低，大多数农民工与这两项保险无缘，农民工基本未参加生育保险。此外，各地社保制度还受当地经济发展水平的制约，统筹水平不高，东、中、西部的农村社会保障水平差距较大。同城镇社会保障体系相比，农村社会保障事业发展更是明显滞后。

(三) 管理体制不尽合理

我国农村社会保障管理呈条块分割、多头治水的格局。名义上，民政部门是农村社会保障事业的主管单位，承担着农村低保、五保户供养以及其他社会救助等工作，但实际上，卫生、劳动、农业、扶贫等部门均在不同程度地承担着管理职能。这在一定程度上导致了各项社保制度衔接较难和效率较低。

(四) 保障标准低、范围窄，难以满足实际需求

这主要表现在指标有限，基数过低，社会化程度低，保障程度低，救济条件过于苛刻。在农村社会救助方面，农村低保、五保保障标准低，难以解决农村低保（五保）对象的实际困难；在新农合方面，受起付线、封顶线和用药的限制；在保障范围方面，农村养老保障制度仅在部分县市开展，大部分农村并未推广，未能把所有的农村老弱孤寡、残疾人以及因天灾人祸而不能维持最基本生活水平的社会成员囊括在内。被征地农民养老保险没有很好地落实，且被征地农民参保的各项费用难以落实到位，甚至出现征地报批不经劳动部门审核的现象。

(五) 基层管理薄弱

农村基层社会保障管理机构不健全、工作力量薄弱、设施条件简陋等问题比较突出。比如，全国平均每名县级新农合经办人员要负责3万名左右农民的参合经办工作，许多乡镇没有专门的社会保障机构，负责多项社会保障工作的民政岗位仅配备1名助理员，有的还是兼职。由于管理水平较低，制度不完善，农村社会保障在资格审核、资金发放等方面存在不够规范、随意性较大的问题。

(六) 农民工退保率较高

目前，养老保险只在部分省份实现了全省统筹，有的省份仍只是地市统筹，因此，农民工在跨省、甚至跨地市流动就业时，只能选择退保。高退保率的背后，实际上是我国社保政策法规的落后。随着2009年末《城镇企业职工基本养老保险关系转移接续暂行办法》的出台，今后农民工在跨区域转移就业时，养老关系有了相应的处理办法，预计今后退保率可能会逐年下降。

(七) 部分流动就业人员的保险关系难以转续

“分灶吃饭”的财政体制使得地区间的利益分割严重，造成社保地区间转移的障碍，统筹部分无法带出，流入地也不愿承受新增负担，在很大程度

上制约了劳动力和人才的自由流动。社会保险统筹层次不高，对转移接续在技术上也造成较大困难，省际间转续困难。

（八）城乡差距仍然存在

农村和城市仍实行两套办法，农民工参加城镇养老保险非常困难，失地农民纳入城镇社会保障也相当困难。

三、建立健全农村社会保障体系的政策建议

（一）加强制度建设

尽快起草农村低保、新农保、灾害救济等方面的法律法规，使农村社会保障工作做到有法可依、有章可循，把农村妇女生育纳入社会保障范围。抓紧时间制定新农保、被征地农民社会保障、农民工社会保障、农村低保、农村五保等制度的衔接办法，确保农村社会保障体系做到全覆盖。应尽快出台农村养老保险试点指导意见，制订全国统一方案，明确政府出资责任和比例，完善管理机构和管理手段，在有成功经验的地区先行试点，总结经验，逐步推开。

（二）增加资金投入

加大政府财政资金的引领作用，吸引农民参加农村社会保障。中央对中西部省份农村社会保障工作予以资金倾斜。对东部省份的贫困县、经济发展较慢的革命老区、少数民族地区等也应加大支持力度。逐步减少或取消贫困地区和欠发达地区的配套资金。对财政困难地区，建议增加省级财政的转移支付。明确地方政府财政对农村社会养老保险制度建设的投入比例。加强对农村社会保障经费管理与监督，确保专款专用。

（三）加强部门配合

通过适当形式，加快形成各司其职、各负其责、分工合作、齐抓共管的工作机制，提高工作效率。尽快建立和完善社会保障服务信息化建设，整合现有网络平台，逐步实现资源共享。在基层，特别是在乡镇一级，应整合劳动保障、新农合、低保和社会救助等社会保障工作力量，加强农村社会保障经办能力建设，形成工作合力。

（四）推进省级统筹

促进社会保险的省际间转续。确定建立社会保险省级统筹的时间表和实施步骤，确定跨区转续的基本思路和操作办法。可考虑参考个人既往缴费水平和社会平均工资水平，在协调相关省份具体利益的基础上，制定出一个转

移比例，对统筹基金按比例实行强制性提取，国家财政在转移支付中平衡各地区间的利益。

(五) 推动农民工养老保险工作进入实质阶段

尽快出台有关农民工养老保险的实施办法，本着既有利于农民工流动和养老金转续、携带，又有利于最终对接城镇职工养老保险或农村养老保险的原则，在短期内可实行过渡性的农民工养老保险办法，探索农民工个人账户方式，使社会养老保险尽快惠及这一特殊人群。

(六) 健全失地农民社会保障制度

在帮助失地农民实现再就业的同时，保障失地农民的基本生活和长远生计，尽可能将失地农民纳入城镇社会保障。

第二节

关于农村教育问题

百年大计，教育为本。近年来，党中央国务院高度重视教育工作，党的十七大作出了优先发展教育、建设人力资源强国的总体部署，并把努力使全体人民学有所教放在加快推进以改善民生为重点的社会建设的首位。2010年7月，党中央国务院召开全国教育工作会议，制定了《国家中长期教育改革和发展规划纲要（2010～2020年)》，对今后十年我国农村教育改革和发展作出了部署，对提升农民科技文化和思想道德素质，增强国民整体素质，缩小城乡发展差距具有重大意义。

一、近年来推进农村教育改革发展的主要措施

第一，建立健全农村义务教育管理体制和经费保障机制。积极落实2001年国务院颁布《关于基础教育改革与发展的决定》，改革以乡、村为责任主体的农村义务教育管理体制，确立“在国务院领导下，由地方政府负责，分级管理，以县为主”的体制；落实2005年12月国务院发布的《关于深化农村义务教育经费保障机制改革的通知》，明确农村义务教育经费保障机制改革；落实2006年9月修订实施的《新义务教育法》规定的教育经费的“三个增长”。2007年以来，提出进一步扩大免费范围，提高保障水平，健全保障机制，农村义务教育经费保障机制确立了“经费省级统筹落

实，管理以县为主”的原则，省级人民政府要负责统筹落实省以下各级人民政府应承担的经费，完善财政转移支付制度，确保中央和地方各级农村义务教育经费保障机制改革资金落实到位。

第二，加大对中西部农村教育支持力度。国家自2004年开始实施国家西部地区“两基”攻坚计划（2004～2007年），全力支持西部地区义务教育发展。“十一五”规划中列出的五项教育发展重点工程，其中三项与中西部农村教育直接相关。推进义务教育均衡发展，不断提高中西部农村教育师资水平，引导促进教师资源在地区城乡间流动，推动形成城镇教师支援农村、高校毕业生支援农村、大学生志愿服务西部、师范生到农村实习支教的多渠道师资补充和流动机制，促进公共教育资源向农村、中西部地区、贫困地区、民族地区以及薄弱学校、贫困家庭学生倾斜，加大政府对困难地区和困难群体的支持力度，加大东部地区对西部地区农村教育发展的支持力度，做好各地区城市对农村学校的对口支援工作，努力缩小地区、城乡之间的差距。

第三，加大对农村贫困学生就学的资助力度。为解决家庭经济困难学生的就学问题，国家实施了多项措施，包括农村中小学贫困学生“两免一补”、国家助学奖学金、助学贷款等政策，资助农村、城市家庭经济困难及涉农专业学生接受中等职业教育。

第四，改善农村办学条件。“十一五”期间，继续贯彻落实改善农村办学条件政策，继续实施2004年开始实施的农村寄宿制学校建设工程和农村中小学现代远程教育工程，建立农村义务教育阶段中小学校舍维修改造长效机制，并开始实施中西部农村初中校舍改造工程、新农村卫生校园建设工程和职业教育基础能力建设工程。

第五，提高农村教育师资水平。党的十七大提出“加强教师队伍建设，重点提高农村教师素质”的要求。“十一五”期间，国家通过巩固和完善农村中小学教师工资保障机制，引导东中西部、发达与落后地区、城镇和农村教师资源合理流动，实施一系列重大工程，加大对农村教师的培训力度等措施来提高农村教育师资水平，创新农村教师补充机制，启动“农村义务教育阶段学校教师特设岗位计划”，实施城镇教师到农村任教服务和定期交流制度，缓解了中西部农村地区教师数量不足的突出问题。

第六，大力发展农村中等职业教育。为培养新型农民和促进农村劳动力合理转移就业，“十一五”期间，国家继续加大对职业教育的支持力度，重点发展中等职业教育，尤其重点支持面向农村学生的中等职业教育，部署开展农村妇女职业教育和技能培训。国家以注重实用性、促进就业为导向，从增加投入、提高职业教师素质、探索完善适合中国特色的职业教育教学制度和人才培养模式等几个方面，大力推进职业教育，尤其是中西部地区和农村中等职业教育的发展。2010 年 1 月，教育部《关于做好农村妇女职业教育和技能培训工作的意见》将“培养一大批新型女农民”作为培育有文化、懂技术、会经营的新型农民的重要内容，提出“三个开展”——开展农村妇女中等职业教育、开展妇女大专学历教育和开展农村妇女技能培训。

七是清理化解农村义务教育。2007 年，在中央经济工作会议上，温家宝总理提出通过增加中央和省级财政投入，用 3 年左右的时间，基本化解农村义务教育的历史债务，下发《国务院农村综合改革工作小组关于开展清理化解农村义务教育“普九”债务试点工作意见的通知》，开展化债工作。目前，农村义务教育化债工作已基本完成。

二、当前农村教育发展存在的问题

在一系列政策措施的推动下，我国教育和农村教育均取得了巨大的成就：2009 年，全国普及九年义务教育人口覆盖率和初中毛入学率均达到 99% 以上，进入全面普及和巩固的新阶段；中西部地区农村义务教育普及程度和质量明显提高。农村义务教育投入保持增长，农村义务教育生均预算内事业费和公用经费实现较大幅度增长。西部地区“两基”攻坚计划如期完成。农村义务教育已全面纳入财政保障范围，对全国农村义务教育阶段学生全部免除学杂费，全部免费提供教科书，对家庭经济困难的寄宿生提供生活补助，对中等职业学校农村家庭经济困难学生和涉农专业学生免除学费。教师紧缺的矛盾总体上得到缓解，小学、初中教师学历达标率提高，城乡教师资源差距缩小，基本解决了拖欠教师工资的问题，农村职业教育获得较快发展，但是，仍存在以下一些问题：

第一，农村义务教育财政保障水平需要进一步提高。（1）农村中小学公用经费保障水平偏低。目前的公用经费基准定额为：中西部地区小学 300 元/年·生、初中 500 元/年·生；东部地区小学 350 元/年·生、初中 550 元/年·生，仅能维持基本运转。农村义务教育学校公用支出实物消耗定额研究显示，农村中小学公用经费近期标准应达到小学 550 元/年·生，初中 750 元/年·生。（2）“一补”标准偏低。目前补助标准为小学 2 元/天·生，初中 3 元/天·生。据调查，多数地区每生每天的生活费实际支出达 7 ~ 10

元，远高于目前标准。(3) 农村中小学的硬件条件与办学标准的差距仍然较大。如农村小学和初中的生均校舍面积分别比国家基本标准低1.32平方米、1.26平方米。(4) 留守儿童（约3 000万人）和随父母进城儿童（约2 000万人）的教育仍有待进一步大幅度改善。

第二，城乡师资和工资水平差距较大。全国小学中高级职务教师的比例，城市高于农村。教师工资收入水平城乡差距依然较大，全国农村小学、初中教职工人均年工资收入也大大低于城市教职工。

第三，城乡、地区间教育发展不均衡。农村义务教育还没有实现完全普及，进一步发展的基础薄弱，特别是在我国中西部地区和其他落后的农村地区表现更为突出。农村教育缺资金、缺设备、缺教师的现象在一些地区仍比较严重。农村教师在数量和结构上的双重短缺，致使农村教师学历达标率远低于城市，且很多是在职进修学历；大量农村教师无法胜任素质教育，特别是新教改的要求。各类实验、示范、重点学校等优质教育资源几乎全部集中在城区，一些农民几近倾家荡产为孩子缴纳“择校费”，更多农民只能望“洋”兴叹。

第四，农村学前教育基本是空白。目前，绝大部分地区基本没有农村幼儿园，农村学龄前儿童不能就近就地入托，条件好的农户不得不寄居到乡镇或县城所在地入学，条件差的农户，学龄前儿童只能“放羊”。

第五，农村职业教育相对薄弱，仍然是我国教育事业的薄弱环节。

三、大力发展农村教育的政策建议

第一，建立政府统筹的教育均衡发展体制机制。建立城乡统筹均衡教育发展体制机制，“一盘棋”统筹规划城乡教育规模、结构、布局；“一个标准”统筹配置城乡办学条件；“一体化”统筹配备城乡教师队伍。同时，逐年加大城乡，特别是农村教育投入，确保学校正常运转和科学发展。

第二，实行对农村教育倾斜政策。经费投入向农村倾斜，经费保障向农村贫困学生倾斜，教师工资和福利待遇向农村教师倾斜。要切实解决农村职业教育投入不足、专业不适、基础设施不完备等问题。

第三，强化政府公共服务职能。完善教育财政投入机制和教育经费转移支付制度、资助扶持政策，建立多元化农村教育投融资机制。如在城市土地出让金中，坚决拿出一定比例用于农村教育。构建充分体现城乡教育统筹、协调发展的考核指标体系，加强监督，推进城乡教育统筹发展各项工作的落实，根治教育城乡差距的多年顽症，推进教育公平。

第四，预防新的教育债务产生。在农村义务教育经费保障机制实施后，在切实解决“普九”债务的基础上，保障农村义务教育经费保障机制的顺利实施，预防新的教育债务产生。对涉及农村义务教育的建设项目应由县级人民政府通盘考虑，确需建设的项目要用政府财政性资金解决，不留资金缺口。

第五，加大财政投入。落实财政教育支出达到 GDP 的 4% 的目标要求，调整教育支出结构，大力发展农村学前教育和职业教育，积极创造条件实施 12 年制义务教育。

第三节
关于农村文化问题

文化是民族的根，民族的魂。我国是一个农村人口占多数的农业大国，农民是新农村建设的主体，农民科学文化和思想道德素质的高低，对促进农村文化大发展大繁荣、建设社会主义新农村和保持农村社会和谐稳定意义重大。

一、近年来促进农村文化发展的主要措施

2005 年 11 月，中央办公厅、国务院办公厅联合下发的《关于进一步加强农村文化建设的意见》明确要求：加强乡村文化设施建设，坚持以政府为主导，以乡镇为依托，以村为重点，以农户为对象，发展县、乡镇、村文化设施和文化活动场所，构建农村公共文化服务网络。2006 年 1 月，中央下发《中共中央　国务院关于深化文化体制改革的若干意见》中指出：要加强农村基层文化建设，促进文化资源配置向农村和中西部地区倾斜，加大文化资源向农村的倾斜力度，大力培育和开拓农村文化市场。党的十七大提出要推动社会主义文化大发展、大繁荣，特别是要重视城乡、区域文化协调发展，着力丰富农村、偏远地区精神文化生活。各级政府认真贯彻落实中央决策部署，把文化工作的重点向农村倾斜。“十五”期间，确定文化工作重点在基层，基层文化工作重点在农村的思路，以基本文化阵地、队伍、活动内容和方式的“四基”建设为重点和中心环节，夯实基层文化工作基础。“十一五”期间，提出要加强农村文化建设，具体政策的制定主要基于增加

政府投入、调整资源配置、加大文化资源向农村的倾斜、建立农村文化建设的长效机制等几个方面，主要着力点是推进农村文化建设的五项重点工程：

一是广播电视“村村通”工程。积极落实建设资金，加大政策支持力度，健全推进村村通工程长效机制。其主要目标是：全面实现20户以上已通电自然村村村通广播电视，力争使现有20户以上自然村广播电视盲点的农民群众能够收看收听到中央主要媒体广播电视节目。同时，通过加强无线覆盖，使80%以上的农村人口能够用电视机、收音机直接收看收听到中央电视广播节目。

二是农村电影放映工程。制定了全国“十一五”农村电影放映工程建设规划，加快农村电影放映工程建设，规范农村数字电影发行放映工作，健全农村电影放映管理制度。

三是乡镇综合文化站建设。制定了“十一五”全国乡镇综合文化站建设规划，中央补助投资主要用于中西部地区，尤其是向国家扶贫工作重点县及向西部地区以及中部六省比照西部政策的县（市、区）倾斜，并要求东部地区积极落实建设资金，按时完成规划建设任务。同时指出，到2010年，全国所有农村乡镇建立具备综合服务功能的文化站和具有较高专业素质的文化站工作队伍，以及合理有效的农村乡镇文化管理体制，乡镇公共文化服务能力有显著改善；乡镇综合文化站成为当地农村思想道德教育的重要阵地，丰富农民群众精神文化生活的重要场所和传播科学文化知识的重要课堂，成为农村乡镇社会事业发展的平台。

四是文化信息资源共享工程。要求保证资金投入，建立和完善以国家中心、省级分中心、市县支中心、社区和乡镇、村基层服务点为主体的五级服务体系，作好农村党员干部现代远程教育工程与全国文化信息资源共享工程的资源整合工作。目标是到2010年，实现县县建有支中心，乡乡建有基层服务点，努力实现“村村通”；重点支持边远贫穷地区乡镇、村基层服务点建设，使县分中心总计达到2 010个，基本覆盖所有的县；建设3.8万多个乡镇基层中心，建成覆盖所有乡镇的工程基层网络；行政村的基层服务点达到32万个，覆盖50%的行政村。

五是农村书屋。2007年上半年，下发了《农家书屋工程实施意见》，对实施农家书屋工程的原则、目标和任务等进行了具体部署。国家规划“十一五”时期在全国建成农家书屋20万个，2015年基本覆盖每个行政村。2007年8月，中央办公厅、国务院办公厅下发了《关于加强公共文化服务体系建设的若干意见》，明确了包括农家书屋工程建设的指导思想和目标任务。这些重大工程的实施，极大地改善了农民的文化生活，促进了农村文化事业的发展。

二、当前农村文化发展存在的主要问题

“十一五”期间，国家加大了对农村文化建设的投入，大部分县（市）都建立了图书馆、文化馆等基础设施，农村文化事业建设取得了很大成就，但发展相对滞后的局面并没有根本改观，依然是经济社会发展的薄弱环节。农民文化需求难以得到满足，少数农民转而通过宗教、赌博等方式来寻找精神寄托，少数地方低俗、反动文化乘虚而入，黄、赌、毒沉渣泛起，各种迷信活动死灰复燃，各种盗版书刊、非法音像制品、淫秽色情光碟被大量出售和出租，破坏了淳朴的乡风。究其原因，主要是：

一是认识不足。有些领导对农村文化建设的重要性认识不足，重视不够，存在“经济是硬指标，文化是软指标”的错误观念，对文化建设在农村经济、社会和人的全面和谐发展中的重要地位和作用认识不足，工作摆不上位置。从文化系统自身看，对文化走向市场，推进文化产业，加快文化体制改革尚缺乏应有的思想准备。有些地方政府把农村文化建设搞成面子工程，忽视了农民的需求，开展农村公共文化服务体系建设工作不扎实。

二是文化基础设施比较薄弱。农村各类文化资源紧缺，乡镇文化站无办公地点、无活动场所、无基本文化设施的“三无”现象非常普遍。村级文化活动室多数没有图书和必备的文化活动器材及用品，专门的文化活动场所更是寥寥无几。相当多的乡镇文化站设施都比较落后，尤其是一些中西部地区，可供广大农民消费的文化资源总量偏少，质量不高，有关高端科技产品没有广泛地引入到农村文化建设中，在很大程度上影响了先进文化在农村的传播。

三是文化人才队伍参差不齐。从事农村文化事业的专职人员严重缺乏，各乡、村的文化管理人员多是兼管或代管，无专业人员，对文化工作及其职能认识不清，无法尽职尽责地完成工作。专业学校毕业、科班出身的专业人才大多留在城市发展，目前农村的经济发展水平和生活环境难以挽留住这些人才。多数乡村没有文化专业人才和业余骨干分子，部分乡村虽有一些民间艺人和文化活动活跃分子，但由于受客观条件的限制，也无法充分发挥其活跃、带动农村文化活动的作用。

四是文化建设投入严重不足。部分地方虽然有“每年对文化建设的投入增幅不低于同级财政经常性收入的增幅”的意见，但由于社会事业发展历史欠账多，农村文化需求日益增加，县乡财政困难，加之一些领导干部认识上的不足，对文化事业投入极其有限，用于农村文化建设的资金更是严重不足，农村文化基础设施建设经费没有稳定保障，正常文化活动无法开展。

三、促进农村文化大发展大繁荣的政策建议

农村思想文化阵地是上层建筑的重要组成部分，健康的文化活动不去占领，低俗的东西必然乘虚而入，势必严重毒化农村的社会风气，诱发一些犯罪案件和不安定因素的发生。加强农村文化建设，要认真贯彻落实党中央国务院的一系列决策部署，特别是党的十七届六中全会通过的《中共中央关于深化文化体制改革推动社会主义文化大发展大繁荣若干重大问题的决定》提出的“加快城乡文化一体化发展”。要坚持把保障农民基本文化权益作为农村公共文化服务体系建设的出发点，加大投入，加大文化工程实施力度，完善农村文化基础设施，增加公共文化服务的资源总量，构建结构合理、发展平衡、网络健全、运营高效、服务优质、覆盖农村的公共文化服务体系。

一是提高文化工作认识。强化领导的文化意识，克服将文化工作视为可有可无，单纯追求 GDP 增长的急功近利思想和“一手硬、一手软”的片面认识和做法，将文化工作摆上日程。同时，基层组织也要改变“等、靠、要”的思想，积极主动地投身于文化建设，克服困难，推进文化产业。

二是转变政府工作职能。首先要明确政府及其文化主管部门对农村公共文化服务的“直管”与“监管”职能。在文化体制改革方面，可以合并县（市、区）文化局、广电局、新闻出版局，成立文化广电新闻出版局，统一履行文化行政管理职能。整合相关文化行政执法队伍，组建文化行政综合执法机构，实行统一执法。加快转变政府职能，明确文化行政管理部门职责，理顺文化行政管理部门与所属文化企事业单位的关系，推进农村公共文化服务体系建设。

三是构建财政保障和社会参与相结合的投入机制。对提供农村公共文化服务的公益性文化事业单位和需要特殊保护的文化事业单位，必须给予经费保障；对准公益性文化事业单位，应区别情况通过相应的财政补贴予以支持；对非公益性文化事业单位，给予政策扶持和引导；对有特色的民族民间文艺，要进行重点培育。要通过政策引导，鼓励农村公共文化服务体系的多

方投入，培育多元化的提供主体，鼓励社会各界，尤其是有条件有资质的团体、企业与个人参与农村公共文化建设，落实并完善对农村文化事业的捐赠和赞助实行减免税费的优惠政策，鼓励社会力量和民间资金开办文化设施，兴办文化企业。将农村基层文化设施建设纳入乡镇建设的整体规划，所需资金列入政府基本建设投资计划和财政预算。

四是构建村级农村公共文化综合服务平台。依靠乡村组织、农民个人等多种渠道，选择基础比较好的村先扶持、先挂牌、先建设，村级构建公共文化综合服务平台，整合各类文化资源。村级公共文化综合服务平台要整合好各类文化服务，同时应与上级文化服务平台紧密连接，实现文化资源共享。

五是充分发挥农民群众的主体作用。要发挥内因作用，建设本土的农村文化精英队伍，使广大农民群众由农村文化建设的旁观者和被动接收者，变成农村文化建设的最强有力的参与者和推动者，实现公办文化与民办文化的有机结合。

第四节

关于农村金融问题

金融是经济运行的血液，农村金融直接关系到农业农村经济发展。今年来，国家积极推进农村金融改革发展，取得了显著成效，但仍不能满足农业农村发展的需要，需要进一步改革完善。

一、近年来的主要改革措施

近年来，特别是“十一五”时期，在推进农村金融改革和发展方面，按照加快建立健全适应“三农”特点的多层次、广覆盖、可持续的农村金融体系的要求，国家积极推进各项改革。

一是健全农村金融组织体系。在深化农村信用社改革方面，自 2003 年起，开展了新一轮农村信用社管理体制和产权制度改革，建立县级联社，部分地方建立省级联社，完成了贷款五级分类工作，放宽对农信社增资扩股方面的限制。个人入股由 5/‰提高到 2%，股东由县域的企业法人或者社员放开为我国境内的所有企业法人或者自然人及外资，农信社筹资由只能在本地吸收存款或者向社员募股放开为可以走向市场、走向股市。部分农村信用社按照现代金融企业制度的要求，逐步完善“三会”议事规则，初步形成了决策、执行、监督相互制衡的法人治理体系。农业银行面向”三农”改革和金融服务创新方面，于2007年确定了中国农业银行股份制改革“面向‘三农’、整体改制、商业运作、择机上市”的“十六字”方针。同时，以建立完善现代金融企业制度为核心，2008年选择了部分二级分行开展“三农”金融部制改革试点，构建向“三农”业务倾斜的内部资源配置机制。2009年1月16日，中国农业银行股份有限公司（简称中国农业银行）正式成立；2009年7月，中国农业银行在A股和H股市场实现IPO。在积极拓展农业发展银行支农领域方面，2006年，农发行被批准开办商业性粮油种子贷款，将现有的粮棉油产业化龙头企业贷款范围扩大到农、林、牧、副、渔业范围内的产业化龙头企业，同时开办农业科技贷款业务。2007年，农发行被批准全面开办农业小企业贷款业务，开办农村基础设施建设、农业综合开发和农业生产资料贷款等新业务。2009年，农发行扩大县域存款业务范围，开办县域城镇建设贷款业务。邮政储蓄在农村地区开展信贷业务方面，自2005年起，全面推进邮政体制改革，实现邮政储蓄的独立商业化运作，由中国邮政集团公司全资组建“中国邮政储蓄银行有限责任公司”，实现了邮政和邮储的分业经营，开展存单小额质押贷款业务。目前，有农户联保贷款、农户保证贷款、商户联保贷款、商户保证贷款等四项贷款产品，服务对象主要是县域内的广大农户、个体工商户和私营企业主等经济主体。在发展农村小微型金融机构方面，2005年5月开始，启动商业性小额贷款公司试点，其资金来源为自有资金、捐赠资金或单一来源的批发资金形式，不吸收存款，不跨区经营，贷款利率由借贷双方自由协商。2008年5月，小额信贷公司试点扩大到全国范围，同时进一步明确了小额贷款公司试点的政策框架。银监会于2006年末发布了《关于调整放宽农村地区银行业金融机构准入政策的若干意见》，鼓励在农村地区新设“村镇银行”、“贷款公司”和“农村资金互助社”三类新型金融机构，支持各类资本参股、收购、重组现有农村地区银行业金融机构，并鼓励符合条件的金融机构在农村地区开设分支机构。在发展农业保险方面，从2007年开始，财政部选择部分地区开展中央财政农业保险保费补贴试点工作。财政部、省级财政部门、农户以及有关各方共同负担农业保险保费，只有在省级财政部门和农户分别承担一定比例保费的前提下，财政部才给予相应的保费补贴。到2010年，农业保险保费补贴试点已覆盖全国各省（自治区、直辖市），包括14个品种。

2007年，中国人民财产保险股份有限公司、中华联合财产保险公司和安华农业保险股份有限公司等国内主要经营农业保险的保险公司共同与中国再保险集团公司签订了政策性农业再保险框架协议，建立超赔再保险业务合作关系。

二是推进农村金融产品和服务方式创新。2008年10月，出台了《关于加快推进农村金融产品和服务方式创新的意见》（银发［2008］295号），选取中部六省和东北三省部分有基础的县、市，开展加快推进农村金融产品和服务方式创新试点。2010年，在全国范围内推进农村金融产品和服务方式创新工作，大力推广普及农户小额信用贷款和农户联保贷款，发展农村微型金融，提高覆盖面、满足率和服务效率；创新贷款担保方式，鼓励有条件的地方设立涉农担保资金或成立涉农担保公司，扩大贷款抵押担保品范围，探索开展涉农贷款保证保险，推广农村金融超市"一站式"服务和信贷员包村服务等。

三是加大对农村金融的政策支持。在财税政策方面，2009年，财政部开展县域金融机构涉农贷款增量奖励试点，对农村金融机构进行定向费用补贴，将涉农贷款进行风险分类后，按照比例计提的贷款损失专项准备金，准予在计算应纳税所得额时扣除。对涉农小额贷款的利息收入和保险业给予营业税、所得税优惠。在金融政策方面，对农村信用社实施差别存款准备金率，对新型农村金融机构执行倾斜的存款准备金政策。2009年，将支农再贷款的对象由农村信用社扩大到农村合作银行、农村商业银行以及村镇银行等设立在县域和村镇的存款类金融机构法人。支农再贷款的用途由发放农户贷款扩大到涉农贷款。对于在农村地区新设机构的商业银行，对其在城区机构和业务准入方面给予便利。同时，免征农村资金互助社的监管费，对其他农村金融机构的监管费减半征收。

二、农村金融改革的主要成效和当前的主要问题

改革开放30年来，我国农村金融经历了多次重大改革，目前逐步形成了由农业银行、农村信用社、农业发展银行、邮政储蓄银行、村镇银行、小额贷款公司等组成的农村金融体系，基本构建了分工合理、投资多元、功能完善、服务高效的农村金融组织体系，较为发达的农村金融市场体系和业务品种比较丰富的农村金融产品体系，显著增强了为"三农"服务的功能。但总的来看，农村金融仍是整个金融体系中最薄弱的环节，仍然制约着农业

农村发展，突出表现为：农村金融体系结构与运作机制存在严重缺陷，机构网点少，产品和服务单一，支农功能不强，农村资金大量外流严重，农户和农村中小企业贷款难的状况并没有得到根本改善。

一是从金融机构建设的角度来看，正规银行业金融机构在农村是有了，但非正规金融机构发育还非常滞后，部分农村地区金融网点还出现空白，新型农村金融机构发展缓慢。农村虽然有了金融机构，但是业务范围比较窄，网点覆盖率比较低，竞争也不够充分，不能适应多元化的农村金融需求，农村中小企业贷款难、农户贷款难的问题还比较突出。

二是从落实银行业金融机构支持“三农”的义务和责任看，操作层面上还缺乏具体的实施办法，政策规定还不够具体。比如，多少算是“主要”还没有一个明确的比例；当地发放的贷款是什么贷款也没有一个明确的规定；不落实了怎么办也没有建立起独立的考核机制。

三是从涉农金融机构市场定位看，表面上，农村金融组织体系层次分明，已形成了政策金融、商业金融和合作金融分工协作的金融格局。但在实际的工作中，农业银行、农业发展银行的市场定位已经发生了一定的转变，特别是农业银行、邮政储蓄银行的涉农信贷投放量控制得很严格，在此情况下，难免形成“一社”支“三农”，“三农”靠“一社”的局面，难以满足农村经济多样化、多层次的资金需求。

四是农业保险发展滞后。财政对农业保险支持力度不强，商业性农业保险发展缓慢，政策性农业保险体系亟待完善，大多数农民保险意识薄弱，还没有将农业保险作为规避风险的工具，有关法律法规尚待完善，政府在政策性农业保险中的作用和定位、对农业保险的支持原则、对投保人利益的保护等均有待进一步明确，缺乏巨灾保险支持体系。农民在金融借贷过程中缺少可供抵押、担保的财产，难以从正规金融机构获得贷款。调查表明，正规金融机构难以满足农民的借贷需要，农村中小企业获得贷款也相当困难，农村信用社仍存在亟待解决的问题，农村民间金融组织难以发挥应有的作用。进一步深化农村金融改革，增加农村金融供给，改善农村金融服务，仍然是农村改革发展中的一项重要工作。

三、推进农村金融改革发展的建议

农村金融改革应以建立分工合理、功能互补、适度竞争、可持续发展的多层次农村金融体系为总体目标，以健全多层次农村金融体系，建立有效的农村资金回流机制，发展农村社区基金和小额信贷机构，积极发展农业保险和农产品期货，改善农村金融发展环境为重要内容，为农业农村经济社会发展营造良好的金融环境。下一步应着力推进四个方面的工作：

一是改革农村金融机构。农村信用社改革要进一步完善法人治理结构，保持县（市）社法人地位稳定，发挥为农民服务的主力军作用；农业银行改革要坚持为农服务的方向，稳定和发展农村服务网络；农业发展银行改革要拓宽资金来源渠道，扩大支农服务领域，加大政策性金融对农业开发和农村基础设施建设的中长期信贷支持；扩大邮政储蓄银行涉农服务范围；加快培育村镇银行、贷款公司、农村资金互助社、地区性中小银行，引导农村民间借贷健康发展；支持有条件的农民专业合作社开展信用合作，鼓励农村小型金融组织从金融机构融入资金。在农村金融机构可持续发展和市场容量允许的基础上，适度放宽农村金融领域的准入标准，继续允许成本低廉，开展简单业务，能够维持微利的各类机构进入农村金融市场，探索开展适度放开和规范民间金融试点，逐步建立功能完备、分工合作、竞争适度的农村金融市场体系。

二是完善金融监管。加强和改进适应农村金融特点的金融监管方式，对不同类型的金融机构执行有差别的监管政策。对农村地区吸收存款的金融机构坚持按照有关规定进行监管，同时可适当放宽“只贷不存”类金融机构在信息披露、会计准则、风险控制乃至资本充足等方面的监管标准，降低农村金融服务成本，间接减轻农民负担。

三是改善农村金融服务。研究制定促进银行业金融机构将其在本地区吸收的存款主要用于当地发放贷款的政策措施，明确比例要求，建立独立考核机制。加快农业信贷和社区再投资法的立法进程，明确义务与责任，解决政策与《商业银行法》规定不一致的问题。加大对农村金融的政策支持力度，综合运用财税杠杆和金融政策工具，引导更多信贷资金和社会资金投向农村。大力发展小额信贷和微型金融服务，探索多种形式的风险补偿方式。在总结农村信用社小额信用贷款和农户联保贷款经验的基础上，鼓励在农村地区探索各种类型的信用贷款模式，进一步完善农村地区的信贷市场、保险市场、期货市场，鼓励农村金融机构根据当地农业发展的特点，发展各类与农产品期货市场、农业保险、订单农业生产相联系的新型贷款方式，发挥订单农业、农业保险、期货市场在抵御信贷风险中的重要作用。积极发展农业保险和农产品期货，降低农村金融的系统性风险。

四是培育农村社会信用体系。探索建立以农村社区为基础的信用登记制度，提高农民的信用意识，逐步建立符合农村特点的信贷担保体系，解决农村贷款“担保难”的问题，推广和完善农户小额信贷管理办法，完善农民的“联户担保制度”。针对农户和农村中小企业的实际情况，尽快研究多种担保办法，积极探索实行土地承包经营权、林权、权益质押等多种担保形式。鼓励各类信用担保机构积极拓展符合农村特点的担保业务，支持农村互助合作组织参与农业担保业务。

第五节 关于农业科技问题

实践证明，科技进步已经成为支撑现代农业、繁荣农村经济的决定性因素，成为确保国家粮食安全的坚实保障。“十一五”以来，党中央国务院高度重视农业和农村科技工作，2006 年在国务院发布的《国家中长期科学和技术发展规划纲要》（2006～2020 年）中，特别提出今后农业科技发展的方针、原则、目标任务及重点领域和优先主题，在其他一系列中央文件中，也均把提高农业科技创新能力作为重要内容。

一、我国农业科技发展的现状

我国政府在“十五”和“十一五”时期都先后出台和颁布了一系列政策和法规，强调加强农业科技、教育和技术推广工作，为农业科技发展打下了坚实基础。

一是农业科技体制改革得到稳步推进，农业科技创新体系建设也取得了较快的发展。党的第十七届三中全会再次强调，农业发展的根本出路在于科技进步。顺应世界科技发展潮流，着眼于建设现代农业，国家大力推进农业科技自主创新，加强原始创新、集成创新和引进消化吸收再创新，农业科技创新体系建设不断取得新的发展和进步。一是启动实施转基因生物新品种培育科技重大专项。实施这一重大专项的目标，就是要获得一批具有应用价值和自主知识产权的基因，培育一批抗病虫、抗逆、优质、高产、高效的重大转基因生物新品种，以提高农业转基因研究和产业化整体水平，为中国农业可持续发展提供强有力的科技支撑。

二是农业高技术研究取得新突破。先后独立完成了中国水稻籼稻基因组工作框架图、世界上第一张鸡基因组遗传差异图、世界上第一个家蚕基因组工作框架图等，这些成果均提高了我国在世界农业生物技术领域的地位。另外，我国的现代农业产业创新体系得到了稳步推进。

三是农民科技教育体系初步建立。科技的发展固然重要，人才的培养更不容忽视。“十五”以来，国家高度重视提高农民素质，出台政策要求大力开展农业科技培训和发展中高等农业职业教育，旨在提高农民的整体素质，培养造就有文化、懂技术、会经营的新型农民。各级政府、部门从各自的职能出发，出台了一系列政策，开展配套项目，普及农业科学知识，促进农民职业教育，初步形成了具有特色的农业职业教育体系和农民教育培训工作机制。

四是农业科技推广体系不断完善。针对我国的实际情况，先后组织实施了“四大作物综合生产能力科技提升试点行动计划”，大力发展农业科技入户工程，开展测土配方施肥，深化农业科技推广体系改革，实施基层农业科技推广体系改革与建设示范县项目等，提高了农业科技成果的入户率，增强了农技人员的积极性。

二、我国农业科技发展存在的问题

虽然我国农业科技发展和教育推广工作取得了显著的发展，但是仍然存在诸多有待解决的问题。

一是农业科技创新方面。目前，我国农业科技发展方面存在的突出问题在于自主创新能力不强，农技推广体系建设滞后，科技成果推广应用水平不高，运行机制有待完善，科研、教育、推广衔接不够。虽然我国的农业科技发展极力推广从大学走向农村的发展模式，但是并没有真正地将农业大学以及科研机构中的研究成果广泛地推向农户，科技转化率很低。

二是农民科技教育培训方面。（1）培训规模小。与4.8亿农民相比，目前的培训工作远远不能满足农民的培训需求。（2）投入不足，基础条件薄弱。中央和地方财政对农民培训资金投入虽有增加，但资金投入还远远不足，基层培训单位的设施和条件比较落后，不能适应农民教育培训工作需要。（3）培训机制不够完善。目前农民教育培训体系比较分散，缺乏活力和动力，农民教育培训工作的针对性和实用性还有待进一步提高。（4）缺乏法律保障。目前我国没有一部规范农民教育培训工作的法律文件，农民教育培训工作的随意性和人为干预性比较大，这与我国农民教育的战略地位和作用是极不相符的。

三是农业科技推广方面，推动现代农业发展的新型农业科技创新与推广体系还没有真正建立起来。（1）现行公共农业科研与推广体制的基本框架还保留着传统计划经济体制的特征，具体表现在体制安排行政化、科研创新主体建设滞后以及运行机制不畅等诸多方面。（2）民间农业科研与推广体系还处在发展初期，存在着总体科技创新能力薄弱、科技创新领域狭窄、推广覆盖面小，和无法担负起技术创新主体的重任等问题。（3）农业科技入户工程仍存在项目覆盖面小、资金支持力度不够、专家组无工作经费、技术指导员素质有待提高、入户内容相对单一、服务手段有待完善等问题。（4）农业技术的有效供给与农民的有效需求之间存在错位，农业科研成果的有效转化机制没有建立起来。

四是农业科技投入方面，2009 年，农业科技投入仅占 GDP 的 0.6%，而发展中国家平均为 1%，发达国家为 2% 以上。在农业科技投入总量不足的同时，存在使用结构不合理的问题，科研成果转化率低，说明科研项目选题与农村实际需要不相适应，科研经费使用效率不佳。

三、促进农业科技发展的政策建议

一是加大财政投入力度。不断增加农业科技财政投入，保障公益性农业科技基础研究、应用基础研究、应用研究有效进行，调动广大农业科技工作者的积极性，从根本上保证农业科技创新有序地进行，鼓励企业等市场主体投资农业科技开发和推广应用。

二是支持农业科技创新。建设一批国家级、部级重点实验室，农业科研基地，技术工程中心，农作物改良中心等，着力研究并突破带有普遍性的全国重大关键技术。各地要根据农业发展的要求，以自然、经济区划为基础，择优支持重点农业科研单位，形成纵向有层次、横向有分工的农业科研体系，不断强化基础性、关键性、战略性重大农业科学技术研究，强化技术集成配套，大力培育具有重大应用价值和自主知识产权的突破性科技成果。加强知识产权保护，重点抓好转基因重大专项和重大协作项目的组织实施。

三是推进农业科技成果转化。近 20 年来，我国平均一年获得农业科技成果约 7 000 项，但平均转化率只有 30% ~40%，仅就获高等级奖的成果统计，其平均转化率也只有 50% 左右。要大力开拓和发展农业技术市场，搞好技术、人才、信息、资金等生产要素的有效配置，加快科技成果转化，要处理好科研、推广、生产、经营各环节的利益分配关系，加强科技与经济有效结合，创立富有中国特色的农技推广模式。

四是大力发展高新技术产业，不断加强现代科技在农业领域中应用，力争在种业升级、农业机具、防灾减灾、质量安全、节能增效、环境保护等方面取得突破。探索适合我国国情和自然资源条件的工厂化农业、智能农业、生态农业等现代集约持续农业体系。继续以产品创新为中心，加速农业高新技术产业化，进一步研究和推广农业高新技术园区开发经营等产业化模式。

五是加强农业技术推广服务机构和队伍，认真贯彻落实《国务院关于深化改革加强基层农业技术推广体系建设的意见》（国发［2006］30 号），解决困扰基层农技推广体系的管理体制不顺、队伍素质不高、设施条件落后等问题，形成一支相对稳定的机构和队伍，保障充分履行公益性职能。

六是加大科技入户实施力度。农业科技入户工作机制和模式是新时期我国农技推广工作的创新之举，服务方式符合农民需求，经过几年的实践，机制基本成熟，成效十分显著。要强化科技入户工程，进一步扩大规模、拓展领域、提升质量、完善制度，增强示范户的科技意识，提高示范户的种田水平、自我发展能力和辐射带动能力，使示范户逐步成为观念新、技术强、留得住的“乡土专家”，成为发展现代农业的新型农民。

七是加强农业科技国际交流与合作。大力推进农业科技国际交流与合作，创新农业科技合作方式，加强人才的交流合作和引进力度，加大实施农业科技“走出去”和“引进来”战略。

第十三章 结　论

上述十个专题基本涵盖了当前农村综合改革的内容。经济在不断发展、社会在不断进步，改革内容也将不断丰富，改革进程将循序渐进，逐步深入。通过论证分析，可以得出以下几点结论：

一、农村综合改革重在破除城乡二元结构，进行体制机制创新

农村综合改革是改革开放以来，继农村家庭承包经营、农村税费改革之后的又一次农村重大改革，不仅涉及农村生产力与生产关系，而且更多涉及农村经济基础和上层建筑。农村综合改革承前启后、继往开来，通过改革和完善农村上层建筑的某些方面，创新体制机制，巩固农村税费改革成果，进一步解放和发展农村生产力。改革调整国民收入分配格局，重塑国家、集体和农民的分配关系，开启工业反哺农业、城市支持农村的新时代。在农村行政管理体制改革方面，明确转变政府职能，划分权责利关系，规范行政行为，推进基层民主建设。在农村经济体制改革方面，理顺国家、集体与农民的分配关系，逐步实现城乡统一税收制度，加强政府非税收入管理，规范税费征管行为。尊重价值规律，减少行政干预，理顺农产品价格形成机制，促进农业生产和农民增收。改革完善农村土地制度，建立健全土地流转市场，遵循依法、自愿、有偿原则，通过租赁、入股、转让、合作等形式，加快土地流转，促进规模经营，实现城乡土地同地同价，增加农民财产性收入。在财政管理体制改革方面，改革完善地方财政体制，正确划分地方各级政府事权和支出责任，并匹配相应财力，建立县乡基本财力保障机制，确保基层政权组织正常运转，增强基层政府提供公共产品和公共服务的能力。在社会事业发展方面，按照统筹城乡发展要求，加大对农村教育、卫生、环境保护、

社会保障、农业科技等方面的政府投入，合理配置城乡经济社会资源，建立健全农村社会保障制度，改善农村生产生活环境，全面提升新生代农民的科学文化水平，逐步形成城乡社会事业一体化发展新格局。

二、在农村政策主体和利益主体博弈中，应杜绝负和博弈，反对零和博弈，提倡合作博弈

农村综合改革实质上是对长期以来形成的国民收入分配格局的调整完善，既牵涉到中央与地方及地方各级政策主体，又涉及国家、集体、农民、企业、社会组织等利益主体，需要打破现有既得利益格局，必然触及政策主体权力的调整和利益主体利益的再分配。一方面，政策主体格局的形成是各级政府及部门，特别是中央与地方政府博弈的结果；另一方面，利益主体之间也在为争取各自利益而博弈，形成一种利益分配格局。两者在一个时期中处于暂时平衡状态，这种政策主体和利益主体格局是通过一定形式的体制机制来维系的。比如，建国初期的农村土地改革，从农户所有、农户经营，到后来的土地集体所有制、集体经营，到再后来的土地集体所有、家庭承包经营，都是政策主体和利益主体博弈的结果。随着政策主体权利和责任的上收下移，上有政策下有对策，博弈重新开始，利益主体之间矛盾日益积累，利益格局逐步被打破，当矛盾尖锐、问题凸显时，便孕育着新的一场改革的到来。由于我国政体稳定，新中国成立初期的中央、省、县三级政府，到20世纪80年代，逐步演变成中央、省、地（市）、县、乡五级政府。从政策主体来看，也随之由三级政府及部门增加为五级政府及部门；从利益主体来看，除以往涉及政府及部门、集体和农民外，增加了新的利益主体，比如农民专业合作组织、农业生产经营企业、农产品加工企业、涉农各类金融机构、农产品进出口公司等。农村税费改革前，农村政策主体和利益主体与农民的利益关系主要体现在农业税费上，农村税费改革取消了农业四税和各种专项涉农收费，初步理顺了国家、集体与农民的分配关系，利益载体不复存在，旧的农村政策主体和利益主体行为得到规范。在推进工业化、城镇化的过程中，农村政策主体和利益主体与农民的利益关系表现为多样性、复杂性，利益载体主要为土地、劳动力等农村资源。基层政府通过经营土地和城市，发展工业园区，低价征用农民土地，进行商业开发，土地增值让地方政府和开发商赚取，而农民得到的补偿低且补偿不到位。随着工业化、城镇化的推进，农村劳动力成为城市产业大军，而农村劳动力工资福利待遇比较低，城市劳动力工资福利待遇比较高，城市劳动者和农村劳动者存在工资报酬上的不平等。这种城乡资源同地不同价、同工不同酬的现象，形成了工农之间、城乡之间利益分配上新的剪刀差。又比如，20 世纪出现的乡村债务，一方面反映了农村基层政府与上级政府在政策、利益上的博弈，基层政府借债既不承担行政责任，也不承担经济责任，而且借债发展者创政绩，受到重用提拔，引起效仿，乡村债务规模越来越大，导致法不责众。另一方面反映了基层政府与农民的博弈，乡村政权组织借债投资或者消费，通过向农民收取税费来归还，乡村干部与农民之间经常发生利益上的博弈和冲突。基层政府从农民那里取得了一定收入，却因此伤害了老百姓的感情，动摇了党和政府执政的基础。从这个意义上来说，向农民收取的并不一定是政府得到的。这种既涉及多层级政策主体，又牵涉众多利益主体的负和博弈，是导致政令不畅、执政能力弱化、干群关系紧张、社会不和谐的根本原因。所以，应倡导多方主体合作，无论是政策主体之间还是利益主体之间，都应遵守游戏规则，依法依规办事，实现合作共赢，坚决杜绝负和博弈，反对零和博弈，倡导合作博弈。

三、农村公共产品供给中，应将项目决策机制由过去“从上到下”改为“从下到上”，探索更加有效的农村公共产品和公共服务实现形式

长期以来，受计划经济体制的影响，我国政府项目投资形成了由上到下的决策程序，从中央到省，再到市县，层层确定建设项目，由基层政府或部门层层向上申请，再由上到下层层审批下达，建设什么项目、投资额多大，由政府及计划部门从上到下说了算，而具体到某个地方民众，究竟需要政府提供什么公共产品和服务，受客观条件、主观意志的局限，不一定完全了解，而对广大民众对公共产品供给有知情权、发言权的基层政府和社会组织却无项目决策权，导致上面安排的项目不一定是基层和百姓所急需的，基层和百姓需要的项目，上级政府及部门不一定安排。政府提供公共产品和服务缺乏有效性，也不能够切实满足基层实际需求。这种决策机制已经不适应农村改革发展的新形势，也不符合公共产品最优供给理论，其弊端日益凸显。应改变公共产品和服务供给决策机制，采取由下到上的决策程序，即在进行农村基础设施、公益事业、公共服务总体规划的前提下，每年国家及有关部门根据国家财力状况，确定农村公共产品和服务投入总额，并分解到各省份及县区，按照投入数额大小划定项目审批权限，以县为单位组织进行。规定

额度以上的由省级审批，规定额度以下的由县级审批。具体建设项目由村民依照民主决策程序决定，是建水利设施，还是修路搭桥，抑或是整治村庄，改良土壤，由村民表决说了算。这种由下到上的决策机制，符合公共产品有效供给原理，有利于调动广大农民当家做主、建设美好家园的积极性，有利于推进农村基层民主政治建设，在我国农村经济社会发展中必将产生重大作用。农村公共产品和服务的需求具有多层次、多样性特征，其实现形式也应是多层次、多渠道的，既可以由基层政府部门直接提供，也可通过政府采购、招标投标等方式选择社会组织中介机构来提供，以供给直接、服务有效为原则，因地制宜，因事制宜，不一定事事都由政府部门亲自办理。

四、农村综合改革是一个系统工程，需要统筹规划，正确处理各种利益关系

首先，农村综合改革涉及农村经济领域和上层建筑，改革内容涵盖了农村的政治、经济、社会、文化等多方面，是一个庞大的系统工程，牵涉面广，政策性强，情况复杂。譬如，农村行政管理体制改革既涉及地方行政区划调整、政府机构设置和编制管理、干部人事管理、财政管理体制，又涉及中央与地方之间、部门与部门之间以及地方各级之间的利益博弈关系。一些改革，在进行主体改革的同时，还要进行配套改革，否则主体改革孤立推进，很难实现预期改革目标。因此，需要统筹谋划，分项推进，配套实施。目前进行的一些改革内容仅仅是诸多改革的一部分，农村综合改革应在现有基础上，按照统筹城乡发展要求，在建立健全城乡社会保障制度、改革完善农村土地制度、推进农村金融改革、完善农村社会化服务体系等方面深入推进，促进城镇化和新农村建设，以便在更大范围、更宽领域取得突破。

其次，需正确处理改革、发展与稳定的关系。农村综合改革涉及国民收入分配格局的调整，必然触及既得利益问题，关系到一些政府部门、基层干部、垄断行业、集体经济组织和广大农民的切身利益。既要改革上层建筑与经济基础不适应的某些方面和环节，建立与现代市场经济发展相适应的管理体制和运行机制，促进经济健康发展，又要充分考虑各方面的利益诉求和改革承受能力，正确处理好改革与稳定的关系，避免产生新的社会矛盾，引起大的社会波动。

再次，改革是一个历史过程，不可急于求成。纵观中国历朝历代农村分配制度改革，无论是春秋战国时期以“初税亩”为代表的履亩而税制，汉代的“三十税一”农业税收制度，唐前期的“租庸调”制度，唐后期的“两税法”，还是明代的“一条鞭法”和清代的“摊丁入亩”、“火耗归公”制度，改革都经历了漫长时间，短则五六年，长则几十年。改革既有险滩也有暗礁，既是一个历史任务，也是一个历史过程。借古启今，鉴往知来。推进农村综合改革是一个长期的历史任务，需要具备一定的物质基础和客观条件。从事农村综合改革工作既要解放思想，勇于改革创新，大胆探索实践，又要实事求是，脚踏实地，充分考虑改革的复杂性、长期性、艰巨性。改革政策性强，利益关系复杂，敏感度高，牵一发而动全身，稍有不慎，就可能引发新的矛盾，需要周密设计，统筹考虑，分清轻重缓急，循序渐进，不可能一蹴而就，毕其功于一役。

参考文献

1. B·J·理得、约翰·W·斯韦恩主编：《公共财政管理》，朱萍、蒋洪等译，中国财政经济出版社 2001 年版。

2. 布茂勇、魏庆山：“税费改革后农村公共产品供给不足的对策研究”，《乡镇经济》，2005 年第 6 期。

3. 陈锡文、韩俊、赵阳：“我国农村公共财政制度研究”，《宏观经济研究》，2005 年第 5 期。

4. 财政部科研所课题组：“乡村政府债务化解对策研究”，《财经论丛》，2004 年第 4 期。

5. 蔡继明、邝梅：《论中国土地制度改革》，中国财经出版社 2009 年版。

6. 陈朋：“农村公共产品的供给模式与制度设计思考教学与研究”，《教学与研究》，2006 年第 10 期。

7. 陈恒林：“农村教育债务透视”，《教育发展研究》，2005 年第 11 期。

8. 陈文胜：“乡村债务的社会公共危机研究”，《求索》，2006 年第 3 期。

9. 段应碧、宋洪远：《我国乡村债务的基本状况及化解问题研究》，中国财政经济出版社 2004 年版。

10. 大卫·N·海曼主编：《公共财政：现代理论在政策中的应用》，章彤译，中国财政经济出版社 2001 年版。

11. 丹尼斯·穆勒主编：《公共选择理论》，杨春学等译，中国社会科学出版社 1999 年版。

12. 房民、孙国贵："江苏：多策并举化解乡村债务"，《中国财政》，2004 年第 4 期。

13. 付启敏、朱廷春："乡镇债务形成的原因及其化解对策浅析"，《农村经济》，2004 年第 9 期。

14. 高新军："从我国农村税费改革看乡镇政府公共产品的供给"，《理论导刊》，2003 年第 10 期。

15. 黄维健："农村税费改革的若干问题"，《关于农村税费改革的几个政策问题》，中国财政经济出版社 2004 年版。

16. 郝志中："新农村建设须重视化解村级债务"，《中国发展观察》，2006 年第 6 期。

17. 韩俊：《中国经济改革 30 年》，重庆大学出版社 2003 年版。

18. 黄维健、王春播、吴孔凡："对丹麦地方行政管理体制情况的考察"，《财政研究》，2006 年第 1 期。

19. 黄维健、王春播："对深化农村税费改革几个问题的思考"，《财政研究》，2003 年第 7 期。

20. 黄维健："关于农村综合改革若干问题的思考"，《农村财政与财务》，2007 年第 1 期。

21. 黄维健："取消农业税对中国经济社会的影响及下一步政策取向"，《财政研究》，2007 年第 5 期。

22. 黄维健、黄小彦、王春播："英国农业支持与保护体系建设考察报告"，《财政研究》，2008 年第 1 期。

23. 黄维健："发挥财政奖补资金作用、促进村级公益事业健康发展"，《中国财政》，2009 年第 13 期。

24. 黄维健："关于农村改革几个问题的思考"，《中国财经信息资料》，2009 年第 1 期。

25. 黄维健："关于农村公共产品供给机制问题"，《经济学家》，2009 年第 1 期。

26. 黄维健、隋丽："'十二五'时期我国农村行政管理体制改革新思路"，《国家行政学院学报》，2010 年第 2 期。

27. 黄维健、王春播、屈霞："对构建现代农村金融制度支持政策的思考"，《农业经济问题》，2009 年第 8 期。

28. 黄维健、王惠平、梁昊："新时期农民负担研究"，《农业经济问题》，2010 年第 5 期。

29. 黄志冲："农村公共产品供给机制创新研究"，《现代经济探讨》，2000 年第 10 期。

30. 贾康、白景明："县乡财政解困与财政体制创新"，《经济研究》，2002 年第 2 期。

31. 贾康：《地方财政问题研究》，经济科学出版社 2004 年版。

32. 焦元森、焦元玉："农村税费改后的乡村巨额负债探析"，《河南社会科学》，2006 年第 2 期。

33. 季谭、陈文胜："一位前湖南乡镇党委书记的乡村债务调查报告"，http：//zjdj. zjoh. com. cn。

34. 李华：《中国农村：公共品供给与财政制度创新》，经济科学出版社 2005 年版。

35. 李文良：《中国政府职能转变问题报告》，中国展望出版社 2003 年版。

36. 刘恒中：《论中国大发展：八亿农民变市民》，中国财政经济出版社 2008 年版。

37. 马晓河："农村税费改革的方向与相关政策选择"，《人民论坛》，2004 年第 12 期。

38. 曼昆主编：《经济学原理》，梁小民译，北京大学出版社 2001 年版。

39. 《民政部 2007 年民政事业发展统计报告》和《民政部 2008 年民政事业发展统计报告》。

40. 摩根斯坦、冯诺伊曼主编：《博弈论与经济行为》，王文玉、王宇译，生活·读书·新知三联书店 2004 年版。

41. 萨缪尔森、诺德豪斯主编：《经济学》，萧琛译，人民邮电出版社 2008 年版。

42. 黄维健："县乡财政管理体制改革的现状、问题和政策思路"，《金融危机下的中国农村发展》（宋洪远主编），中国农业出版社 2009 年版。

43. 宋洪远、谢子平、张海阳："乡村债务的规模、结构、风险及效益分析"，《农业经济问题》，2004 年第 6 期。

44. 陶勇：《农村公共产品供给与农民负担》，上海财经大学出版社

2005 年版。

45. 唐仁健：《“皇粮国税”的终结》，中国财政经济出版社 2004 年版。

46. 汪玉凯：《中国行政体制改革 20 年》，中州古籍出版社 1998 年版。

47. 温家宝：“不失时机地推进农村综合改革，为社会主义新农村建设提供体制保障”，《求是》，2006 年第 18 期。

48. 谢旭人：《中国农村税费改革》，中国财政经济出版社 2008 年版。

49. 徐勇：“县政、乡派、村治：乡村治理的结构性转换”，《江苏社会科学》，2002 年第 2 期。

50. 约翰·纳什主编：《纳什博弈论论文集》，张良桥、王晓刚译，首都经贸大学出版社 2000 年版。

51. 阎坤：“完善省以下财政体制改革”，《财政研究》，2004 年第 8 期。

52. 杨红：《中国农村公共产品特殊论》，中国税务出版社 2006 年版。

53. 约翰·梅纳德·凯恩斯主编：《就业、利息和货币通论》，高鸿业译，商务印书馆 1999 年版。

54. 赵树凯：“乡镇债务之累——10 省（区）20 个乡镇调查”，http：//www. drcnet. com. cn/DRCNet. chammeL. web/。

55. 张晓冰：“乡镇财政与乡村治理”，《管理世界》，2003 年第 5 期。

56. 张少春：“扎实推进农村综合改革，促进社会主义新农村建设”，《财政研究》，2007 年第 7 期。

57. 周天勇：“农村需要多大的管理组织”，《中国经济时报》，2003 年第 5 期。

58. 周浩坤：“地方政府债务风险研究”，《经济管理》，2004 年第 23 期。

59.《中国统计年鉴 2009》，中国统计出版社 2010 年版。

后记

在我走过的人生旅途中，除了做好本职工作外，学习始终是自己长期坚持的。读书、看报、上网、看电视等等，获取知识的途径非常之多，但自己总觉得少了点什么。说实在的，1984 年从湖北财经学院大学毕业来财政部参加工作，开始几年还自我感觉良好，随着经济社会的快速发展，特别是进入 20 世纪 90 年代，随着信息时代的到来，经济全球化，知识信息化，管理现代化，世界发展一日千里，生活变化日新月异，自己深深感到理论修养、知识结构、文化水平都已经不能够适应形势发展的要求，有一种强烈的感觉是不学习就要落伍，不学习就要被淘汰，常有一种危机感萦绕于心头。我于是迸发出报考研究生学习深造的念头，可又感觉基础不牢，精力不支，恐半途而废，这样在思想上斗争了好久。2008 年的一次朋友聚会，来者中不乏博士、硕士，谈及此事，他们鼓励我、动员我去参加在职研究生考试，我觉得这是一种逼迫自己利用业余时间学习的机会，下决心报考了中国科学技术大学，临近考试了，自己又想打退堂鼓，毕竟是“奔五”的人了，多年学业荒废，记忆力明显下降，复习起来有些力不从心，但决心既下，只得硬撑。考完试后，不敢去过问结果，不知其然，也就顺其自然。

感谢中国科学技术大学给予我学习深造的机会！当我拿到中科大博士生录取通知书的时候，心里久久不能平静，有些忐忑不安。一是激动。实现了自己多年的梦想，获得了又一次学习的机会，可以再次开始当学生，重温校园的生活。二是担心。怕三年的学习时间坚持不下来，枉费了机会。后来的学习生活如前所料，在职利用周末学习，由于工作性质决定了时常出差，难免上学不请假，每每遇到这种情况，出差回来就借同学的笔记来看，以便完成作业，学习态度还是端正的。坚持两年基础课程学习，第三年该到写毕业论文了，我想还是选择与我工作密切相关的农村改革问题作为我毕业论文研究领域。自己热爱本职工作，也有一些基础，可以实现我多年的夙愿。我来自农村，是农民的儿子，虽然在财政部工作几经变动，但从事“三农”工作时间比较长，至今已十余年。我是带着感情来做这项工作的，经历了二十多年来农村改革发展的进程，尽管工作中充满了欢乐和艰辛，但无怨无悔。

三年的学习时间是漫长的，也是短暂的。三年的学习有付出，但更多的是收获，应了民间之言——“有耕耘便有收获”。我满怀喜悦和感激，庆幸我们生活在一个和平的时代，一个包容的时代，一个改革开放的时代，一个伟大的时代！

衷心感谢我的导师梁樑教授、孙健教授的悉心指导！我能攻读博士学位并完成学历、写完论文，与两位老师的教诲和鼓励是分不开的。老师不仅为我们传授知识、解答疑惑、引领学术、指导论文，而且为人师表，在做人、做事、做学问等方面为我们树立了表率。他们探索真理、求真务实、开拓创新、理论联系实际的教风和学风，给我们留下了深刻印象。在我论文开题和文章撰写过程中，一直得到老师的悉心指导和关怀，为我指明了研究方向，排解了许多理论和技术难题。他们治学严谨、学识渊博、品德高尚、胸襟宽广，是我努力学习的楷模，让我终生受益。在此，谨向两位老师表示崇高的敬意！

我要特别感谢财政部副部长、博士生导师张少春，为我评审论文，并欣然为我的论文出版作序，特别感谢财政部副部长、博士生导师王军，财政部部长助理、博士生导师胡静林，中国科学技术大学管理学院教授、博士生导师赵定涛为我评审论文，还要特别感谢财政部部长助理、博士生导师王保安，对我的论文提出了许多重要的指导性修改意见。在我的博士生学习和论文写作过程中，还得到了胡晓梅老师和我工作单位领导及同事们的大力支持。论文中有些内容是我和同事们共同研究的成果，他们给予我无私的支持。林科院刘娟娟博士、北京用友政务软件有限公司柯敏等专家对我的研究给予了不少帮助，没有他们的真诚鼓励和帮助，我不可能如期完成学业和论文。在这里还要提到的是，博士班同学在三年学习期间结下了深厚友谊，大家互相帮助，相互学习，取长补短，共同进步，留下了难忘的印象。对给予我关心、关怀、关注的领导、同学、同事和朋友，我心中充满感激之情，谢忱之意。

在此，我还要向我的妻子、女儿和父母亲、岳母等家人表示感激之情，没有他们始终如一的爱护理解、鼓励督促和无私奉献，我就不可能取得今天的成就，常常体会家庭温馨，常常怀着感恩之心。

由于自己理论水平有限，书中不足之处、疏漏之处在所难免，敬请批评指正。谢谢！

黄维健

2011 年 7 月于北京